श्रीमद्‌ भागवत पुराण

डॉ॰ विनय

डायमंड बुक्स

प्रकाशक : डायमंड पॉकेट बुक्स (प्रा.) लि.
X-30 ओखला इंडस्ट्रियल एरिया, फेज-II
नई दिल्ली-110020
फोन : 011-40712200
ई-मेल : sales@dpb.in
वेबसाइट : www.diamondbook.in

Shrimad Bhagwat Purana

By : Dr. Vinay

प्रस्तावना

भारतीय जीवन-धारा में जिन ग्रंथों का महत्त्वपूर्ण स्थान है उनमें पुराण भक्ति ग्रंथों के रूप में बहुत महत्वपूर्ण माने जाते हैं। पुराण-साहित्य भारतीय जीवन और साहित्य की अक्षुण्ण निधि है। इनमें मानव जीवन के उत्कर्ष और अपकर्ष की अनेक गाथाएं मिलती हैं। भारतीय चिंतन-परंपरा में कर्मकांड युग, उपनिषद् युग अर्थात् ज्ञान युग और पुराण युग अर्थात् भक्ति युग का निरंतर विकास होता हुआ दिखाई देता है। कर्मकांड से ज्ञान की ओर आते हुए भारतीय मानस चिंतन के ऊर्ध्व शिखर पर पहुंचा और ज्ञानात्मक चिंतन के बाद भक्ति की अविरल धारा प्रवाहित हुई।

विकास की इसी प्रक्रिया में बहुदेववाद और निर्गुण ब्रह्म की स्वरूपात्मक व्याख्या से धीरे-धीरे भारतीय मानस अवतारवाद या सगुण भक्ति की ओर प्रेरित हुआ। पुराण साहित्य सामान्यतया सगुण भक्ति का प्रतिपादन करता है। यहीं आकर हमें यह भी मालूम होता है कि सृष्टि के रहस्यों के विषय में भारतीय मनीषियों ने कितना चिंतन और मनन किया है। पुराण साहित्य को केवल धार्मिक और पुरा कथा साहित्य कहकर छोड़ देना उस पूरी चिंतन-धारा से अपने को अपरिचित रखना होगा जिसे जाने बिना हम वास्तविक रूप में अपनी परंपरा को नहीं जान सकते।

परंपरा का ज्ञान किसी भी स्तर पर बहुत आवश्यक होता है, क्योंकि परंपरा से अपने को संबद्ध करना और तब आधुनिक होकर उससे मुक्त होना बौद्धिक विकास की एक प्रक्रिया है। हमारे पुराण-साहित्य में सृष्टि की उत्पत्ति एवं उसका विकास, मानव उत्पत्ति और फिर उसके विविध विकासात्मक सोपान इस तरह से दिए गए हैं कि यदि उनसे चमत्कार और अतिरिक्त विश्वास के अंश ध्यान में न रखे जाएं तो अनेक बातें बहुत कुछ विज्ञान सम्मत भी हो सकती हैं। क्योंकि जहां तक सृष्टि के रहस्य का प्रश्न है विकासवाद के सिद्धांत के बावजूद और वैज्ञानिक जानकारी

के होने पर भी वह अभी तक मनुष्य की बुद्धि के लिए एक चुनौती है और इसलिए जिन बातों का वर्णन सृष्टि के संदर्भ में पुराण-साहित्य में हुआ है उसे एकाएक पूरी तरह से नकारा नहीं जा सकता।

महर्षि वेदव्यास को इन 18 पुराणों की रचना का श्रेय है। महाभारत के रचयिता भी वेदव्यास ही हैं। वेदव्यास एक व्यक्ति रहे होंगे या एक पीठ, यह प्रश्न दूसरा है और यह बात भी अलग है कि सारे पुराण कथा-कथन शैली में विकासशील रचनाएं हैं। इसलिए उनके मूल रूप में परिवर्तन होता गया, लेकिन यदि ध्यानपूर्वक देखा जाए तो ये सारे पुराण विश्वास की उस भूमि पर अधिष्ठित हैं जहां ऐतिहासिकता, भूगोल का तर्क उतना महत्वपूर्ण नहीं रहता जितना उसमें व्यक्त जीवन-मूल्यों का स्वरूप। यह बात दूसरी है कि जिन जीवन-मूल्यों की स्थापना उस काल में पुराण-साहित्य में की गई, वे हमारे आज के संदर्भ में कितने प्रासंगिक रह गए हैं ? लेकिन साथ में यह भी कहना होगा कि धर्म और धर्म का आस्थामूलक व्यवहार किसी तर्क और मूल्यवत्ता की प्रासंगिकता की अपेक्षा नहीं करता। उससे एक ऐसा आत्मविश्वास और आत्मलोक जन्म लेता है जिससे मानव का आंतरिक उत्कर्ष होता है और हम कितनी भी भौतिक और वैज्ञानिक उन्नति कर लें अंततः आस्था की तुलना में यह उन्नति अधिक देर नहीं ठहरती। इसलिए इन पुराणों का महत्त्व तर्क पर अधिक आधारित न होकर भावना और विश्वास पर आधारित है और इन्हीं अर्थों में इसका महत्त्व है।

जैसा कि हमने कहा कि पुराण-साहित्य में अवतारवाद की प्रतिष्ठा है। निर्गुण निराकार की सत्ता को मानते हुए सगुण साकार की उपासना का प्रतिपादन इन ग्रंथों का मूल विषय है। 18 पुराणों में अलग-अलग देवी देवताओं को केन्द्र में रखकर पाप और पुण्य, धर्म और अधर्म तथा कर्म और अकर्म की गाथाएं कही गई हैं। उन सबसे एक ही निष्कर्ष निकलता है कि आखिर मनुष्य और इस सृष्टि का आधार-सौंदर्य तथा इसकी मानवीय अर्थवत्ता में कहीं-न-कहीं सद्‌गुणों की प्रतिष्ठा होनी ही चाहिए। आधुनिक जीवन में भी संघर्ष की अनेक भावभूमियों पर आने के बाद भी विशिष्ट मानव मूल्य अपनी अर्थवत्ता नहीं खो सकते। त्याग, प्रेम, भक्ति,

सेवा, सहनशीलता आदि ऐसे मानव गुण हैं जिनके अभाव में किसी भी बेहतर समाज की कल्पना नहीं की जा सकती। इसीलिए भिन्न-भिन्न पुराणों में देवताओं के विभिन्न स्वरूपों को लेकर मूल्य के स्तर पर एक विराट आयोजन मिलता है। एक बात और आश्चर्यजनक रूप से पुराणों में मिलती है कि सत्कर्म की प्रतिष्ठा की प्रक्रिया में अपकर्म और दुष्कर्म का व्यापक चित्रण करने में पुराणकार कभी पीछे नहीं हटा और उसने देवताओं की कुप्रवृत्तियों को भी व्यापक रूप में चित्रित किया है, लेकिन उसका मूल उद्देश्य सद्भावना का विकास और सत्य की प्रतिष्ठा ही है।

कलियुग का जैसा वर्णन पुराणों में मिलता है, आज हम लगभग वैसा ही समय देख रहे हैं। अतः यह तो निश्चित है कि पुराणकार ने समय के विकास में वृत्तियों को और वृत्तियों के विकास को बहुत ठीक तरह से पहचाना। इस रूप में पुराणों का पठन और आधुनिक जीवन की सीमा में मूल्यों का स्थापन आज के मनुष्य को एक दिशा तो दे सकता है, क्योंकि आधुनिक जीवन में अंधविश्वास का विरोध करना तो तर्कपूर्ण है, लेकिन विश्वास का विरोध करना आत्महत्या के समान है।

प्रत्येक पुराण में हजारों श्लोक हैं और उनमें कथा कहने की प्रवृत्ति तथा भक्त के गुणों की विशेषपरक अभिव्यक्ति बार-बार हुई है, लेकिन चेतन और अचेतन के तमाम रहस्यात्मक स्वरूपों का चित्रण, पुनरुक्ति भाव से होने के बाद भी बहुत प्रभावशाली हुआ है और हिन्दी में अनेक पुराण यथावत् लिखे गए। फिर यह प्रश्न उठ सकता कि हमने इस प्रकार पुराणों का लेखन और प्रकाशन क्यों प्रारंभ किया। उत्तर स्पष्ट है कि जिन पाठकों तक अपने प्रकाशन की सीमा में अन्य पुराण नहीं पहुंचे होंगे हम उन तक पहुंचाने का प्रयास करेंगे और इस पंठनीय साहित्य को उनके सामने प्रस्तुत कर जीवन और जगत् की स्वतंत्र धारणा स्थापित करने का प्रयास कर सकेंगे।

हमने मूल पुराणों में कही हुई बातें और शैली यथावत् स्वीकार की है और सामान्य व्यक्ति को भी समझ में आने वाली भाषा का प्रयोग किया है। किंतु जो तत्त्वदर्शी शब्द हैं उनका वैसा ही प्रयोग करने का निश्चय इसलिए किया गया कि उनका ज्ञान हमारे पाठकों को उसी रूप में हो।

हम आज के जीवन की विडंबनापूर्ण स्थिति के बीच से गुजर रहें हैं। हमारे बहुत सारे मूल्य खंडित हो गए हैं। आधुनिक ज्ञान के नाम पर विदेशी चिंतन का प्रभाव हमारे ऊपर अधिक हावी हो रहा है इसलिए एक संघर्ष हमें अपनी मानसिकता से ही करना होगा कि अपनी परंपरा जो ग्रहणीय है, मूल्यपरक है उस पर फिर से लौटना होगा। साथ में तार्किक विदेशी ज्ञान भंडार से भी अपरिचित रहना होगा–क्योंकि विकल्प में जो कुछ भी हमें दिया है वह आरोहण और नकल के अतिरिक्त कुछ नहीं। मनुष्य का मन बहुत विचित्र है और उस विचित्रता में विश्वास और विश्वास का द्वंद्व भी निरंतर होता रहता है। इस द्वंद्व से परे होना ही मनुष्य जीवन का ध्येय हो सकता है। निरंतर द्वंद्व और निरंतर द्वंद्व से मुक्ति का प्रयास मनुष्य की संस्कृति के विकास का यही मूल आधार है। हमारे पुराण हमें आधार देते हैं और यही ध्यान में रखकर हमने सरल, सहज भाषा में अपने पाठकों के सामने पुराण–साहित्य प्रस्तुत करने का प्रयास किया है। इसमें हम केवल प्रस्तोता हैं, लेखक नहीं। जो कुछ हमारे साहित्य में है उसे उसी रूप में चित्रित करते हुए हमें गर्व का अनुभव हो रहा है।

'डायमंड पॉकेट बुक्स' के श्री नरेन्द्र कुमार जी के प्रति हम बहुत आभारी हैं कि उन्होंने भारतीय धार्मिक जनता को अपने साहित्य से परिचित कराने का महत् अनुष्ठान किया है। देवता एक भाव संज्ञा भी है और आस्था का आधार भी। इसलिए वह हमारे लिए अनिवार्य है और यह पुराण उन्हीं के लिए हैं जिनके लिए यह अनिवार्य हैं।

–डॉ॰ विनय

श्रीमद् भागवत पुराण का महत्त्व

रहस्यमय अत्यन्त गोपनीय ब्रह्म तत्व वाला यह श्रीमद् भागवत पुराण बहुत पुण्यदायक पुराण हैं। इसके बारह स्कंध हैं। जिस प्रकार नदियों में गंगा, तीर्थों में काशी उसी प्रकार वेद शास्त्रों में भागवत पुराण का महत्त्व है। यह हिन्दू समाज का सर्वाधिक आदरणीय व पूज्य ग्रंथ है। वैष्णव सम्प्रदाय का यह प्रमुख ग्रंथ है। अतः इसे भारतीय धर्म, संस्कृति, और संस्कार का विश्वकोश भी कहा जा सकता है। विद्वानों की ज्ञान-परीक्षा इसी ग्रंथ से होती है।

इस पुराण में 12 स्कंद हैं जिनमें विष्णु के 24 अवतारों की कथा का वर्णन है। प्रथम स्कंध में भक्ति योग और वैराग्य प्रतिपादन के बारे में बताया है और साथ ही भगवान् विष्णु के 24 अवतारों को बताया है।

द्वितीय स्कंध में योगधारण से शरीर त्याग और प्राकृतिक सृष्टि उत्पत्ति के बारे में बताया है। इसमें भी विष्णु भगवान् के 24 अवतारों का संक्षेप वर्णन है। श्रीमद् भागवत 10 विषयों वाला है उसके विषयों को वर्गीकृत किया गया है।

तृतीय स्कंध में ब्रह्माण्ड की उत्पत्ति और विराट् पुरुष की स्थिति का वर्णन है। चतुर्थ स्कंध में राजर्षि ध्रुव एवं पृथु का चरित्र और साथ ही दक्ष यज्ञ की कथा भी है।

पंचम स्कंध में समुद्र, पर्वत, नदी आदि की स्थिति के साथ नरक का वर्णन और जड़, भरत, ऋषभ देव की कथा है। षष्ठ स्कंध में पशु, पक्षी, देवता, मनुष्य की उत्पत्ति और प्रायश्चित रूप भक्ति का महत्त्व है। सप्तम स्कंध में राजा परीक्षित क्षत्ति के द्वारा दिति के पुत्रों की हत्या के विषय में बताया है। हिरण्यकशिपु के पुत्र प्रह्लाद की कथा है।

अष्टम स्कंध में विभिन्न मन्वंतरों का परिचय दिया है, जिसमें भगवान् विष्णु ने जन्म लेकर अनेक लीलाएं की। नवम स्कंध में भगवान्

श्रीकृष्ण की अनेक लीलाओं के पूर्व अनेक राजवंशों का वर्णन है। दशम स्कंध में भगवान् विष्णु के अवतार लेने की कथा कही गई है। यह दो भाग पूर्वार्द्ध व उत्तरार्द्ध में है।

अंत में एकादश स्कंध और द्वादश स्कंध है। एकादश स्कंध में यदुवंश के संहार की कथा है व द्वादश में परीक्षित की मृत्यु की कथा है।

अतः श्रीमद् भागवत पुराण का श्रवण-अध्ययन करने से सारे पाप नष्ट हो जाते हैं और वह परम पद प्राप्त करता है। 18 पुराणों में यह सबसे श्रेष्ठ पुराण है।

अनुक्रमणिका

श्रीमद् भागवत पुराण

देवर्षि नारद एक बार भ्रमण करते हुए वृंदावन पहुंचे। उन्होंने देखा कि एक युवती अपने दो पुत्रों को साथ लेकर विलाप कर रही है। नारदजी ने उससे विलाप का कारण पूछा तो उसने बताया, "कि वह भक्ति है और उसके साथ दो पुत्र हैं–ज्ञान और वैराग्य। कलियुग में इनकी कोई कीमत नहीं रही। इनमें जागृति और उत्साह समाप्त हो गया है। मैं द्रविड़ प्रदेश में उत्पन्न हुई हूं और कर्नाटक प्रदेश में मेरा विकास हुआ (यहां भक्ति युवती 'भक्ति भावना' या 'विचारधारा' का प्रतीक है।) महाराष्ट्र प्रदेश में मेरा कुछ सम्मान हुआ किन्तु गुजरात में आते-आते बूढ़ी हो गई। जब से वृंदावन में आई हूं, तब से मेरा रूप-यौवन वापस आ गया है किन्तु मेरे ये दोनों पुत्र अपने पहले के सम्मान को प्राप्त नहीं कर पाए हैं। मैं अपने पुत्रों की दशा पर चिंतित हूं।"

यह सुनकर नारदजी ने कहा कि इसका कारण यह है कि वृंदावन में भक्ति की तो प्रबलता है पर ज्ञान और वैराग्य की उपेक्षा हुई है। अत: ये मृतप्राय हो रहे हैं क्योंकि परीक्षित ने कलियुग को अभयदान दिया है इसीलिए ज्ञान और वैराग्य का सम्मान समाप्त हो गया है।

तब नारदजी ने ज्ञान और वैराग्य को सक्रिय करने के लिए अनेक उपाय किए। पहले तो उन्होंने उन दोनों के कान में कहा–"ज्ञान जागो, वैराग्य जागो!" किन्तु इस पर भी उन दोनों में कोई सक्रियता नहीं आई। तब नारदजी ने वेद, उपनिषद् और गीता के मंत्रों का उच्चारण किया। दोनों ने क्षणभर को अपने नेत्र खोले और फिद बंद कर लिए। तब नारदजी ने अनेक महात्माओं से संपर्क किया–किन्तु महात्माओं ने वेद-उपनिषदों की असफलता पर आश्चर्य प्रकट किया–और उन्होंने कोई और उपाय भी नहीं सुझाया। पर नारदजी कब मानने वाले थे, वह घूमते-घूमते बद्रिकाश्रम पहुंचे। वहां उनकी भेंट सनकादि ऋषियों से हुई इन ऋषियों ने नारदजी को बताया कि ज्ञान और वैराग्य को चेतन करने का एक ही उपाय है कि उन्हें श्रीमद् भागवत पुराण की कथा सुनाई जाए। जिस तरह गन्ने से रस और दूध से नवनीत सार रूप में निकलता

है, उसी प्रकार वेद और उपनिषदों का सार श्रीमद् भागवत है। यह शीघ्र ही प्रभाव करने वाला है।

नारदजी ने सनकादि ऋषियों की सलाह पर हरिद्वार के समीप गंगा के किनारे आनंद नामक रमणीय स्थल पर बारह स्कंध और अठारह हजार श्लोकों वाले श्रीमद् भागवत् की कथा सुनाने का आयोजन किया। यह कथा सप्ताह तक चली तो भक्ति और उसके दोनों पुत्रों–ज्ञान और वैराग्य को नवजीवन और नवयौवन मिला।

(व्यासजी द्वारा रचित-संकलित पुराण ऋषियों द्वारा सुनाई गई कथा के संकलन हैं), अतः व्यासजी बोले कि ऋषियों द्वारा सुनाई गई श्रीमद् भागवत पुराण की कथा वेद-उपनिषद् का सार रूप है। यह कथा जीवों का उद्धार करने वाली और मोक्ष प्रदान करने वाली है। यह कथा ऐसी है कि इसे दुराचारी से दुराचारी व्यक्ति भी सुनकर कल्याण को प्राप्त होता है। इसका प्रभाव इतना महान् है कि प्रेत योनि में पड़ा व्यक्ति भी बैकुंठ प्राप्त कर लेता है। जैसे आत्मादेव नामक ब्राह्मण का दुष्ट पुत्र धुंधकारी वेश्याओं द्वारा मार डाला गया था। वह प्रेत योनि को प्राप्त हुआ–उसका, तीर्थों में श्राद्ध करने पर भी, उद्धार नहीं हुआ, तब उसके भाई गोकर्ण ने उसे एक सप्ताह तक श्रीमद् भागवत पुराण की कथा सुनाई और उसका उद्धार किया।

प्रथम स्कन्ध

भक्ति योग और वैराग्य प्रतिपादन

पुरा काल में एक समय नैमिषारण्य में लोकोपकारी ऋषियों की सभा हुई। उसमें इस बात पर विचार हुआ कि कलियुग में मनुष्य कम आयु वाला होगा। वह अनेक रोगों से ग्रस्त और शोकों से संतप्त होगा। इसके साथ मंदबुद्धि वाला और आलस्यपूर्ण होगा। ऐसी स्थिति में वह न तो यज्ञादि ठीक तरह से कर पाएगा और न शास्त्रों का पठन-पाठन ही। फिर उसका कल्याण कैसे होगा। बहुत विचार-विमर्श के बाद यह अनुभव किया गया कि श्रीकृष्ण की लीलाओं का गान करने से ही मनुष्य का उद्धार हो सकेगा। इसीलिए उपस्थित समुदाय ने सूतजी से अनुरोध किया कि वे भगवान् श्रीकृष्ण के चरित्र का कीर्तन करें। सूतजी ने ऋषियों का अनुरोध स्वीकार कर लिया।

सूतजी ने कहा कि तत्त्ववेत्ता होना मनुष्य की सफलता का सबसे बड़ा रहस्य है और, इस तत्त्व ज्ञान का अभिप्राय है आत्मा-परमात्मा की एकता (अद्वैत) की अनुभूति करना। उपनिषदों में इसे ब्रह्मज्ञान, पुराणों में ईश्वरबोध और शास्त्रों की सत्ता को प्रत्येक पदार्थ में स्वीकार करता है। किन्तु यह ज्ञान भी प्रभु की कृपा से ही प्राप्त होता है।

सूतजी ने बताया कि भगवान् विष्णु की प्रसन्नता प्राप्त कर लेने पर जीवों के बड़े-से-बड़े कष्ट दूर हो जाते हैं और विष्णु चरित्र के सुनने में रुचि बढ़ती जाती है। भक्ति से ही मनुष्य को तत्त्वबोध होता है और यह बोध ही चिरमुक्ति है। भगवान् विष्णु ही समस्त शास्त्रों में प्रतिपाद्य हैं। वे ही चराचर रूप, देव, पशु, पक्षी और मनुष्य के रूप में अपनी योगमाया से अवतार ग्रहण करते हैं।

भगवान् विष्णु के चौबीस अवतारों का विवरण देते हुए सूतजी ने बताया कि भगवान् विष्णु ने सृष्टि की इच्छा से पहले महत्त्व और अहंकार से उत्पन्न हुए सोलह कलाओं से युक्त पुरुष रूप ग्रहण किया। फिर वे सृष्टि-रचना पर विचार करने के लिए सागर में योगनिद्रा में लीन हो गए। उनके नाभि कुंड में प्रजापति ब्रह्मा उत्पन्न हुए। फिर भगवान् विष्णु ने अपने विभिन्न अंगों से वृहद्

विश्व की रचना की।

भगवान् विष्णु के चौबीस अवतार इस प्रकार हैं–

1. **सनतकुमार** का अवतार ब्राह्मणों की सृष्टि के लिए। 2. **वराह** का अवतार पृथ्वी के उद्धार के लिए। 3. **यज्ञ पुरुष** का अवतार स्वायंभुव मन्वंतर के पालन के लिए। 4. **हयग्रीव** का अवतार वेद चुराने चाले मधुकैटव के वध के लिए। 5. **नर-नारायण** का अवतार बुद्धि शांति के लिए और तपश्चर्या के विधान के लिए। 6. **कपिल** का अवतार सांख्य शास्त्र की रचना के लिए। 7. **दत्तात्रेय** का अवतार मुमुक्षु जनों के आत्मज्ञान के लिए। 8. **ऋषभदेव** का अवतार परमहंसों को सुमार्ग दिखाने के लिए। 9. **पृथु** का अवतार औषधि अन्न आदि की उत्पत्ति के लिए। 10. **मत्स्य** का अवतार वैवस्वत मनु की रक्षा के लिए। 11. **कच्छप** का अवतार समुद्र मंथन के समय देवों की रक्षा के लिए। 13. **मोहिनी** का अवतार देवताओं को अमृत पिलाने के लिए। 14. **नृसिंह** का अवतार प्रह्लाद की रक्षा और हिरण्यकशिपु के वध के लिए। 15. **वामन** का अवतार बलि के दर्पदलन के लिए। 16. **हंस** का अवतार सनतकुमार आदि को ज्ञान का उपदेश देने के लिए। 17. **नारद** का अवतार कर्म बंधन से मुक्ति दिलाने वाले पांचरात्र शास्त्र की रचना के लिए। 18. **हरि** का अवतार गजराज को ग्राह के फंदे से छुड़ाने के लिए। 19. **परशुराम** का अवतार, ब्राह्मण् द्रोही क्षत्रियों के विनाश के लिए। 20. **राम** का अवतार राक्षसों के विनाश के लिए। 21. **वेदव्यास** का अवतार पुराणों की रचना के लिए। 22. **श्रीकृष्ण** का अवतार पृथ्वी का भार हल्का करने के लिए। 23. **बुद्धदेव** का अवतार हिंसा के विरोध के लिए। 24. **कल्कि** का अवतार धर्म की पुनः स्थापना के लिए।

जिस तरह हमेशा स्रोतवान सरोवर से असंख्य नदियां निकलती हैं, उसी प्रकार विष्णु के अवतार होते हैं। जब-जब धर्म का नाम मिटने का भय होता है, तब-तब भगवान् विष्णु अवतार लेते हैं। भगवान् विष्णु की लीला अनंत है। तत्त्व ज्ञान के बिना व्यक्ति उस लीला को नहीं समझ सकता। भक्त प्रभु की ही कृपा से तत्त्व ज्ञान प्राप्त करता है और भगवान् का रहस्य जानकर भक्ति को प्राप्त होता है।

शौनक जी ने सूतजी से श्रीमद् भागवत् के विषय में कुछ प्रश्न किए।

1. श्रीमद् भागवत् की रचना किस युग में और किस प्रयोजन से हुई? 2. राजा परीक्षित ने श्रीमद् भागवत् सुनकर राज्यलक्ष्मी का त्याग किसलिए किया? 3. श्री शुकदेवजी का परीक्षित से मिलाप किस प्रकार हुआ और उन्होंने

कैसे यह कथा कही?

सूतजी ने उत्तर दिया–कलियुग के पृथ्वी पर पूरी तरह से उतर जाने के बाद विषम परिस्थितियों के कारण युगधर्म के खण्डित होने की संभावना से चिंतित भगवान् विष्णु के अंशावतार वेदव्यासजी ने पहले तो ऋग्वेद, यजुर्वेद, सामवेद और अथर्ववेद की रचना की–वेद को चार भागों में विभाजित किया। फिर पांचवे महाभारत की रचना की। वे एक दिन खिन्नमना होकर सरस्वती के किनारे बैठे थे कि वहां नारदजी आए। नारदजी ने उन्हें बताया कि उनका मन इसलिए प्रसन्न नहीं है कि उन्होंने भगवान् के निर्मल चरित्र को गाया नहीं। नारदजी ने कहा कि विष्णु की भक्ति और महिमा से हीन काव्य निरर्थक है। अतः आप विष्णुजी को आधार बनाकर रचना कीजिए। आपको निश्चित रूप से आनंद की प्राप्ति होगी।

नारदजी ने भगवान् विष्णु की भक्ति की महिमा और उसकी उपयोगिता के विषय में अपने पूर्व जन्म की एक कथा सुनाई। उन्होंने कहा कि–हे व्यासजी, पूर्व जन्म में मैं एक दासी का पुत्र था। मैंने अनेक मुनियों से भगवान् कृष्ण के पावन चरित्र के प्रसंग सुने और मैं इतना अनुरागमय हो गया कि मैं दिन-रात कृष्ण में ही ध्यान रखने लगा। मेरा देहभाव समाप्त हो गया। तब मेरी यह दशा देखकर मुनियों ने मुझे भक्ति का गुप्त रहस्य दिया। भक्ति के प्रताप से ही मेरे मन में निर्मोह और अनशक्ति का भाव पैदा हुआ। पर मां के प्रति मोह त्यागना मेरे लिए संभव नहीं था। एक दिन उसे रात में सर्प ने काट लिया और मैं मोह मुक्त हो गया। मैं घर से निकल आया और एक वन में जाकर समाधि युक्त हो गया। तब मुझे भगवान् विष्णु ने दर्शन दिए। मैंने जब उनका रूप-वैभव देखा तो चकित रह गया। आनंद के अश्रु बहाने लगा। यही नहीं, मैं पुनः उनके दर्शन का अभिलाषी हो गया पर मुझे भगवान् के दर्शन पुनः नहीं हुए। अतएव मैं व्याकुल हो उठा। मेरी आसक्ति पर प्रसन्न होकर भगवान् ने मुझे निरंतर साधु रहने और साधु सेवा का आदेश दिया। साथ ही अगले जन्म में सिद्ध-योगी होने का वरदान भी दिया। एक दिन बिजली गिरने से मेरा भौतिक शरीर नष्ट हो गया और मैं भगवान् की कृपा से उनके सांस के साथ ही उनके अन्दर चला गया। सहस्त्रों युगों के उपरांत मैं मरीचि आदि ऋषियों के संग उत्पन्न हुआ। भगवान् विष्णु की कृपा से ही मुझे अखंड ब्रह्मचारी रहने का वरदान मिला और स्वछंद विचरण करने का अधिकार भी ब्रह्मांजी ने मुझे वीणा दी और निरंतर ही गुणगान का अवसर दिया तथा लोकहित का आदेश भी दिया। उन्हीं के आदेश से प्रेरित होकर मैंने आपसे अपने तथा लोक

कल्याण के लिए भक्तिपरक ग्रंथ लिखने का निवेदन किया है।

नारदजी से यह सब कुछ सुनकर भक्ति ग्रंथ माया के मुक्ति दिलाने वाले भयनाशक, श्रीमद् भागवत की रचना की।

महाभारत के युद्ध के अंतिम रूप में जब अश्वत्थामा ने दुर्योधन की कटी हुई जांघ के विषय में जाना कि भीम ने दुर्योधन की जांघ काट दी हैं तो उसे बहुत क्रोध आया और उसने बदला लेने के लिए द्रौपदी के पांचों पुत्रों को मृत्यु के घाट उतार दिया। द्रौपदी पुत्रों के शोक से व्याकुल हो गई थी। उसकी व्याकुलता से क्रोधित होकर जैसे ही अर्जुन अश्वत्थामा को पकड़ने दौड़े वैसे ही उसने अपना ब्रह्मास्त्र छोड़ दिया। इससे प्रलय का दृश्य उपस्थित हो गया। अर्जुन ने भगवान् कृष्ण की प्रेरणा से अपने ब्रह्मास्त्र से अश्वत्थामा का ब्रह्मास्त्र निरस्त तो कर दिया पर वह पूरी तरह शांत नहीं हुआ। उसकी चोट उत्तरा के गर्भस्थ शिशु पर हुई। अश्वत्थामा पकड़ा गया और उसे द्रौपदी के सामने प्रस्तुत किया गया। उसे दंड देने का अधिकार द्रौपदी को दिया गया। द्रौपदी स्वयं पुत्र शोक से व्याकुल थी, उसने अश्वत्थामा की मां के शोक की कल्पना करते ही उसे क्षमा कर दिया।

कुछ समय बीतने पर एक दिन भगवान् कृष्ण पांडवों से विदा लेकर द्वारिका जा रहे थे। उसी समय उत्तरा के पेट में अचानक दर्द उठने लगा, उसकी दशा देखकर तथा प्रार्थना के कारण श्रीकृष्ण वहां रुक गए। कुछ समय के बाद उत्तरा के गर्भ से मृत बालक का जन्म हुआ जिसे यथोचित रूप से श्रीकृष्ण ने जीवित करके पांडवों के वंश को निर्मूल होने से बचा लिया। इस बालक के विषय में ब्राह्मणों ने भविष्यवाणी की कि यह उदात्त गुणों वाला, शालीन, क्षमाशील, सत्यभाषी और कलियुग को पकड़ने वाला होगा। इसके साथ यह भी कि यह बालक ऋषि श्रृंगी के शाप से युक्त होकर अकाल मृत्यु को प्राप्त करेगा। तथा शुकदेवजी से आत्मज्ञान प्राप्त कर मुक्त होने वाला होगा। इसका नाम परीक्षित भी इसलिए पड़ा कि गर्भ में ही श्रीकृष्ण का ध्यान रखने वाला तथा उनकी परीक्षा लेने वाला था (अर्थात् इसके जन्म का प्रश्न भी कृष्ण की शक्ति की परीक्षा ही तो थी)–जब श्रीकृष्ण ने परीक्षित को बचा लिया तो कुंती ने कृष्ण का आभार माना और उनकी स्तुति की। इसके बाद वे द्वारिका आ गए। समय आने पर भीष्मजी ने शरीर त्याग दिया, इसके बाद वे विदुरजी के समझाने पर धृतराष्ट्र और गांधारी ने तपस्या करते हुए प्राण त्यागने के लिए वन की ओर प्रस्थान किया। इसके कुछ समय बाद युधिष्ठिर ने एक ओर अर्जुन से श्रीकृष्ण के परमधाम चले जाने का वृत्तांत जाना और

साथ ही यह भी जाना कि यदुकुल का नाश हो गया है। इस पर युधिष्ठिर कष्टमय हो गए, खिन्न हो गए और अपने भाइयों सहित शरीर त्यागने के लिए हिमालय की ओर चले गए।

इस ओर राजा परीक्षित ने विराट की पौत्री और उत्तर की पुत्री से विवाह किया। उसका नाम इरावती था। परीक्षित और इरावती से जनमेजय आदि चार पुत्र उत्पन्न हुए। एक बार दिग्विजय यात्रा पर जाते हुए परीक्षित ने एक पांव वाले पतले बैल (धर्म) और अस्थि पंजर वाली गाय (पृथ्वी) को रोते देखा। एक शूद्र (कलियुग) राजा का वेष धारण किए हुए चाबुक से गाय-बैल को पीट रहा था। वह पैरों से भी उन्हें प्रताड़ित कर रहा था। परीक्षित से यह अन्याय नहीं देखा गया। उन्होंने बलपूर्वक राजावेषधारी कलियुग को रोका और इस तरह अन्याय करने का कारण पूछा। उसके पूछने पर राजा ने गाय और बैल से भी इस बात का कारण पूछा। तब बैल (धर्म) ने अपना और गाय (पृथ्वी) का परिचय दिया और कहा कि हमारी दुर्दशा का कारण कलियुग का आगमन है। जब राजा परीक्षित ने धर्म रूप बैल और पृथ्वी रूप गाय की यह दुर्दशा सुनी और देखी तो उन्होंने अधर्म का मूल नाश करने और आततायी कलियुग के विनाश की प्रतिज्ञा की। राजा की प्रतिज्ञा सुनते ही वह राजा वेशधारी कलियुग शूद्र शरणागत होकर राजा परीक्षित के चरणों में गिर पड़ा और शरण की भीख मांगने लगा। राजा परीक्षित शरणागत पालक थे। अत: उन्होंने उसे अभयदान दे दिया। इसके बाद उसने राजा परीक्षित को अपना वास्तविक परिचय दिया। किंतु राजा वचनबद्ध हो चुके थे। अत: उन्होंने कलियुग को अपने राज से चले जाने की आज्ञा दी। कलियुग भयभीत तो था, किन्तु चतुर था। अत: उसने कहा कि जहां भी मैं रहूंगा, सदा सशस्त्र आपको ही अपने नेत्रों के सामने रखूंगा अर्थात् डरकर कुछ भी अनुचित नहीं करूंगा। अत: आप मुझे देश निकाला न दें। राजा परीक्षित ने उसको चार स्थानों–मद्य, द्यूत, व्यभिचार और हत्या में रहने का निर्देश दिया। कलियुग ने एक अन्य स्थान की प्रार्थना की। उसका ध्यान करते हुए राजा परीक्षित ने उसे स्वर्ण में रहने की अनुमति भी दे दी। इसके साथ ही कलियुग परीक्षित के स्वर्ण मुकुट में प्रविष्ट भी हो गया। वह कितनी विचित्र बात है कि जिस कलियुग को राजा अपने राज्य से ही निकाल रहा था...वह उसके मुकुट में प्रवेश करके उसके सिर पर ही सवार हो गया।

कुछ समय बाद राजा परीक्षित शिकार खेलने गए। वह मृगों का पीछा करते-करते काफी थक गए थे। भूख-प्यास से व्याकुल राजा एक तालाब के

किनारे पहुंचे। वहां एक ऋषि का सुन्दर आश्रम देखा। आश्रम के स्वामी ऋषि समीक समाधि में लीन थे। उन्हें राजा के आने का पता ही नहीं चला। अतः वह राजा का स्वागत-अभिनंदन नहीं कर पाए। कलियुग, क्योंकि राजा के मुकुट में बैठा था, अतः उसने अपना प्रभाव जमाना शुरू कर दिया। राजा ने ऋषि की समाधि को न जानकर उन्हें इसे अपनी अवमानना और ऋषि का दंभ समझा। मन को मारकार राजा ने जलपान करके वृक्ष की छाया में विश्राम किया। ऋषि लंबी समाधि में थे। अतः उन्हें कुछ भी पता नहीं चला। राजा ने काफी देर प्रतीक्षा की और इस प्रतीक्षा ने आग में घी का काम किया। राजा ने सोचा कि ऋषि जान-बूझकर उसकी उपेक्षा कर रहा है अतः उसे पाठ पढ़ाया जाए। राजा ने पास में ही एक मरा हुआ सांप दिखाई दिया। राजा ने यह सोचकर कि ऋषि की वास्तविकता का पता चल जाएगा उसने वह मरा हुआ सर्प उनके गले में डाल दिया। ऋषि की समाधि तो नहीं टूटी पर राजा के दुस्साहस का ऋषि के पुत्र शृंगी को पता चल गया। ऋषि-पुत्र अपने निरपराध पिता के प्रति किए गए राजा के इस उद्दण्ड व्यवहार को सहन नहीं कर सका। तब उस युवा तपस्वी ने कौशिक नदी में आगमन करके हाथ में जल लेकर राजा को शाप दिया कि जिस राजा ने मेरे पूज्य पिता के गले में मरा हुआ सांप डालकर उनका अपमान किया है, आज से ठीक सातवें दिन सर्पराज तक्षक उस राजा को मृत्यु मुख में डाल देगा।

वह युवा तपस्वी आश्रम में लौटा और पिता के गले में पड़ा मरा हुआ सर्प देखकर रोने लगा। उसका क्रन्दन इतना तीव्र था कि उससे ऋषि की समाधि भंग हो गई। इसके बाद उन्होंने मरा हुआ सांप गले से निकालकर नीचे फेंका और बालक से रोने का कारण पूछा। ऋषि ने सारी बात जानकर कि राजा के छोटे से अपराध के लिए उनके बालक ने इतना कठोर दण्ड दिया, अत्यंत दुःख का अनुभव किया। वे चिंतित हो उठे! उन्होंने अपने पुत्र को बुरा-भला कहा, क्योंकि उनके विचार से राजा परीक्षित धार्मिक वृत्ति के न्यायप्रिय राजा थे। ऐसे दंडधारी शासक के अभाव में पृथ्वी पर अराजकता फैल जाती है। उन्होंने कहा कि राजा के दण्ड धारण न करने पर ही तप, यज्ञ, समाधि आदि अनुष्ठानों का आयोजन निर्विघ्न रूप में होता रहता है। अतः राजा को शाप देकर ऋषि पुत्र ने धर्म की हत्या की है। शीलवान राजा तो सर्वथा अवध्य होता है, उसके प्रति क्रोध नहीं करना चाहिए।

घर लौटकर राजा परीक्षित को अपने किए पर बहुत पश्चात्ताप हुआ। वे अब कर ही क्या सकते थे। उन्हें ऋषि पुत्र द्वारा दिए गए शाप का भी ज्ञान

हुआ और उन्होंने उस शाप को सिर-माथे स्वीकार किया। उतने समय के लिए उन्होंने संसार त्याग दिया और विरक्त होकर उदासीन हो गए। अन्नजल आदि छोड़कर गंगा के किनारे मृत्यु के समय की प्रतीक्षा करने लगे।

जब चारों दिशाओं के ऋषियों वसिष्ठ, अत्रि, च्यवन, भृगु आदि को राज्य श्री त्यागकर विरक्त और मृत्यु की प्रतीक्षा करने वाले राजा परीक्षित के विषय में पता चला, तो सब नारद, वेदव्यास, अगस्त्य आदि के साथ वहां उपस्थित हुए। राजा ने सभी ऋषियों का आदर-सत्कार किया और उनसे भगवान् विष्णु के चरणों में अनन्य भक्ति का वरदान मांगा। ऋषियों ने राजा की बहुत प्रशंसा की और उनके देह त्याग तक वहीं ठहरने का निश्चय किया।

राजा परीक्षित का संवाद ऋषियों से हो रहा था कि शुकदेवजी वहां पहुंच गए। राजा ने अत्यंत भक्ति और आदर के साथ शुकदेवजी का सत्कार पूजन किया। उनके आगमन को राजा ने अपने लिए वरदान माना। राजा परीक्षित ने शुकदेवजी से अत्यंत विनम्र शब्दों में अपनी करुण गाथा कही और अपने कल्याण का मार्ग सुझाने का अनुरोध किया। परीक्षित ने शुकदेवजी से दो प्रश्न किए।

1. जीव के लिए सर्वदा करणीय (करने योग्य) क्या है?
2. थोड़े समय में मरने वाले व्यक्ति का कर्तव्य क्या है?

शुकदेवजी राजा के प्रश्नों का उत्तर देने के लिए वहां रुक गए और उन्होंने उनकी शंकाओं का विधिवत् समाधान किया।

द्वितीय स्कन्ध

योगधारण से शरीर त्याग और प्राकृतिक सृष्टि-उत्पत्ति

राजा परीक्षित के प्रश्नों का विधिवत् उत्तर देते हुए शुकदेवजी ने पहले तो उन प्रश्नों को संपूर्ण मानव के हित की प्रेरणा से उत्पन्न बताया और फिर इस प्रकार अपना कथन प्रारंभ किया।

शुकदेवजी ने बताया कि भगवान् श्रीकृष्ण की लीलाओं का श्रवण-स्मरण, कीर्तन ही मानव जीवन का चरम लक्ष्य है। भगवान् श्रीकृष्ण की लीलाओं ने मेरे मन को आकृष्ट किया है। इसीलिए मैंने 'श्रीमद्भागवत्' का अध्ययन किया। तुम्हारी निष्ठा पर पूरा विश्वास करते हुए यह ग्रंथ तुम्हें सुना दूंगा। सबसे पहले यह समझना चाहिए कि मनुष्य का मन सांसारिक विषयों–स्त्री-पुत्र, परिवार, धन आदि में लगा रहता है। मनुष्य सांसारिक मोह के कारण ही भगवान् की भक्ति में ध्यान नहीं लगा पाता। उसका संपूर्ण जीवन खाने-पीने, नींद और मैथुन-क्रिया में ही नष्ट हो जाता है। किन्तु वास्तविक सार्थक घड़ी वही है जो ईश्वर की आराधना में व्यतीत होती है। शेष जीवन तो लुहार की धौंकनी के समान व्यर्थ है। जो व्यक्ति सत्य मन से ईश्वर-आराधना में मन लगाता है, वह दो क्षण में ही अभय पद पा सकता है। राजर्षि खट्वांग का जीवन प्रमाण है जिन्होंने अंतिम समय जानकर, ईश्वर आराधना में अपने को लीन किया और आत्मकल्याण की प्राप्ति दो क्षणों में ही कर ली।

शुकदेवजी ने परीक्षित को सांत्वना दी और कहा कि निकट आई मृत्यु को जानकर व्यक्ति को घबराना नहीं चाहिए अपितु वैराग्य रूपी शास्त्र से सांसारिक मोहमाया को काट देना चाहिए और बंधन मुक्त होकर ॐकार का जाप करना चाहिए। साथ ही भगवान् के श्रीविग्रह के एक-एक अंग का ध्यान करते हुए अपने मन को प्रभु के सौंदर्य में तल्लीन कर देना चाहिए।

शुकदेवजी ने बताया कि मन की विक्षिप्तता के निवारण और एकाग्रता के लिए धारणा की आवश्यकता होती है। धारणा में तमोगुण-रजोगुण नष्ट होते

हैं और सतोगुण का अभ्युदय होता है। धारणा का स्थान आसन, प्राणायन और अल्पाहार के उपरांत आता है। धारणा का विषय स्वयं भगवान् हैं। यह स्थूल संसार उनका विराट् शरीर ही है। विश्व के समस्त पदार्थ, तत्त्व इस विराट् पुरुष के अंग रूप हैं। उन्हें इस प्रकार समझा जा सकता है–रसातल उनके पैरों का पंजा है। उनका वक्षस्थल स्वर्गलोक है। उनकी कुक्षि समुद्र है और उनकी अस्थियां पर्वत-समूह हैं। इस तरह इस विराट् सृष्टि के प्रत्येक पदार्थ को उस विराट् का अंग विशेष अथवा क्रियाविशेष समझकर इनमें से किसी एक में ईश्वरीय भाव से आराधनापूर्वक ध्यान लगाने से साधक को परमतत्त्व की प्राप्ति होती है। यह समस्त जगत् उसी विराट् पुरुष से निर्मित है, उसी में व्याप्त है और जब व्यक्ति सृष्टि के प्रत्येक पदार्थ में उसके अंग विशेष की भावना करता है–अग्नि को उसका मुख, गंध को प्राणेन्द्रिय, सूर्य को चक्षु इन्द्रिय मानकर सब जगह उसी की सत्ता देखता है तो यह देखना ही धारणा है। बस इस धारणा से ही जिज्ञासु व्यक्ति अपने अभीष्ट को पा लेता है।

शुकदेवजी आगे परीक्षित को बताते हैं कि धारणा से ही विष्णु भगवान् के दर्शन सुलभ हो जाते हैं। वे कहते हैं कि हे राजन्! धारणा के बल के कारण ही ब्रह्माजी ने जगत् की दुबारा सृष्टि की। इसके बल पर साधु सदेह मुक्ति को प्राप्त हो जाता है। साधक जब मन को एकाग्र करके स्थिर रूप में प्रभु के ध्यान में मग्न हो जाता है तब उसे अनेक प्रकार के दृश्य दिखाई देते हैं। इन दृश्यों में वह भगवान् के अनंत रूपों को देखता हुआ साधना के मार्ग पर बढ़ता जाता है–इस प्रगति में आए व्यवधानों का निवारण भगवान् स्वयं कर देते हैं। किन्तु ऐसा तभी होता है जब साधक सांसारिक आसक्ति से अपना मन धीरे-धीरे अलग करता हुआ उनकी पूर्ण उपेक्षा करता है। साधक को सांसारिक चिन्ता होनी ही नहीं चाहिए। खाने-पीने आदि से भी उसका मन विरक्त होना आवश्यक है। उसे तो थोड़ा-सा ही प्राप्त हो जाने मात्र से संतोष कर लेना चाहिए। जो साधक कमल-नयन भगवान् विष्णु को सर्वत्र व्याप्त मानता है और उन पर दृढ़ विश्वास रखता है, वह भगवान् के धाम को पा लेता है।

संदेह मुक्ति में धारणा का महत्त्वपूर्ण योग है। शुकदेवजी कहते हैं– हे पांडुनंदन! जब साधक देशकाल से मुक्त होकर दृढ़तापूर्वक आसन लगाकर मन, प्राण, बुद्धि को नियंत्रित करके पहले दृष्टा के क्षेत्र में, फिर क्षेत्रज को शुद्ध आत्मा में, पुनः उस आत्मा को ब्रह्म में मिलाता है तो उसे चिर शांति का लाभ मिलता है। जो योगी होते हैं वे अत्यंत कठिन साधन–वासनाओं का दमन,

प्राण, अपान, व्यान, समान, उदान आदि पंचवायु का सफल रूप से नियंत्रण कर लेते हैं–पर उससे परब्रह्म के दर्शन सरलता से नहीं होते हैं। पर भक्त लोग धारणा की शक्ति से सहजता से ही उस संदेह मुक्ति अर्थात् ब्रह्म के सानिध्य को प्राप्त कर लेते हैं। धारण की ही शक्ति से साधक क्रम-मुक्ति की प्राप्ति भी कर सकता है। ठीक उसी प्रकार जैसे योगी सुषुम्ना के द्वारा ब्रह्मलोक के लिए प्रस्थान करने पर अग्निलोक की आकाशमार्ग से, शिशुभार नामक ज्योतिर्मय चक्र को अग्निलोक से और चक्र का अतिक्रमण करके महलोक को पाता है और महलोक से ब्रह्मलोक तक पहुंचता है। जिस प्रकार योगी इस ब्रह्मलोक अथवा सत्यलोक में पहुंचकर निडरतापूर्वक सात आवरणों को भेदता है और इस क्रम में अपने निरावरित रूप में सत्, चित्, आनंद धन, शांति, मूर्ति परम को प्राप्त करता है, उसी प्रकार भक्त साधक भगवान् विष्णु, धारणा शक्ति से भजन-कीर्तन करता हुआ इन लोकों को क्रम से पार करता हुआ सरलतापूर्वक उस सत्यलोक में पहुंचता है और परमानंद का अनुभव करता है।

इसके उपरांत शुकदेवजी परीक्षित को बताते हैं कि (जीवन में) किस-किस कामना की पूर्ति के लिए किस-किस देवता की उपासना करने योग्य हैं। ये सब देवता लौकिक पदार्थ देते हैं किन्तु वास्तविक मुक्ति तो भगवान् विष्णु से ही मिलती है। यह सूची इस प्रकार है–

देवता	**फलसिद्धि**	**देवता**	**फलसिद्धि**
इन्द्र	इन्द्रिय प्रबलता	बृहस्पति	ब्रह्मतेज
अ़दिति	प्रचुर अन्न	प्रजापति	संतान
श्राद्धदेव	लोकप्रियता	विश्वेदेव	राज्य
अग्नि	तेज	द्यावापृथ्वी	पुष्टिप्रतिष्ठा
मायादेवि	धन-लक्ष्मी	गंधर्व	सौंदर्य
ब्रह्मा	स्वामित्व	अश्विनी कुमार	दीर्घ आयु
रुद्र	वीरता	उर्वशी	सुरूप पत्नी
वसु	ऐश्वर्य	पार्वती	दाम्पत्यप्रेम
वरुण	कोश	शंकर	विद्या
यज्ञपुरुष	यश	विष्णु	धर्म-संचय
यक्ष	विघ्ननाश	मरुगद्ण	बल बुद्धि
पितर	वंशवृद्धि	राक्षस	शत्रुविनाश
चंद्रमा	भोगविलास	मनु	राज्य

किन्तु साधक पुरुष को चाहिए कि इन देवी-देवताओं की चिंता न करते हुए वह भगवान् विष्णु श्रीनारायण की ही पूजा करता रहे। श्रीनारायण भगवान् विष्णु ही वास्तविक रूप में भक्त का उद्धार करने वाले हैं। सच्चे साधक को निष्काम और सकाम (एकमात्र भक्ति की कामना) भाव से पुरुषोत्तम भगवान् की उपासना उचित है। श्रीनारायण की उपासना से सत्संग से दुर्लभ ज्ञान की प्राप्ति, साधुलाभ, इन्द्रियादि विषयों में अनासक्ति से प्रभु में दृढ़ अनुरक्ति मिलती है और अन्ततः मोक्ष की प्राप्ति होती है।

मानव जीवन की सार्थकता भगवान् विष्णु के लीलागान में ही है—इसे बताते हुए शुकदेवजी और परीक्षित के मध्य हुए संवाद को सुनने के लिए शौनिकजी ने सूतजी से प्रार्थना की। इस पर सूतजी कहते हैं कि हे विप्रो! श्रीनारायण भगवान् विष्णु की पवित्र कथा के श्रवण से नष्टमोह और प्राप्त ज्ञान परीक्षित ने शुकदेवजी के ज्ञान की प्रशंसा करते हुए अपने प्रति कृपा का आभार मानते हुए कुछ जिज्ञासाएं रखीं और उनके समाधान की प्रार्थना की। जिज्ञासाएं इस प्रकार हैं—

1) भगवान् विष्णु किस प्रकार अपनी माया से विश्व की सृष्टि, पालन और संहार करते हैं?
2) श्री भगवान् किन-किन शक्तियों का आश्रय अपनी लीला-विकास के लिए लेते हैं?
3) श्री भगवान् प्रकृति के गुणों को, पुरुष रूप में विविध कर्मों का संपादन करने के लिए एक साथ धारण करते हैं अथवा अवतार ग्रहण करके क्रम से धारण करते हैं?

उक्त जिज्ञासाएं प्रस्तुत करने के बाद, इसके समाधान के लिए शुकदेवजी ने सबसे पहले भगवान् विष्णु की उपासना की। अनेक प्रकार से उनकी वंदना की, उनकी अपरम्पार शक्ति और महिमा का गान किया और यह प्रार्थना की कि वे उन्हें गहन तत्त्व-विश्लेषण की भक्ति प्रदान करें। तदुपरांत शुकदेवजी ने परीक्षित से कहा—हे राजन्! एक समय पहले नारदजी ने भी ऐसा ही प्रश्न ब्रह्माजी से पूछे थे। ब्रह्माजी ने उन प्रश्नों का अत्यन्त युक्तियुक्त समाधान किया था। अब मैं आपको वही संवाद सुनाता हूं। नारदजी के प्रश्न थे—

1) यह विश्व किसके द्वारा रचित एवं प्रकाशित होता है तथा किस पर आश्रित है और किसमें लीन होता है?
2) क्या यह जगत् स्वयं में ही इस तरह स्थित है या किसी कारण के फल स्वरूप इसकी स्थिति ऐसी है?

3) आपने जगत् की सृष्टि किस विशेष ज्ञान से की? यह ज्ञान आपको कहां से मिला?
4) आपने सृष्टि-रचना के लिए तप करते हुए किसका ध्यान और उपासना की?
5) इस विश्व का कोई ईश्वर है या नहीं?

ब्रह्माजी ने पहले तो नारदजी की प्रशंसा की क्योंकि ये प्रश्न लोक-कल्याण की भावना से उत्पन्न हुए थे। फिर उन्होंने इसका उत्तर दिया–ब्रह्माजी ने कहा कि हे नारद! मुझमें ईश्वरीय सत्ता विद्यमान है किन्तु मेरे ऊपर भी श्रीनारायण ईश्वर रूप स्थित है। उन्होंने ही सर्वप्रथम अपने प्रकाश से इस संसार को प्रकाशित किया। वेद, देवगण तथा स्वयं मेरी (ब्रह्मा की) उत्पत्ति भगवान् विष्णु के अंगों से ही हुई है। पृथ्वी आदि द्रव्य, कर्म, काल, स्वभाव तथा समस्त जीव विष्णु द्वारा उत्पादित होने के कारण विष्णुमय हैं।

इसके बाद ब्रह्माजी ने विष्णु द्वारा विहित सृष्टि की उत्पत्ति को विस्तार से बताते हुए कहा कि हे वत्स! एक से अनेक होने की इच्छा करते हुए ही विष्णु ने काल, कर्म और स्वभाव को स्वीकार किया। इससे विकार उत्पन्न हुआ जिससे शब्द, स्पर्श और रूप के योग से, तेज से रसात्मक जल, जल से गंध, गंध से गंधवती पृथ्वी उत्पन्न हुई। इसके बाद सतोगुणी अहं से मन, बुद्धि, प्राण, दस इन्द्रियां तथा उनके अभिमानी देवता उत्पन्न हुए। ये सब मिलकर भगवान् विष्णु के पास गए तो उन्होंने सबको मिलाकर ब्रह्मांड नामक शरीर की रचना की। फिर हजारों वर्षों तक जल में पड़े रहने के बाद भगवान् विष्णु ने उस शरीर को चैतन्य किया तथा उसे फोड़कर उससे सहस्त्रों चरण, भुजा, नेत्र, मस्तक वाला विराट् पुरुष निकाला। उस विराट् पुरुष के विभिन्न अंगों में समस्त लोकों और उनमें विद्यमान वस्तुओं को माना जाता है। इसे ऐसे समझा जा सकता है कि चरणों से पृथ्वी लोक, नाभि से भुवलोक, वक्षस्थल से महलोक उत्पन्न हुआ। मुख से ब्राह्मण, भुजाओं से क्षत्रिय, जांघों से वैश्य और पैरों से शूद्र उत्पन्न हुए। इसी तरह सप्तलोक, चौदह, भुवन, उनके निवासी एवं पदार्थ सब भगवान् विष्णु से ही उत्पन्न हुए हैं।

इसके उपरांत ब्रह्माजी ने नारद से सृष्टि के विभिन्न तत्त्वों की विष्णु के अंगों से उत्पत्ति के बहाने विराट् पुरुष की विभूतियों का परिचय दिया–वे बोले कि हम तनय! **वाणी** उस विराट् पुरुष के मुख से, **गायत्री** सप्तधातुओं से, (उष्णिक आदि सात छन्द) **अन्न तथा रस** जीभ से, **प्राणवायु** नासाछिद्रों से **औषधियां, मंत्र** प्राणेन्द्रियों से, रूप तथा तेज नेत्रों से, स्वर्ण तथा सूर्य नेत्रगोलकों से, दिव्य तथा तीर्थ स्थल श्रवणों से, आकाश श्रोत्रिन्द्रिय से, सौंदर्य शरीर से,

यज्ञ, स्पर्श तथा वायु त्वचा से, रोमावली से उद्‌भिज प्राणी, मेव, केश तथा श्मश्रु और नख से, नख से ही विद्युत शिला और लोहा तथा भुजाओं से लोकपाल उत्पन्न हुए। इसके साथ ही भगवान् नारायण के भ्रमण से भूः, भुवः तथा स्वः लोक की उत्पत्ति हुई और लिंग से जल, वीर्य, मेघ और प्रजापति जननेन्द्रिय से मैथुन तथा आदंत, वायु इन्द्रिय से यम और मित्र, गुदा द्वार से हिंसा, निऋति, नरक तथा मृत्यु, पीठ से पराजय, अधर्म और अज्ञान, नाड़ियों से नदी नद, अस्थियों से पर्वत तथा उदर से मूल प्रकृति, समुद्र तथा मृत्यु आदि की उत्पत्ति हुई। यही विराट् पुरुष ब्रह्मा देवी-देवताओं, मनुष्यों, नागों, भूतों की उत्पत्ति स्रोत है। ग्रह, नक्षत्र भी इसी से उत्पन्न हुए हैं। यह नारायण रूप में (ब्रह्मा बनकर संसार की सृष्टि करते हैं, रुद्र रूप में प्रलय करते हैं और विष्णु रूप में संसार का पालन करते हैं। सबसे प्रमुख बात यह है कि सृष्टि के रचयिता होने और पालनकर्त्ता होते हुए भी वे इस सबसे परे अतीत हैं। यही उनकी दिव्य महिमा है।

ब्रह्माजी नारदजी से बोले कि हे वीणापाणे! भगवान् विष्णु की महिमा का वर्णन कोई नहीं कर सकता। उनके परमतत्त्व को जानना अत्यंत दुष्कर है। वर्षों तक कठोर तप करने के उपरांत भी मैं उनकी महिमा को पूरी तरह नहीं जान सका। काफी कुछ अज्ञेय रह जाता है यह बात है कि उनकी लीलाओं का निरंतर गान करने से उनके परम तत्त्व का थोड़ा-बहुत ज्ञान मुझे हो गया है। वस्तुतः विराट् पुरुष विष्णु भक्तिप्रिय हैं और उनको पाने (समझाने) का एक ही मार्ग है, भक्ति मार्ग। यही सरल और निश्चित उपाय है।

इसके बाद विष्णु भगवान् के चौबीस अवतारों को संक्षिप्त वर्णन करते हुए ब्रह्माजी नारदजी से कहते हैं कि-

1) मेरे (ब्रह्मा) द्वारा सृष्टि रचना के लिए घोर तप के प्रभाव के फलस्वरूप भगवान् ने मेरे घर सप-अर्थ वाले 'सन' नाम से मुक्त **सनतकुमारों** (सनक, सनंदन, सनातन और सनतकुमार) के रूप में अवतार लिया। इस अवतार में उन्होंने ऋषियों को कल्पांत से विस्मृत तत्त्व का उपदेश देकर पुनः ज्ञान प्राप्त कराया।
2) प्रलयकाल में जलमग्न पृथ्वी का उद्धार करने के लिए अनंत भगवान् नारायणजी ने **वराह** शरीर धारण किया और उस दैत्य हिरण्याक्ष का जिसने पृथ्वी का हरण किया था-विनाश किया।
3) प्रजापति रुचि की पत्नी आकूति के उदर से यज्ञपुरुष के रूप में अवतार ग्रहण किया। इस अवतार से भगवान् विष्णु ने दक्षिणा से सुयाम देवों को जन्म दिया। श्रीनारायण हरि को 'हरि' विशेषण से इसीलिए अभिहित

किया गया। वे तीनों लोकों की विपत्ति की हरण करने वाले हैं। यह विशेषण मनु स्वायंभुव ने दिया।

4) भगवान् ने स्वर्ण प्रभावान **हयग्रीव** के रूप में (ब्रह्मा) के यज्ञ में अवतार लिया और अपनी नाक की सांस से वेदवाणी को व्यक्त किया।

5) दक्षपुत्री मूर्ति एवं धर्म के घर **नर-नारायण** के रूप में अवतार लिया। जिन अप्सराओं को इन्द्र ने नर-नारायण के तप को भंग करने के लिए भेजा, वे अपना मूल स्वभाव भूलकर आराधना करने लगीं। इस अवतार में भगवान् ने सौतेली मां सुरुचि द्वारा अपमानित उत्तानपाद के सुपुत्र ध्रुव को ध्रुव पद प्रदान किया।

6) श्री भगवान् ने **कपिलदेव** के रूप में कर्दम प्रजापति की पत्नी देवहूति के उदर से अवतार लिया और देवहूति के अनुरोध से उसे इसी जन्म में तत्त्व बोध कराया।

7) अत्रि ने प्रार्थना की थी कि वह श्रीनारायण को ही पुत्र रूप में पाना चाहते हैं। अतः भगवान् ने **दत्तात्रेय** के रूप में उनके यहां अवतार लिया। इस अवतार से भगवान् ने यदु और सहस्रार्जुन का उद्धार किया।

8) सुदेवी (नाभि की पत्नी) के उदर से **ऋषभदेव** के रूप में अवतार लेकर अवधूतचर्या और परमहंस पद का महत्त्व स्थापित किया।

9) भगवान् ने ब्राह्मण के रोष से नष्ट वैभव वेन को नरक में गिरने से बचाने के लिए ऋषियों की प्रार्थना पर **पृथु** का अवतार लिया।

10) चाक्षुष मन्वंतर के अंत में वेदों की रक्षा के लिए **मत्स्य** अवतार लिया।

11) समुद्रमंथन हेतु **कच्छप** रूप में जन्म लिया।

12) देवताओं को अमृत पिलाकर अमर बनाने के लिए **धन्वन्तरि** रूप में अवतार लिया।

13) दैत्यों से अमृत छीनकर देवों को पिलाने के लिए **मोहिनी** अवतार।

14) हिरण्यकशिपु से भक्त प्रह्लाद की रक्षार्थ **नृसिंह** का अवतार।

15) बलि का दर्प दलन करने के लिए **वामन** अवतार।

16) भागवत धर्म के प्रचार के लिए **हंस** का अवतार।

17) पांचरात्र धर्म के विस्तार के लिए **नारद** अवतार।

18) ग्राह का संहार करके गजेन्द्र की रक्षा के लिए **हरि** रूप में अवतार लिया।

19) दुष्ट क्षत्रियों का 21 बार नाश करने के लिए **परशुराम** अवतार।

20) आदर्श एवं मर्यादा की रक्षा के लिए मर्यादा पुरुषोत्तम **राम** का अवतार लिया।

21) लोगों को वास्तविक विद्या, ज्ञान के उपदेश के लिए भगवान् **वेदव्यास** के रूप में अवतार लेकर पुराणों की रचना की।

22) दुष्ट कंस, जरासंध आदि को मारने के लिए **कृष्ण** और **बलराम** रूप में अवतार लिया।

23) भविष्य में अंधविश्वास और धर्म के नाम पर पशु हिंसा को समाप्ति के लिए **बुद्ध** अवतार। और

24) कलियुग में **कल्कि** अवतार।

भगवान् की शक्तियां विभिन्न अवसरों पर विभिन्न रूप से प्रकाशित होती हैं। सृष्टि-रचना के प्रजापति, मरीचि और ब्रह्मा के रूप में सृष्टि-रक्षा के समय धर्म, मनु और सम्राट के रूप में तथा सृष्टि-प्रलय के समय अधर्म, रुद्र और दैत्यादिक रूप में प्रकट होती हैं। इस शक्ति की महिमा अपरम्पार है। इसका सार कोई भी नहीं पा सकता।

भगवान् विष्णु ने कांपती हुई धरती को स्थिर करने के लिए त्रिविक्रम अवतार का रूप धारण किया। उनकी ही एक शक्ति माया है जो जगत् की रचना और संहार करने वाली है। इस तरह उनकी अनेक शक्तियां हैं। उन भगवान् का न मैं (ब्रह्मा) न ऋषि और न सनकादि तथा न तुम जान सकते हो और भगवान् की शरण में आए हुए भक्त भी अनन्य हैं। जो उनकी कृपा से उनके स्वरूप और तत्त्व की वास्तविकता जानने में समर्थ हो जाते हैं। ऐसे भक्तिभाव सम्पन्न भक्तों में प्रह्लाद, ध्रुव, जनक, रघु, अम्बरीष, हनुमान तथा शुकदेव आदि हैं। इनके समान अन्य भक्तों ने भी भगवान् के रहस्य और तत्त्व को जाना है। ब्रह्माजी नारदजी से परमात्मा के वास्तविक स्वरूप का वर्णन करते हुए कहते हैं कि वह सर्वदा एकरस, अभय, शांत और ज्ञान स्वरूप हैं। वह सत्-असत् तथा माया से अतीत है। भगवान् विष्णु का साक्षात्कार महात्मागण, अनन्त, शोकरहित, आनन्द स्वरूप के रूप में करते हैं। विष्णु भक्त-स्त्री, शूद्र, पशु, पक्षी, जड़, चेतन सबसे पार हो जाता है।

सूतजी ने जब ब्रह्मा और नारदजी का यह संवाद सुना दिया तब वे बोले–हे ऋषियों! विष्णु भगवान् की महिमा के सुनने से उत्पन्न अनुराग से भरे राजा परीक्षित ने शुकदेवजी के सामने अपनी कुछ जिज्ञासाएं रखीं और समाधान की विनती की।

जिज्ञासाएं इस प्रकार हैं–

1) पृथ्वी आदि पंच महाभूतों के संबंध से शून्य इस जीव के शरीर का प्रारंभ कैसे होता है?

2) ईश्वर से उत्पन्न जीव और लौकिक पुरुष के समान रूप वाले ईश्वर में क्या भेद है?
3) ईश्वर के अंदर और बाहर के भेद से ब्राह्मांड का क्या प्रमाण है? इस क्रम में वर्णों और आश्रमों का तथा महान् पुरुषों के चरित्रों का निश्चय किस प्रकार होगा?
4) प्रत्येक युग में भगवान् विष्णु अवतार लेकर कैसे-कैसे चरित्र रचते हैं और उनका धर्म तथा प्रमाण क्या है?
5) मानवों के साधारण और विशेष धर्म कौन-कौन से हैं?
6) तत्त्व कितने हैं और उनके लक्षण तथा स्वरूप क्या हैं?
7) सामान्य राज-धर्म और विपत्ति काल में विशेष राज-धर्म कौन-कौन से होते हैं?
8) धर्म, अर्थ और काम की विधि क्या है और इसमें देवों की आराधना अष्टांग योग सहित वेद, उपवेद, इतिहास, धर्मशास्त्र और पुराण आदि का स्वरूप क्या है?
9) स्वतंत्र जीवात्मा बन्द मोक्ष के जाल में कैसे फंस जाता है और फिर किस तरह अपने सत्य को प्राप्त करता है?
10) सब बंधनों से स्वतंत्र भगवान् अपनी माया से लीला कैसे करते हैं और फिर किस तरह एक साक्षी के रूप में उदासीन हो जाते हैं?

जब परीक्षित ने शुकदेवजी के सामने अपनी ये सारी जिज्ञासाएं रखी तो शुकदेवजी ने वेदव्यास द्वारा लिखित तथा स्वयं-अधीत **श्रीमद् भागवत् पुराण** उन्हें सुनाया। वह पुराण स्वयं भगवान् ब्रह्माजी को सुना चुके थे फिर ब्रह्मा जी ने नारदजी को सुनाया और नारद जी ने 'वेदव्यास जी' को सुनाया था।

परीक्षित की पहली जिज्ञासा थी कि जीव का शरीर ग्रहण कैसे होता है? इसका समाधान करते हुए शुकदेवजी बोले, "हे राजन्! अनेक रूपवती माया के कारण ही एक रस आत्मा अनेक रूपों में दिखाई देती है। निर्विकार आत्मा अहम् तथा ममत्व के जाल में माया के गुणों से विमोहित होकर फंस जाती है। गुण नाशक काल और मोहमूलक माया से परे होते ही अपने अनंत रूप में यह आत्मा रमण करने लगती है। भगवान् विष्णु ने ब्रह्मा को स्वयं इस आत्म-तत्त्व का ज्ञान दिया और फिर उसके बाद नारद को यह ज्ञान ब्रह्माजी से प्राप्त हुआ तथा फिर नारदजी ने वेदव्यास जी को यह ज्ञान दिया और उसे लोकहित के लिए प्रकाशित करने का आदेश किया। वह तत्त्व ज्ञान ही यह भागवत् के रूप में प्रगट है।"

प्रस्तुत आत्म ज्ञान का एक व्यापक इतिहास है और वह किस प्रकार संचारित हुआ यह बताते हुए शुकदेवजी बोले–एक समय ब्रह्मा आदि देव के रूप में सृष्टि की रचना के लिए तैयार हुए तो उन्हें अनुभव हुआ कि उनकी बुद्धि अपेक्षित नहीं है। तब उन्हें दो बार तप शब्द सुनाई दिया। यह किसका उच्चार है और इसका वक्ता कौन है? यह जानने के लिए उन्होंने इधर-उधर बहुत खोज की, लेकिन वे सफल नहीं हुए। परिणामस्वरूप, उन्होंने तप को आकाशवाणी के रूप में लिया और इसे ईश्वर का आदेश मानकर तपस्या करनी प्रारम्भ कर दी। ब्रह्माजी ने कठोर तप किया जिससे प्रसन्न होकर विष्णु भगवान् ने उन्हें दर्शन दिए और दिव्य लोक के भी दर्शन कराए। उस दिव्यलोक में भगवान् विष्णु के अनुपम और अद्भुत सौंदर्यमय स्वरूप को देखकर ब्रह्माजी कृतार्थ हो गए। भगवान् विष्णु ने ब्रह्माजी को तप की महिमा बताई और यह कहा कि तप मेरा हृदय है और मैं तप की आत्मा हूं। तप से ही मैं सृष्टि की सर्जना, पालना और फिर संहार करता हूं। तप मेरी अमोघ शक्ति है और यह शक्ति अलंघ्य है।

भगवान् विष्णु को प्रसन्न जानकर ब्रह्माजी ने उनसे माया का आश्रय लेकर जगत् का सृजन करने, पालन करने, संहार करने तथा अनेक प्रकार की लीलाएं करने की प्रार्थना की। भगवान् विष्णु ने ब्रह्माजी की भक्ति को देखकर अपने अत्यंत गोपनीय स्वरूप का रहस्य बताना चाहा और उन्हें समझाया–हे ब्राह्मण! इस जगत् की सृष्टि से पूर्व केवल मैं ही था। न स्थूल था, न सूक्ष्म था और न ही दोनों का कारण रूप अज्ञान था। सृष्टि में जो कुछ भी दृष्टि गोचर होता है, वह मैं ही हूं। सृष्टि के विलय होने पर भी जो कुछ अवशिष्ट होगा, वह भी मैं ही होऊंगा। अस्तित्व के न होने पर भी जल में दूसरे चन्द्र का (प्रतिबिम्ब रूप में) दिखाई देना तथा आकाश में राहु के विद्यमान होने पर भी उसका वहां दिखाई न देना, मेरी माया के कारण ही है। इसी प्रकार मेरी माया के कारण ही अस्तित्वहीन जगत् दृष्टिगोचर होता है और चिरसत्तावान् भगवान् (स्वयं मैं) दृष्टिगोचर नहीं होता है। जिस प्रकार सब प्राणियों में पृथ्वी, जल, वायु आदि पांच तत्त्व सृष्टिकाल में विद्यमान नहीं रहते हैं और सृष्टि से पूर्व तथा सृष्टि के विनाश होने पर वे सभी तत्त्व प्राणियों में विद्यमान भी हैं और उनसे अलग (भिन्न) भी हैं। इस तत्वज्ञान को धारण करने से ही तुम निज-स्वरूप में स्थित हो जाओगे और फिर सृष्टि की रचना करते समय तुम्हें शोक, मोह आदि व्याप्त नहीं होगा। विष्णु भगवान् यह उपदेश देकर अन्तर्हित हो गए। भगवान् के इस दिव्य-ज्ञान को धारण कर तथा तपोलीन होकर ब्रह्माजी सृष्टि-रचना में प्रवृत्त हुए।

इसके बाद शुकदेवजी ने परीक्षित जी से कहा कि हे राजन् जो प्रश्न आपने मेरे सामने इस समय प्रस्तुत किए हैं, पहले काल में पितामह को प्रसन्न जानकर नारदजी ने भी यही प्रश्न उनसे किए थे। उत्तर में श्रीमद् भागवत्, ब्रह्माजी ने नारदजी को सुनाई थी। नारदजी ने सरस्वती के किनारे ध्यानमग्न रहकर मेरे पूज्य पिता व्यासदेव जी को ब्रह्माजी से प्राप्त ज्ञान सुनाया और तब उसे मेरे पिता ने संसार में प्रचारित किया।

शुकदेवजी ने बताया कि श्रीमद् भागवत् 10 विषयों वाला है और उसके विषय इस प्रकार वर्गीकृत किये गए हैं।

1. **सर्ग**–ईश्वर की कृपा से रूपांतरित गुणों से आकाश आदि पंचभूतों, शब्द आदि तन्मात्राओं, इन्द्रियों, अहंकार और महतत्त्व आदि की उत्पत्ति का वर्णन।
2. **प्रतिसर्ग**–विराट् पुरुष से उत्पन्न ब्रह्माजी द्वारा निर्मित चराचर सृष्टि का वर्णन।
3. **स्थान**–नश्वर सृष्टि को स्थिर रखने वाले भगवान् विष्णु की श्रेष्ठता का कीर्तन।
4. **पोषण**–सुरक्षित सृष्टि में भक्तों पर अनुग्रह करने के लिए भगवान् विष्णु की महिमा का वर्णन।
5. **मन्वंतर**–भगवद् भक्ति तथा प्रजा पालन में रत मन्वन्तरों के आधिपत्य का वर्णन।
6. **ऊति**–जीव को कर्मबंधन में डालने वाली बाधाओं का वर्णन।
7. **ईशकश**–भगवान् के विविध अवतारों और भगवद् भक्तों की गाथाओं का अनुकीर्तन।
8. **निरोध**–भगवान् के योगनिद्रा-निमग्न होने पर उपाधि सहित जीव के उनमें लीन होने का चित्रण।
9. **मुक्ति**–आत्मा का अज्ञान-कल्पित अनात्म भाव छोड़कर निज वास्तविक सत्वस्वरूप में स्थित होने का वर्णन।
10. **आश्रम**–जगत् की उत्पत्ति, स्थिति और प्रलय के आधारभूत रूप परमात्मा का वर्णन।

पहले विषय का वर्णन करते हुए शुकदेवजी ने बताया कि ब्रह्माण्ड को फोड़कर विराट् पुरुष ने अपने निवास स्थान के लिए पानीय की सृष्टि की। नर से पैदा होने के कारण जल का नाम नार पड़ा और चूंकि **नार** और जल में भगवान् विष्णु का निवास है इसीलिए उन्हें **नारायण** कहा जाता है। भगवान्

विष्णु जल में अनेक वर्षों तक योगनिद्रा में पड़े रहे और उसके बाद एक समय उन्हें एक से अनेक होने की इच्छा पैदा हुई। इस इच्छा की पूर्ति के लिए उन्होंने अपने वीर्य को तीन भागों में विभाजित किया–अधिदेव, अध्यात्म और अधिभूत फिर इनसे सारी मानवीय सृष्टि अस्तित्व में आई।

विराट् पुरुष के हिलने-डुलने पर उसके शरीर में स्थित आकाश से प्राण की, प्राण से रोने की और विराट् पुरुष के द्वारा प्यास, भूख आदि का अनुभव होने पर तालु तथा जीभ सहित मुख की, फिर शयन की इच्छा से वाक् की और अग्नि तथा शब्द की–सूंघने की इच्छा से प्राण, इन्द्रिय और वायु की, देखने की इच्छा से नेत्रों और सूर्य की, सुनने की इच्छा से कान और दिशाओं की तथा स्पर्श और अनुभूति की इच्छा से त्वचा की निर्मिति हुई। उस विराट् पुरुष द्वारा कर्म करने की इच्छा से हाथ-पैर आदि कर्मेन्द्रियों की उत्पत्ति हुई। साथ ही उनके अभिमानी देवताओं की भी उत्पत्ति हुई। इसके उपरान्त भगवान् ने अपनी माया पर विचार किया तो उस समय हृदय, फिर मन और उनके अभिमानी देवताओं की उत्पत्ति हुई। इस तरह वह विराट् पुंरुष बाहर की ओर से पृथ्वी, जल, तेज, वायु, आकाश, अहंकार, महत्त्व और प्रकृति–इन आठ प्रकार के आवरणों से घिरा हुआ है। इसके परे उसका एक सूक्ष्म रूप भी है और वह सूक्ष्म रूप मन और वाणी से परे और अगोचर है। अनेक विद्वान् पुरुष भी भगवान् की माया से परिपूर्ण है। स्थूल और सूक्ष्म दोनों रूपों को ठीक तरह से ग्रहण नहीं कर पाते क्योंकि वही नाम रूप धारी ब्रह्मा है। उससे ही प्रजापति, मनु, देवता, गंधर्व, अप्सरा, नाग, सर्प, राक्षस, पिशाच, भूत-प्रेत, ऋषि आदि विविध योनियों की रचना हुई है। संसार के सभी चर-अचर भेद से दो प्रकार के रूपों में बंटे हुए हैं। चर और अचर के बाद में चार भेद और होते हैं। जरायुज, अण्डज, उद्भिज और स्वदेज। इसके बाद स्थलचर, जलचर और नभचर ये तीन भेद होते हैं। अपने कर्मों के फलस्वरूप ही सभी प्राणी अपने शुभ और अशुभ कर्म के अनुसार देवादि योनियों में जन्म प्राप्त करते हैं। ये सभी योनियां अपने अच्छे और बुरे कर्मों से ही प्राप्त होती है। अपने अच्छे कर्मों से जीव देवयोनि को प्राप्त होता है। अच्छे और बुरे कर्मों के मिलने से मनुष्य स्वर्ग-योनि में और बुरे कर्मों के कारण नारकीय योनि में प्राप्त होता है।

इसके बाद सूतजी ने, विदुर के गृह-त्याग की कथा को तथा वे किस प्रकार से यात्रा में मैत्रेयजी से मिले और उनके साथ सतसंग हुआ, इस सारी कथा को ऋषियों के पूछने पर सुना दिया। यह प्रसंग शुकदेवजी ने इसके पूर्व भी सुनाया था।

तृतीय स्कन्ध

ब्रह्माण्ड की उत्पत्ति और विराट् पुरुष की स्थिति का वर्णन

विदुरजी के प्रसंग गृह-त्याग को बताते हुए शुकदेव जी बोले—पांडव अपनी प्रतिज्ञा पूरी करके धृतराष्ट्र के पास आए और उनसे अपना राज्य मांगा। धृतराष्ट्र ने उनके न्यायपूर्ण निवेदन को भी अस्वीकार कर दिया। विदुरजी ने धृतराष्ट्र को विवेकसम्मत सलाह दी। जिसे विदुर नीति कहा जाता है। विदुरजी ने धृतराष्ट्र को समझाया कि हे महाराज कौरवों की दुष्टता के कारण ही पांडवों को तेरह वर्ष वन में भटकना पड़ा। अब अवधि पूरी हो गई है, अतः यह राज्य पांडवों को लौटा देना चाहिए।

विदुरजी अपनी बात धृतराष्ट्र को समझा ही रहे थे कि शकुनि और दुःशासन वहां आ गए। वे दोनों विदुरजी के ऊपर बहुत क्रोधित हुए और उन्हें दुष्टबुद्धि, दासीपुत्र आदि बुरे वचन कहे और उनका अपमान किया। पर धृतराष्ट्र जी चुपचाप बैठे रहे। विदुरजी ने भी इस घटना को भगवान् की माया के रूप में ही लिया क्योंकि जो कुछ भी घटित होता है वह ईश्वर की ही इच्छा का परिणाम है। वे कौरवों के प्रदेश को छोड़कर तीर्थ यात्रा के लिए निकल पड़े। बहुत समय तक विदुरजी इधर-उधर पर्यटन करते रहे और कुछ दिनों बाद यमुना नदी के किनारे उनकी भेंट उद्धवजी से हुई। उद्धवजी ने विदुरजी को बताया कि कौरवों ने पांडवों से कहा कि सुई के नोंक के बराबर भी जमीन पांडवों को युद्ध के बिना नहीं देंगे। इस बात पर महाभारत का भयंकर युद्ध हुआ लेकिन भगवान् कृष्ण की सहायता से पांडव विजयी हुए। इसके बाद विदुरजी ने उद्धवजी से भगवान् कृष्ण और उनके सगे संबंधियों के विषय में पूछा। इस प्रश्न के पूछने पर उद्धवजी बहुत व्याकुल हो गए और बहुत भींगे हुए शब्दों में कातर होकर उन्होंने बताया कि द्वारिका नगरी जल में डूब गई है और सारा यादव वंश नष्ट हो गया है। भगवान् श्रीकृष्ण अंतर्धान हो

गए हैं। विदुरजी ने यह सारा वृत्तान्त सुना और दुःखी हो उठे। फिर वह भगवान् श्रीकृष्ण का चिंतन करते रहे। इसके बाद भगवान् कृष्ण को उद्धवजी ने साक्षात् विष्णु के रूप में बताते हुए उनके अनुपम गुणों के चर्चा करते हुए विदुरजी से कहा कि भगवान् ब्रह्मा की समग्र सृष्टि में श्रीकृष्ण के समान न तो कोई रूपवान है और न ही कोई बलवान। उनकी शक्ति से धर्मद्वेषी थर-थर कांपते थे। वे तो साधुजनों के कष्ठों के निवारण के लिए महत्त्व के अंश से युक्त होकर अग्नि के समान अविर्भूत हुए थे। विदाई के समय माता-पिता से अपने अपराधों के लिए क्षमा-याचना करना, शिशुपाल का शिरच्छेद करना, युद्ध में मृत्यु प्राप्त योद्धाओं को दयावश निजधाम प्रदान करना आदि भगवान् के कृत्यों का स्मरण-कीर्तन करके उद्धवजी रोमांचित हो उठे। भगवान् के गुणों का वर्णन करते हुए उद्धवजी बोले-विदुरजी! श्रीकृष्ण तो अपकारी के प्रति भी उदार भाव रखते थे। अपने स्तन को विष लगाकर श्रीकृष्ण को दूध पिलाने आई पूतना का भी उन्होंने उद्धार किया। अपने से शत्रुता रखने वाले राक्षसों, दैत्यों को भी उन्होंने अपना परमपद प्रदान किया।

कृष्ण ने कंस को बलपूर्वक राजसिंहासन से खींचा और पृथ्वी पर पटक-पटककर दे मारा। उन्होंने अपने गुरु संदीपन के कहने पर उसके मृत पुत्र को जीवित कर दिया। भीष्म की कन्या रुक्मिणी के अनुरोध पर भगवान् कृष्ण ने स्वयंवर सभा के बीच में ही उसका हरण किया और उसके साथ विवाह किया। इस तरह भगवान् कृष्ण ने अनेक लीलाएं कीं। सत्यभामा की इच्छा पर भगवान् कृष्ण ने इन्द्रलोक से उन्हें पारिजात का फूल लाकर दिया। राजा भगवत्दत्त को पृथ्वी की प्रार्थना पर राजा बनाया और अनेक निर्दोष बन्दियों को बंधन से मुक्त किया। भगवान् कृष्ण ने भीमासुर का विनाश करके अनेक अबलाओं का उद्धार किया और उन अनेक अबलाओं के प्रेम से भरे हुए अनुरोध के कारण ही उनके रूपों में एक बार में ही पुत्रवती बनाया।

अधिकांश यदुवंशी शराब पीने लगे थे और आपस में झगड़ने लगे थे। वे बात-बात पर एक दूसरे से लड़कर संघर्ष किया करते थे। भगवान् श्रीकृष्ण ने देखा कि यदुवंश को विनाशकाल आ गया है, तब वे तटस्थ हो गए और प्रभास क्षेत्र में आ गए। जैसे ही भगवान् कृष्ण ने द्वारिका से पैर निकाला, वैसे ही यदुवंशी आपस में मर गए। प्रभास क्षेत्र से चलकर भगवान् श्रीकृष्ण सरस्वती नदी के किनारे पहुंचे और वहां से उन्होंने मुझे भी अलग होने के लिए कहा। लेकिन मैं कहा और किस तरह जाता। भगवान् श्रीकृष्ण ने मेरी भक्ति भावना

का अनुभव किया और मेरी निष्ठा को देखते हुए जन्म-जन्मों तक अपना भक्त बने रहने का वरदान दिया। मैंने उस समय भगवान् से प्रार्थना की कि भले ही वे सर्वज्ञ और सर्वशक्तिमान हैं फिर भी वे शरीर धारण करें और अनेक लीलाएं करें। मेरी प्रार्थना पर ध्यान देकर भगवान् कृष्ण ने उसे स्वीकार किया और ब्रह्माजी को दिए हुए भगवत् ज्ञान को अपने मुख से ही मुझे सुनाया, जिसे सुनकर मैं कृतार्थ हो गया। अब मैं तप करने के लिए बदरिकाश्रम जा रहा हूं। विदुरजी ने उद्धवजी को प्रणाम किया और उनसे श्रीमद्भागवत की कथा सुनाने की प्रार्थना की क्योंकि उद्धवजी तपस्या करने के लिए जा रहे थे। इसीलिए उन्होंने कहा कि वे मैत्रेयजी से संपर्क करें क्योंकि भगवान् के इस ज्ञान के प्रचार-प्रसार का दायित्व मैत्रेय जी को ही सौंपा है। विदुरजी ने मैत्रेयजी से तीन सवाल पूछे थे : (1) माया से अतीत, कर्म-रहित ईश्वर संसार की रचना कैसे करता है और किस प्रकार जीवों को जीविका प्रदान करता है? (2) प्रभु विश्व का नियामक है और वह कैसे अवतार धारण करके लीलाएं करता है? (3) भगवान् श्रीकृष्ण की लीलाओं का मर्म क्या है?

मैत्रेयजी ने कहा—हे विदुर! भगवान् श्रीकृष्ण महाप्रलय में अपनी योग माया को समेटकर सुषुप्त पड़े रहते हैं। उस सुषुप्त अवस्था में भी वे सर्वथा चैतन्य तथा पुनः सृष्टि की रचना के लिए काल की प्रतीक्षा में रहते हैं। गुणमयी माया में काल द्वारा क्षोभ किए जाने पर भगवान् चैतन्य रूप धारण करते हैं। उस समय काल और माया की प्रेरणा से पहले महत्त्व प्रकट होता है। उसमें विकास आने पर अधिभूत, अध्यात्म और अधिदेव के आश्रयभूत तीन वैकारिक तेजस और तामस तत्त्व और इन तत्त्वों से क्रमशः मन, इन्द्रिय और आकाश में विकास होने से उत्तरोत्तर शब्द आकाश, तेज-अग्नि तत्त्व-तथा स्पर्श पवन, रस-जल गन्ध पृथ्वी तन्मात्राएं उत्पन्न होती हैं। मन के साथ ही अहंतत्त्व से देवगण भी उत्पन्न होते हैं। मन के साथ उत्पन्न देव सृष्टि-रचना का प्रयास करते हैं परंतु परस्पर सम्बंध न होने के कारण सफल नहीं हो पाते। तब वे भगवान् की शरण में जाकर उनकी स्तुति करते हुए उनको सेवा का अवसर प्रदान करने के लिए विनती करते हैं।

देवों के द्वारा प्रार्थना करने पर भगवान् तेईस तत्त्वों को संगठित करके उनमें अपने आप प्रवेश करते हैं। उससे इन तत्त्वों में विराट् पुरुष का आविर्भाव होता है। यह विराट् तत्त्व भी हजारों साल तक जल में ही पड़ा रहता है और जब उसे क्षोभ होता है, तभी संसार की रचना करता है। सबसे पहले वह अपने तीन विभाजन करता है—आत्मा, परमात्मा और विराट्। यही भगवान् विराट्

प्रथम अवतार हैं और इसी अवतार से सारी सृष्टि की रचना होती है। विराट् प्रथम अवतार है और पंच–प्राण, अपान, समान, उदान और व्यान वायुओं तथा नाग सहित कूर्म, कुकल, देव, और धनंजय आदि प्रकट होते हैं। भगवान् अपने घोर तप से इन सबकी जीविका के लिए मुंह, जीभ, नाक, त्वचा, कान, आंख, लिंग, गुदा, हस्त, पाद, मन, बुद्धि और चित्त आदि को प्रकट करता है। फिर इसके बाद इनके विषय वाणी, स्वाद, प्राण, स्पर्श, दर्शन, श्रवण, वीर्य, मल–त्याग, काम की शक्ति, चिन्तन, अनभूति और चेतना की अवस्थिति होती है। फिर इनके देवता, अग्नि, वरुण, अश्विनीकुमार, आदित्य, पवन, प्रजापति, इन्द्र, लोकेश्वर आदि उत्पन्न होते हैं। उसका पुरुष के मुख से वेदों सहित ब्राह्मणों की, भुजाओं से क्षत्रियों की, जांघों से वैश्यों की और चरणों से शूद्रों की उत्पत्ति होती है। इन लोगों के भी कर्म अलग–अलग हैं। ब्राह्मण का कार्य लिखना–पढ़ना, क्षत्रिय का सभी वर्णों की रक्षा करना, वैश्य का कृषि करना, शूद्र का सभी की सेवा करना है।

इसके बाद विदुरजी ने मैत्रेयजी का अभार माना और फिर अपनी कुछ जिज्ञासाएं रखीं।

निर्विकार चैतन्यमात्र भगवान् के गुण और कर्म लीला युक्त हो कैसे सकते हैं? सभी ज्ञानों के निधान भगवान् विष्णु अपने ही द्वारा रचित तथा पालित सृष्टि का संहार रूप–अज्ञानपरक कार्य कैसे करते हैं? जब एक ही रूप ईश्वर सभी प्राणियों में है तो सभी प्राणी दुःख रहित क्यों नहीं होते?

मैत्रेयजी बोले–हे महात्मन्! शरीर के सुख–दुःख तो जीव का धर्म है। हां, यह बात अवश्य है कि इन शरीर धर्मों से निवृत्त होने के लिए भगवान् का भजन आवश्यक है। जैसे स्वप्न में जाग्रत होने पर स्वप्न के दुःख समाप्त हो जाते हैं उसी प्रकार भगवान् का भजन करने से मानव के सांसारिक कष्ट, रोग, शोक मोह और दुःख आदि समाप्त हो जाते हैं। वस्तुतः इस देह आदि की आसक्ति का मूल अज्ञान है। दो प्रकार के जीव संसार में सुखी हैं।

1) अज्ञानी–अर्थात् विश्व की गति–अगति से अपरिचित।
2) ज्ञानी–मन, वचन और कर्म से भगवान् में भक्ति रखने वाले।

दुःख वे लोग उठाते हैं जो इन दोनों की स्थिति के बीच में रहते हैं।

इसके बाद विदुरजी ने पूछा कि किस प्रकार एक प्राण से दस प्रकार के प्राणों की उत्पत्ति होती है? ब्रह्मादि और उनसे अन्य प्रजापतियों की उत्पत्ति होती है? विभिन्न योनियों की सृष्टि होती है और पृथ्वी आदि लोकों की स्थिति वर्णाश्रम व्यवस्था, यज्ञ–याग का विस्तार, सृष्टि का ब्रह्म में विलीनीकरण आदि

कैसे होते हैं?

मैत्रेयजी ने विदुरजी को बताया कि संसार के प्रलय सागर में निमग्न होने पर भगवान् नारायण अपने नेत्र बंद करके अपनेपन में ही समाविष्ट हुए तो उस समय लकड़ी में आग के समान सारे भूत उनके शरीर में अन्तर्हित हो गए। भगवान् विष्णु हजार युगों (सहस्त्र चतुर्युगी) तक सोए रहे। जब उन्होंने अपनी आंखें खोलीं तो देखा कि सारा लोक-लोकान्तर उनमें ही स्थित है। सभी लोक पाल उनकी अराधना कर रहे हैं। वे लोक-रचना के लिए व्याकुल हैं। उन्होंने यह देखकर सभी भूतों को बाहर निकलने की आज्ञा दे दी। तब भगवान् की नाभि से प्रकाशमान दिव्य कमल निकला। फिर विष्णुजी उस कमल में प्रवेश कर गए और उस रूप में वे स्वयं ब्रह्मा कहलाए! स्वयंभू उन्हीं का नाम है। जब ब्रह्मा ने गर्दन घुमाई तो चार मुखवाले हो गए। उनके चार मुख ही चार दिशाएं हैं। बहुत समय तक ब्रह्माजी निर्विकार भाव से पड़े रहे। फिर काल शक्ति की प्रेरणा से कमल नाभि के रास्ते जल में प्रवेश कर गए और कमल का मूल खोजने लगे। इसमें सफल होने पर वे समाधि में लीन हो गए। सौ वर्षों की समाधि के बाद उन्हें भगवान् के दिव्य रूप के दर्शन हुए। इस समय उन्होंने देखा कि भगवान् की 'नाभि रूप तड़ाग' ही उनका जन्मस्थल है। कमल उसका मूल है। इसके उपरान्त उन्हें एक-एक करके जल, पवन, आकाश आदि दिखाई देने लगे। यह सब कुछ देखने के बाद ब्रह्माजी ने भगवान से पूर्ववत् सृष्टि की रचना के लिए शक्ति पाने की प्रार्थना की। भगवान् प्रकट हुए और ऐसी सृष्टि रचना की शक्ति प्राप्त करने के लिए कठोर तप करने का आदेश देकर अन्तर्धान हो गए। ब्रह्माजी ने भगवान् की आज्ञा का पालन करने के लिए उसी कमल पर बैठकर देवी का हजारों वर्षों तक तप किया। उस तप की शक्ति से ब्रह्माजी को सिद्धि प्राप्त हुई और उससे उन्होंने अपार जलराशि को आकाश में व्याप्त किया—फिर उसी कमल के लोक रूप से भूलोक, भुवर्लोक, स्वःलोक तीन लोक रचे। इन तीनों लोकों में कामना वाले प्राणी निवास करते हैं।

विषयों के रूपान्तर को ही काल कहते हैं और यह काल भगवान् का अप्रकट उपादान है। इस काल को ही निमित्त बनाकर भगवान् संहार करते हैं। यह संसार जगत् तीनों कालों में से एक-सा रहता है और इस जगत् का त्रिविधि काल, द्रव्य तथा गुण के द्वारा प्रलय होता है।

ईश्वर की एक से अनेक होने की इच्छा में सबसे पहली सृष्टि है। इसके बाद दूसरी अहंकार और पृथ्वी आदि पांच महाभूति की उत्पत्ति हुई। तीसरी

भूतसर्ग अर्थात् पंच भूतों के तन्मात्रा वर्ग की उत्पत्ति हुई। चौथी सृष्टि में ज्ञानात्मक इन्द्रियों की रचना, पांचवी सृष्टि में कर्मेन्द्रियां तथा उनके अधिष्ठाता देवों की रचना हुई। छठी सृष्टि में अविद्या माया, तप, मोह, महामोह की रचना तथा सातवीं सृष्टि में अचेतन वनस्पति, औषधि, लता, बांस, बेल, वृक्ष आदि उत्पन्न हुए। आठवीं सृष्टि में गधा, घोड़ा आदि नौ प्रकार के खुर वाले जीव, कुत्ता व्याघ्र आदि पांच प्रकार के नाम वाले जीव तथा चोंच वाले गीध, बाज आदि की रचना हुई। नवें नम्बर पर देश सृष्टि हुई।

इसके अतिरिक्त विषयों के रूपान्तर के समान सृष्टि के प्रलय के मूल कारण में भी काल ही स्थित है। काल का स्वरूप और प्रमाण बताते हुए वे कहते हैं की परमाणु पृथ्वी का अविभाज्य और सूक्ष्मतम अंश कहलाता है। दो परमाणुओं के मिलने से (योग से) एक अणु, तीन अणुओं के मिलने से एक त्रसरेणु निर्मित होता है। यह त्रसेरणु झरोखे से छनकर आती हुई सूर्य की किरणों के प्रकाश में उड़ता हुआ क्षुद्रतम रजकण ही है। तीन त्रसेरणुओं को पार करने से सूर्य को लगने वाला समय एक त्रुटि कहलाता है। त्रुटि का सौगुना समय एक वेध, तीन वेध के मिलने से एक लव, तीन लवों के संयोग से एक निमेष, तीन निमेषों के योग से एक क्षण बनता है, पांच क्षणों की काष्ठा होती है। पंद्रह काष्ठाओं का एक लघु, पंद्रह लघुओं की एक नाड़िका, दो नाड़िकाओं का एक मुहूर्त होता है। छः या सात मुहूर्तों का एक प्रहर होता है। चार यामों का एक दिन और चार यामों की एक रात होती है। पंद्रह दिन-रातों का एक पक्ष होता है। पक्ष दो होते हैं—कृष्ण और शुक्ल। दो पक्षों का एक महीना होता है। दो महीने की ऋतु है। तीन ऋतुओं का एक अयन होता है। अयन दो होते हैं—दक्षिणायन और उत्तरायण इन दो अयनों का एक वर्ष होता है। ऐसे सौ वर्षों की मनुष्य की आयु होती है। इस वर्ष को ही सूर्य, बृहस्पति, चन्द्रमा और नक्षत्र संबंधी महीनों के भेद से संवत्सर, परिव्रतसर, चूड़ा वत्सर, अनुवत्सर तथा वत्स कहते हैं।

देवताओं की बारह सहस्त्र वर्षों की अवधि के चार युग होते हैं—सत्ययुग, त्रेतायुग, द्वापरयुग, और कलियुग। इनकी अवधि क्रम से 4800, 3600, 2400 और 1200 दिव्य वर्ष की होती है। इस तरह के एक सहस्त्र चारों युग ब्रह्माजी का एक दिन होता है और इतना ही समय एक रात। ब्रह्माजी के दिन को ही कल्प कहते हैं। एक कल्प में चौदह मनु होते हैं और प्रत्येक मनु का परिमाण 71-6/14 चतुर्युगी है। ब्रह्माजी के दिन की समाप्ति पर रात का आगमन और उनका विश्राम करना ही प्रलय है। ब्रह्माजी की आयु के पहले प्रारम्भिक भाग

के प्रारम्भ में ब्रह्मा नामक कल्प हुआ। इस कल्प में शब्द मात्र था। दूसरे प्रारम्भिक भाग में पद्म नामक कल्प हुआ। इस कल्प में भगवान के नाभि सरोवर से कमल प्रकट हुआ। यह सर्व लोकमय था। मैत्रेय जी के अनुसार-इस समय दूसरे प्रारम्भिक चरण (उत्तर पूर्वार्द्ध) का वाराह कल्प चह रहा है। इसमें भगवान् के शूकर रूप धारण किया। दो परार्द्ध का यह काल विष्णु भगवान् का एक निमेष है। वे ही इस समस्त ब्रह्माण्ड कोश के कारण रूप हैं और उनसे परे कुछ नहीं है।

इसके बाद मैत्रेयजी ने प्रलय के बाद सृष्टि की उत्पत्ति का विवरण दिया। उन्होंने कहा कि–जब ब्रह्माजी सृष्टि की रचना के लिए तैयार हुए तो सबसे पहले मोह, तम आदि तामसिक वृत्तियां रची गईं। इससे वे दुःखी हो उठे। दुबारा जब उन्होंने सृष्टि-रचना के विषय में विचार किया तो वीतराग ऋषि सनक आदि उत्पन्न हुए। इन वीतरागियों ने सृष्टि के विस्तार की ब्रह्माजी की आज्ञा अस्वीकृत कर दी। ये सभी ऋषि ब्रह्मचर्य का पालन करते हुए विष्णुजी के ध्यान में रहे। ब्रह्माजी आज्ञा के न मानने से क्रोधित हो उठे तो एक नीले व लाल रंग का बालक उनकी भौंह से उत्पन्न हुआ। यह बालक पैदा होते ही अपने नाम और निवास के लिए रोने लगा। ब्रह्माजी ने उनके रोने के कारण उसका नाम रुद्र रख दिया और निवास के लिए–आकाश, पवन, अग्नि, पानी, हृदय, इन्द्रियां, प्राण आदि निश्चित कर दिए। आगे उन्होंने इस रुद्र के भी ग्यारह भाग कर दिए। वे क्रम से इस प्रकार हैं–मन्यु, मनु, महिनस, महान् शिव, ऋतध्वज, उगरेता, भव, काल, वामदेव तथा ध्रतवत। इन ग्यारह रुद्रों को ब्रह्मा ने क्रम रूप से ग्यारह रुद्रनियां दीं–धी, वृत्ति, उशना, नियुत, उमा, सर्पि, इला, अम्बिका, इरावती, सुधा और दीक्षा और कहा कि इनसे आगामी प्रजा उत्पन्न करो।

नीललोहित ने ब्रह्माजी की आज्ञा का पालन किया पर उससे जो संतति उत्पन्न हुई, वह बहुत भयंकर थी। उस पर ब्रह्माजी ने नीललोहित से कहा कि तप करो और उत्तम संतति उत्पन्न करो। नीललोहित वन में तप करने के लिए चले गए। इसके बाद दस अंगों से ब्रह्माजी ने दस पुत्र उत्पन्न किए।

गोद–प्रजापति–अगूंठा–दक्ष, प्रा०–वसिष्ठ, त्वचा–भृगु, हाथ–ऋतु, नाभि–पुलह, कान–पुलस्त्य, मुख–अंगिरा, नेत्र–अग्नि, मन–मरीचि आदि। इनके अतिरिक्त ब्रह्माजी ने हृदय से काम, भौंहों से क्रोध, अधर और होठों से लोभ, वाणी से सरस्वती, लिंग से समुद्र, गुदा से निऋति (पाप का स्थान) छाया से कर्दम, दायें स्तन से धर्म और बायें से अधर्म को पैदा किया।

इन सबके बाद ब्रह्माजी सुरूप और वासना से रहित पुत्री सरस्वती पर मोहित हो गए। अपने पिता की यह बात देखकर मरीचि आदि उनके पुत्रों ने पिता को इस बात से निरत करने की कोशिश की। जब ब्रह्माजी को अपने कर्म का एहसास, विवेक जागने पर हुआ तब वे बहुत लज्जित हुए और तत्काल उन्होंने अपना शरीर त्याग दिया। उनका यह छोड़ा हुआ शरीर ही दिशाओं में व्याप्त कुहरा और अंधकार है।

पहला शरीर त्यागने पर (जिससे कोहरा और अंधकार उत्पन्न हुए थे) और दूसरा शरीर धारण करने बाद जब उन्होंने देखा कि मरीचि आदि ऋषि का विस्तार नहीं कर रहे हैं तो उन्हें चिन्ता हुई। इस चिन्ता से उसी अवस्था मे उनका शरीर पुरुष और स्त्री दो भागों में विभक्त हो गया। पुरुष का नाम स्वायंभुव मनु और स्त्री का नाम शतरूपा है। मनु ने शतरूपा से मैथुन द्वारा (सम्भोग द्वारा) पांच संतानें–दो पुत्र–प्रियव्रत और उत्तानपाद तथा तीन कन्याएं–आकूति, देवहुति और प्रसूति उत्पन्न की। उन्होंने अपनी तीनों पुत्रियों का विवाह रुचि, कर्दम और दक्ष प्रजापतियों से किया। इनसे ही आगे सृष्टि का विस्तार हुआ।

सृष्टि के विषय में विदुरजी मैत्रेयजी से यह सब सुनकर प्रसन्न हो उठे। फिर उन्होंने प्रार्थना की कि वे मनु द्वारा सृष्टि-रचना का विवरण विस्तार से सुनाएं।

मैत्रेयजी बोले–ब्रह्माजी ने मनु को सृष्टि-रचना को आदेश दिया। मनु ने ब्रह्माजी के सामने समस्या रखी की सृष्टि तो जलमग्न है। अतः उत्पन्न प्राणी कहां रहेंगे? उस समय ब्रह्माजी की नाक से अंगूठे के जितना एक शूकर शिशु निकला और क्षणभर में हाथी जितना हो गया। उसके इस प्रकार शरीर विस्तार को देखकर वे फिर चिन्तामग्न हो गए। इसी समय शूकर ने सभी दिशाओं को अपने गर्जन से प्रतिध्वनित कर दिया। इस गर्जना से देवों ने उसे साक्षात् ब्रह्म मान लिया और उसकी आराधना करने लगे। शूकर ने तब अपनी कठोर त्वचा और चमकते नेत्र तथा सफेद दाढ़ों से सूंघ-सूंघकर पृथ्वी का पता लगाने, समुद्र में प्रवेश किया। वह रसातल में डूबी पृथ्वी को जल से बाहर ले आए। इस कोशिश में हिरण्याक्ष दस्युओं ने बाधा डाली पर भगवान् शूकर ने उनको समाप्त कर दिया। मरीचि आदि ऋषियों ने वराह को अवतार मानकर उनकी पूजा की और पृथ्वी का उद्धार करने के लिए धन्यवाद दिया।

विदुरजी ने मैत्रेयजी से पूछा कि आप हिरण्याक्ष द्वारा विरोध का कारण बताने का कष्ट करें? मैत्रेयजी ने बताया कि एक बार महर्षि मरीचि के पुत्र

कश्यप सूर्यास्त के समय यज्ञशाला में अपनी पूजा से निवृत्त होकर बैठे थे। इसी समय दक्ष की पुत्री दिति पुत्र की कामना से कामातुर होकर उनकी सेवा में उपस्थित हुई और उनसे कहने लगी कि हे प्रियतम मेरी सौतनों के अनेक पुत्र हो चुके हैं पर आप जैसे पति को पाकर भी में निपूती हूं। आप मुझे ईर्ष्या-द्वेष से बचाकर पुत्रवती बनाइए।

कश्यपजी ने रात्रि काल आने तक धैर्य रखने के लिए कहा। पर कामातुर दिति ने लज्जा छोड़कर उन्हें उसी समय काम-क्रीड़ा के लिए कहा। काम-क्रीड़ा से निवृत्त होकर कश्यपजी ने स्नान आदि नित्य कर्म किया और दिति को अनुचित समय में गर्भ धारण करने के दुष्परिणामों से अवगत किया। उन्होंने कहा कि उससे ऐसे दो पुत्र पैदा होंगे जो बहुत दुष्ट और राक्षसी वृत्ति के होंगे। उनके उत्पात से परेशान होकर स्वयं भगवान् विष्णु को उन्हें मारने के लिए अवतार लेना पड़ेगा। दिति इस बात को सुनकर घबराने लगी। कश्यपजी ने कहा कि-पुत्र तो ऐसे ही होंगे पर पौत्रों में से एक बालक विष्णु भक्त होगा। उसके स्मरण मात्र से लोग अपना मन शुद्ध करेंगे। उनकी बात सुनकर दिति को यह संतोष हुआ कि उसके पुत्रों का संबंध शत्रुता का भले ही सही पर साक्षात् भगवान् से जुड़ा होगा।

दिति का गर्भ जैसे-जैसे बढ़ने लगा वैसे-वैसे इन्द्र आदि लोकपाल घबराने लगे। उनका तेज क्षीण होने लगा। तब वे सब ब्रह्माजी के पास आए और उनसे स्थिति सुधारने की प्रार्थना की। ब्रह्माजी ने बतलाया कि यह सब भगवान् विष्णु की माया है। (इसकी पुष्टि के लिए) उन्होंने कहा कि एक बार जब मेरे मानस पुत्र सनकादि विष्णु लोक गए तो उन्होंने वहां की बाहरी मोहिनी छटा की उपेक्षा की। उसे देखे बिना वे सीढ़ियां चढ़कर विष्णुजी से मिलने के लिए चलते रहे। जब से सातवीं सीढ़ी पर गए तो विष्णुजी के द्वारपाल जय-विजय ने उनको रोका। ऋषि लोग इससे नाराज हो गए और उन्होंने जय-विजय को काम, क्रोध लोभ से भरी पृथ्वी पर जन्म लेने का शाप दे दिया। इस शाप को पाकर दोनों ने प्रार्थना की कि हे ऋषिवर! हम जिस भी योनि में जन्म लें, हमें भगवान् विष्णु के दर्शन सुलभ हों। इतनी ही देर में भगवान् विष्णु ऋषियों के आगमन का समाचार पाकर वहां आ गए। तब सभी ऋषियों ने भगवान् के दर्शन से तृप्त होकर उनका वन्दन कर दिया। भगवान् ने भी द्वारपालों का यह कर्म अनुचित बताया और शाप को उचित माना। साथ ही ऋषियों से प्रार्थना की कि वे इन्हें यह अशीर्वाद दें कि वे दण्ड भोगकर पुनः मेरे पास आ सकें। तब ऋषियों ने द्वारपालों को निर्दोष समझा और प्रभु

से स्वयं को दंडित करने को कहा। तब भगवान् ने बताया कि यह उनका ही पूर्व नियोजन है। वे बोले कि–एक बार जब मैं योगमाया में लीन था तब इन्होंने लक्ष्मीजी को मेरे पास आने से रोका था। वह पहले ही इन्हें शाप दे चुकी हैं। आपने तो उसे केवल दोहराया है। अतः आपके शाप से ये तप से क्षीण पृथ्वी लोक में जाएंगे और दण्ड भुगतकर वापिस आ जाएंगे। उसी समय ये दोनों जय-विजय बैकुण्ठ से गिरे और दिति के गर्भ में समा गए। उन दोनों के तेज से ही लोकपालों की यह स्थिति हुई है। अतः चिन्ता की कोई बात नहीं। भगवान् विष्णु लोक का सृजन पालन और संहार करने वाले हैं। अतः वे ही आपको संकट से मुक्त करेंगे।

दिति के पुत्र उत्पन्न हुए तो संसार में चारों तरफ अंधकार-सा छाने लगा। भयंकर उत्पात होने लगे। कश्यप ने पहले उत्पन्न बच्चे का नाम हिरण्यकशिपु और दूसरे का हिरण्याक्ष रखा। हिरण्यकशिपु ने ब्रह्माजी को तपस्या करके प्रसन्न किया और मृत्यु न होने का वरदान लिया। उसने अपनी वीरता और औद्धत्य से सारे लोकपालों को परास्त कर लिया और लोकों पर अधिकार कर लिया।

एक दिन की बात है कि हिरण्याक्ष युद्ध की भावना से अपनी गदा लेकर शत्रु को खोजते-खोजते स्वर्ग जा पहुंचा। हिरण्याक्ष को देखकर सभी देवता ऐसे छिप गए जैसे गरुड़ को देखकर सांप छिपते हैं। इधर हिरण्याक्ष अपने घमण्ड में चूर देवताओं को युद्ध के लिए ललकारने लगा। पर कोई भी देवता उसके सामने न आ सका। इधर पृथ्वी पर भी उसको अपना कोई प्रतिद्वन्द्वी नहीं मिला। वह फिर निर्भय होकर समुद्र में घुस गया और काफी समय तक जल क्रीड़ा करता रहा। फिर वह वरुण देवता के पास जाकर उनको लड़ने के लिए ललकारने लगा और उनका मजाक उड़ाने लगा। वरुण को क्रोध तो आया पर वे शांत रहे। और अपनी असमर्थता समझकर युद्ध के लिए तैयार नहीं हुए। पर उन्होंने हिरण्याक्ष को कहा कि वह लोक में अजेय योद्धा होना चाहता है तो जाए और भगवान् विष्णु के समक्ष अपना पराक्रम दिखाए।

यह सुनकर हिरण्याक्ष भगवान् विष्णु की खोज में निकल पड़ा। इस बीच उसने नारदजी से जाना कि वे पाताल की ओर गए हैं। अतः वह भी उधर ही निकल पड़ा। वहां उसने देखा कि भगवान् विष्णु वराह का रूप धारण करके पृथ्वी का उद्धार कर रहे हैं। यह देखकर उसने विष्णुजी का उपहास किया और उन्हें युद्ध के लिए ललकारा। वराह एवं विष्णु ने उसकी ललकार पर कोई ध्यान नहीं दिया और अपनी दाढ़ों पर पृथ्वी को उठाया तथा चलने लगे।

हिरण्याक्ष इसे अपना अपमान समझकर उन्हें कुवचन बोलता उनके पीछे भागा। फिर भगवान् ने पृथ्वी को वही जल में रखकर उससे युद्ध आरंभ कर दिया। तमास लोकपाल इस युद्ध को देखने के लिए वहां आ गए। काफी समय तक दोनों में युद्ध होता रहा। विष्णु की गदा हाथ से छूटकर दूर जा गिरी। इस स्थिति में हिरण्याक्ष ने युद्ध समाप्त कर दिया कि निःशस्त्र पर आक्रमण नहीं करते। तब वराह ने अपने चक्र का ध्यान किया और हिरण्याक्ष को फिर ललकारा। हिरण्याक्ष ने अपनी गदा से प्रहार किया, पर प्रभाव नहीं पड़ा। त्रिशूल उठाया तो भगवान् ने सुदर्शन चक्र से उसके टुकड़े-टुकड़े कर दिए। अंत में वराह रूप विष्णु ने उसकी कनपटी पर जोर से थप्पड़ मारा तो वह चक्कर खाकर पृथ्वी पर गिर पड़ा और कुछ समय में ही मर गया।

अब विदुरजी ने कहा कि हे प्रभु जब पृथ्वी का उद्धार हो गया तो स्वायभुव मनु ने सृष्टि विचार के लिए कौन-कौन से उपाय किए? मैत्रेयजी बोले कि मनु ने शतरूपा से देवहूति नामक एक कन्या को जन्म दिया। उधर कर्दम मुनि ने एक सहस्त्र वर्ष तक तप किया और भगवान् विष्णु को प्रसन्न कर लिया। नगवान विष्णु ने कर्दम मुनि को आदेश दिया कि वह मनु और शतरूपा की कन्या देवहूति से विवाह करें तथा नौ प्रकार की सृष्टि का विस्तार करें। भगवन् स्वयं उनकी पत्नी से गर्भ से अपने अंशों द्वारा अवतार लेकर सांख्यतत्त्व संहिता का प्रकाश करेंगे।

मनु अपनी पत्नी शतरूपा तथा कन्या देवहूति का साथ लेकर तपस्वी कर्दम मुनि के पास आश्रम आए। कर्दम मुनि ने ब्रह्मचर्य का समय पूरा होने के कारण और गृहस्थ का उचित समय देखकर मनुजी का प्रस्ताव स्वीकार कर लिया। मनुजी अपनी पुत्री देवहूति को उन्हें सौंपकर अपने आश्रम लौट आए। देवहूति ने पति की सेवा को ही अपना आदर्श माना। कर्दम ऋषि ने अपनी पत्नी के त्याग, तप, सेवा से प्रसन्न होकर अपने तप के बल से उसे दिव्यशक्ति प्रदान की पर देवहूति ने पति की सेवा को ही चरम लक्ष्य माना। कुछ समय उपरांत देवहूति ने ब्रह्माजी के द्वारा दिए गए आदेश प्रजा सृष्टि का स्मरण दिलाया तब पत्नी की इच्छा और आदेश के कारण ऋषि कामक्रीड़ा की ओर उन्मुख हुए।

उसके बाद उन दोनों ने पुत्र की कामना से भगवान् विष्णु की आराधना की। भगवान् के प्रसाद से कुछ समय के बाद देवहूति ने पुनः गर्भ धारण किया। स्वयं भगवान विष्णु उसके गर्भ में आए, जब ब्रह्माजी को पता चला तो वे अपने मानस पुत्रों-सनकादियों को लेकर कर्दम मुनि के यहां आए और

खुश होते हुए उन्हें भगवान् विष्णु के अवतार लेने का रहस्य को बताया। उन्होंने यह भी कहा कि यह अवतार कपिलमुनि के रूप में प्रसिद्ध होगा। जो करन्त दैत्य का विनाशक और सांख्यशास्त्र के प्रणेता होगा।

मुनि कर्दम ने ब्रह्माजी की अनुमति से अपनी नौ कन्याओं–कला, अनसूया, श्रद्धा, हविर्मू, गति, क्रिया ख्याति, अरुन्धति और शान्ति का विवाह क्रमशः–मरीचि, अत्रि अँगिरा, पुलस्त्य, पुलह, क्रतु, भृगु, वसिष्ठ और अथर्वा नौ प्रजा-पतियों से कर दिया। इसके बाद समय आने पर देवहूति के गर्भ से कपिल मुनि पैदा हुए। कर्दम ने भगवान् के प्रति इस रूप में दर्शन देने पर कृतज्ञता प्रकट की, स्तुति की तथा धर्म का मार्ग बताने का अनुरोध किया। उनके पूछने पर भगवान् ने बताया कि वचन का निर्वाह करना और अपने सब कर्मों को भगवान् को अर्पित करके निष्काम भाव से पुण्य कार्य करना ही वास्तविक धर्म है। प्रभु ने कर्दम मुनि को बताया कि अपनी माता के कल्याण के लिए वे आत्मविद्या का दान करेंगे। यह सब सुनकर भगवान् कपिल का स्तवन करके कर्दम मुनि तप करने के लिए वन में चले गए।

उनके जाने के बाद देवहूति के अनुरोध पर कपिल मुनि ने उनके सामने भक्ति भोग का प्रकाश किया। उन्होंने कहा कि हे माता! मन ही जीव के मोक्ष और बंधन का कारण है। यह मन ही जब विषयों में आसक्त होता है तब बंधनमय हो जाता है। और जब भगवान् में अनुरक्त होता है तब मोक्ष की ओर बढ़ता है। मोक्ष का कारण बनता है। मन तभी शुद्ध होता है जब तू और मैं, मोह, माया, रागद्वेष काम से मुक्त हो। इस भक्ति भाव से मनुष्य की सांसारिक आसक्ति का उच्छेद बंधन छिन्न-भिन्न हो जाता है और भक्ति भाव ही संसार के निरासक्त होने के वैराग्य भाव पैदा करता है। इसी से जीवन अन्तःस्थ आत्मा को जान लेता है। देवहूति ने कपिलजी से निवेदन किया कि वे बताएं कि वास्तविक भक्ति का रूप क्या है और उसमें मंदबुद्धि स्त्रियों की भक्ति भावना से कितना अंतर है?

कपिल मुनि ने अपनी माता को बताया कि अहेतुक भक्ति का भाव, ज्ञानेन्द्रियों और कर्मेन्द्रियों का सहज भाव हरि के प्रति समर्पण ही है। ऐसी भक्ति का महत्त्व मोक्ष से भी अधिक है। जो भगवान् का भक्त होता है वह सायुज्य मुक्ति तक को मेरे चरणों की तुलना में उपेक्षित कर देता है। मेरे भक्त को इस अहैतुकी भक्ति के कारण बिना कामना के वैकुण्ठ के सभी ऐश्वर्य सुलभ हो जाते हैं। हे माता सभी सांसारिक पदार्थ, वासना के मूल लिंगदेह से और गृह-परिवार से मुक्त अनासक्त भक्त ही मेरी कृपा और चिन्ता के विषय

हैं। यही मेरा दायित्व है। मैं उन्हें इस कठिन संसार से पार करता हूं और अपने धाम में प्रतिष्ठित करता हूं। मेरी भक्ति द्वारा मेरे चित्त स्थिर करने वाला जीवन परम कल्याण को प्राप्त होता है।

आगे भगवान् बोले कि हे माता अब मैं आपको प्रकृति के तत्त्वों के विभिन्न लक्षण बताता हूं। इन्हें जानकर जीव प्रकृति के गुणों से मुक्त हो जाता है।

यह संपूर्ण जगत् अनादि और अनंत परमात्मा की सत्ता से ही प्रकाशित हो रहा है। उसके दो रूप हैं–प्रकृति और पुरुष। इसके आगे आवरण और विक्षेप रूप से प्रकृति के दो और भेद हो जाते हैं। इसी तरह पुरुष के भी दो भेद हैं–जीव और ईश्वर। जब पुरुष प्रकृति के साथ जन्म लेता है तो जीव कहलाता है और जब प्रकृति को नियंत्रित करके संसार की सृष्टि करता है तो ईश्वर कहलाता है। पर ईश्वर की संज्ञा प्राप्त पुरुष सृष्टि की रचना करते हुए भी, करने के अहं और सुख-दुःख से परे होता है।

कपिल मुनि ने ये सारी बातें सुनने के बाद देवहूति ने कुछ जिज्ञासाएं प्रस्तुत कीं–(1) प्रकृति और पुरुष क्या हैं? (2) यह दिखाई देने वाला स्थूल-सूक्ष्म किस प्रकृति पुरुष की रचना है? (3) चौबीस तत्त्वों वाले ब्रह्म का क्या अर्थ रूप है?

इन जिज्ञासाओं का उत्तर देते हुए भगवान् कपिल बोले कि प्रधान तत्त्व प्रकृति है और यह प्रकृति त्रिगुणात्मक, अव्यक्त, नित्य और कार्य-कारण रूप है। यह सारे विशेष रूपों का आधार होते हुए भी निर्विश है–पृथ्वी, जल, वायु, आकाश और अग्नि, ये पंच महाभूत और इनकी तन्मात्राएं–गंध, रस, रूप, स्पर्श और शब्द, पांच ज्ञानेंद्रिय–प्राण, जीभ, त्वचा, नेत्र और कान तथा हाथ, पैर, गुदा, लिंग और वाणी–कर्मेन्द्रियां तथा मन, बुद्धि चित्त और अहंकार–ये चार मन की वृत्तियां, चौबीस तत्त्व ही सगुण ब्रह्म कहलाते हैं। प्रकृति के गुणों में क्षोभ की उत्पत्ति होने पर परमात्मा ने उनमें अपना तत्त्व स्थापित किया–इसके फलस्वरूप तेज से पूर्ण महत्तत्व (चित्त) उत्पन्न हुआ। यह चित्त अपनी सहज अवस्था में स्वस्थ और शांत रहता है। इसे महत्तत्व इसीलिए कहते हैं कि यह भगवान् का उपलब्धि स्थान है। जब इस चित्त में क्षोभ उत्पन्न हुआ तो तीन प्रकार के अहंकार–वैकारिक, तैजस और तामस उत्पन्न हुए। अहंकार से क्रम से मन, इन्द्रियां और पंच महाभूतों की उत्पत्ति हुई। परमात्मा के प्रवेश से आपस में क्षुब्ध और मिले हुए भी इन तत्त्वों से एक जड़, अंड और उससे विराट् पुरुष की उत्पत्ति हुई। उस विराट् पुरुष ने उस अंड में प्रवेश करके कई प्रकार के

छेद कर डाले और यह विविध छेद ही मुंह, नाक और कान हैं। इसके साथ ही इन्द्रियों के विषय भी उत्पन्न हुए जैसे स्वाद, प्राण आदि। फिर उनके देवताओं–अग्नि, पवन आदि की उत्पत्ति हुई। सब देवता अलग-अलग रूप में और साथ-साथ भी उस विराट् पुरुष को उठाने में असमर्थ रहे। फिर इनके हृदय दरवाजे से क्षेत्रज्ञ आत्मा का प्रवेश हुआ और फिर विराट् पुरुष उठाया। इससे यह सिद्ध होता है कि क्षेत्रज्ञ आत्मा के अभाव में सब कुछ जड़ है। आत्मा ही चैतन्य है और वही परमात्मा रूप होने से ज्ञातव्य और चिन्तनीय है। आत्मा क्षेत्रज है और स्वभाव से निर्विकार है। वह निर्गुण है और अकर्ता है। इसीलिए सुख-दु:ख में लिप्त नहीं होता। जब यह आत्मा अहंकार में लीन होती है तो उसमें कर्त्ता होने का अभिमान आ जाता है। यह आत्मा देह धारण कर उत्तम, मध्यम और निम्न योनियों में भटकता रहता है। अत: देह में अहंकार और मिथ्वात्व के निकलने से ही तत्त्वदर्शन प्राप्त होता है। इस निवृत्ति के उपाय हैं–चित्त की एकाग्रता से श्रद्धापूर्वक भगवद् भजन करना और सुनना, जीवमात्र में समान दृष्टि रखना, रागद्वेष को समाप्त करना, जो कुछ भी मिल जाए उससे संतुष्ट रहना, एकांतवास करना, ब्रह्मचर्य का पालन करना उदार होना। जो व्यक्ति इन साधनों को अपनाता है, वह सुषुप्ति, स्वप्न और जाग्रत अवस्थाओं को पार करके आत्मदृष्टा बन जाता है।

पुन: कपिल बोले कि अब मैं सबीज ध्येय स्वरूप के आलंबन से युक्त योग का लक्षण बताता हूं। इस योग को अपनाने से जीव अपना चित्त परमात्मा की ओर लगा देता है। जीव को यह चाहिए कि वह संयम, नियम, अपनाकर अपने चित्त को विषय वासनाओं से पार करें। एकांत स्थान पर आसन पर सीधे आसीन होकर प्राणायाम की साधना करें। प्राणायाम से चित्त सुवर्णमय हो जाता है। फिर भगवान् का ध्यान करें–इस ध्यान में भगवान् की सुषमा का स्मरण करे कि भगवान् का शरीर नीलकमल के समान चमकने वाला है, श्रीवत्स के चिन्ह उनके वक्षस्थल पर हैं, और कौस्तुभमणि उनके गले में सुशोभित है। उनका रूप अत्यन्त मोहक है। वह नेत्रों को आनंदित करने वाला है। भगवती भागीरथी भगवान् के चरणों के धोवन से ही निकली है। उनकी नाभि में ब्रह्मा का निवास कमल प्रकट हुआ है। उनके चरणों की सेवा में भी लक्ष्मीजी रत हैं। उनकी बाहुओं में अतुल तेज है। भगवान् हरि का मुख अपने तेज से अनुपम छवि से भ्रमर से भूषित कमल का भी तिरस्कार कर रहा है। उनकी चितवन से प्रसाद की वर्षा होती है। इस तरह का हरि का स्वरूप जो साधक निरन्तर ध्यान में रखता है, उसका चित्त भक्ति में लीन हो जाता है।

इसके बाद देवहूति ने कपिल से पूछा कि भक्ति योग मार्ग क्या है? जीव लोक की विविध गतियां कैसी हैं? और समर्थ काल का स्वरूप कैसा है?

कपिलजी ने उत्तर दिया–भक्ति के मार्ग अनेक हैं। मुख्य रूप से भक्त स्वभाव के कारण तीन भेद हैं–सात्विक, राजस और तमास। **तामस भक्त** में क्रोध आदि, ईर्ष्या को बास रहता है यद्यपि ईश्वर में वह भी अनुराग रखता है। **राजस भक्त** यश, ऐश्वर्य की कामना से अनुराग रखता है। **सात्विक भक्त** निष्काम भाव से भक्ति करता है। उसमें अभेद बुद्धि और कर्तव्य भावना भी होती है।

वह प्रेमभाव से समर्पित हो अनन्य भक्ति को ही चरम ध्येय मानकर मुक्ति की भी अपेक्षा करता है। इसका एक साधारण उपाय भी है कि मनुष्य हिंसारहित होकर ध्यान, आराधना तथा पूजा करें और जीवमात्र में मुझे देखें।

इसके बाद भगवान् कपिल काल के स्वरूप की चर्चा करते हुए अपनी माता से बोले–उन्होंने कहा कि काल भगवान् के ब्रह्म स्वरूप का ही नाम है और यही सब पदार्थों के परिवर्तन का कारण है। यह काल सबसे अधिक शक्तिशाली स्वयं नियंता और सब प्रकार से स्वतंत्र है। यह काल चराचर की उत्पत्ति स्थिति और लय का आधार है। यह काल ही महत्तत्त्व में क्षोभ उत्पन्न करता है। इस काल से से बचने का एक ही उपाय है कि मनुष्य नश्वर और दुःख देने वाली वस्तुओं–धन-सम्पत्ति आदि में कोई आसक्ति न रखे और सभी सामान्य विषयों से दूर रहे। यमदूत वासनाओं में आसक्त प्राणी को अनेक कष्ट देते हैं, यमदूतों के हाथ में पड़ा हुआ यह जीव भूख-प्यास, गर्मी-सर्दी आदि से बेचैन होकर तड़पता है। मनुष्य जन्म लेकर जीव को अपने भावी जीवन के विषय में सोचना चाहिए। विषयों में ग्रस्त सभी प्राणी यमलोक जाकर अपने किए हुए कर्मों के आधार पर ही दुर्गति का पात्र बनते हैं और उन्हें रौरव आदि नरकों में निवास करना पड़ता है। अतिरिक्त शूकर-कूकर आदि योनियों को भुगतने के बाद भगवान् की कृपा से मनुष्य योनि प्राप्त होती है।

जीव का इस विवशता की स्थिति से उद्धार केवल एक ही स्थिति में हो सकता है कि वह अपने विवेक को जाग्रत करे। वह सत्य और असत्य में निर्णायक भेद करे तथा संसार के सभी विषयों में वासनाओं तथा इच्छाओं में निर्णय करने की क्षमता प्राप्त करें क्योंकि इनसे विरत होना ही वैराग्य भाव से जीवन-यापन करना होता है। देह में आत्म-बुद्धि की रति ही जीव की मृत्यु है और इस भाव का विनाश ही मोक्ष है।

भगवान् कपिल ने अपनी माता से कहा कि चारों आश्रमों में गृहस्थ

आश्रम में रहकर यदि जीव पूरी तरह से निष्काम भाव से भगवान् की पूजा करें तो इससे अधिक अच्छी बात कोई नहीं। लेकिन मनुष्य अपनी इच्छाओं से मुक्त नहीं हो पाता और वह इच्छाओं के वशीभूत होकर ही देवों और पितरों की पूजा में लीन होता है। ऐसा जीव धर्मपरायण होता है, इसीलिए मरने के बाद सोम लोक में जाता है। लेकिन अपने पुण्यों के क्षीण होने पर उसे फिर मृत्युलोक में लौटना पड़ता है। सत्य लोक को वही आराधक पहुंचता है जो निष्काम भक्ति करता है। वहां वह अहंकार से शून्य होकर परब्रह्म में लीन हो जाता है। रजोगुणी लोग वे होते हैं जो लोक में आसक्त रहते हैं और यज्ञ आदि सकाम भाव से करते हैं। कामनाओं में आसक्ति होने के बाद उनकी इन्द्रियां उनके वश में नहीं रहती। इसलिए वे विषय-भोग से मुक्त होकर निष्काम भक्ति नहीं कर पाते। ऐसे सकाम भक्त अर्यमा लोक में जाते हैं और अपने पुण्यों के क्षीण होने पर फिर से इस लोक में अपनी ही सन्तति के रूप में उत्पन्न होते हैं। भगवान् वासुदेव की निष्काम भक्ति ही परम ज्ञान का अनुभव करा पाती है। जब भक्त इन्द्रियों के विषयों का अनुभव नहीं करता तब वह गुण-दोष से अलग होकर आत्मा का ब्रह्म रूप में साक्षात्कार करता है। इस तरह सारे संसार के प्रति अभाव दृष्टि ही योगी की योग साधना का एक मात्र फल है।

इस तरह भगवान् कपिल के मुंह से सांख्य तत्त्व के दिव्य ज्ञान को सुनकर माता देवहुति का अज्ञान समाप्त हो गया। वह तत्वमर्मी कपिल की स्तुति करने लगीं। कपिल भगवान् वहां से प्रसन्न होकर चले गए और देवहुति अनासक्त भाव से गृहस्थी के कर्मों से भी आसक्त होकर तपस्या में लीन होने लगीं। उन्होंने कठोर तप करते-करते ही शरीर त्याग दिया। इस रूप में परम ज्ञान को प्राप्त हुई। उनका साधना स्थल-'सिद्ध पद' नाम क्षेत्र के रूप में स्थापित है।

चतुर्थ स्कन्ध

राजर्षि ध्रुव एवं पृथु का चरित्र, दक्ष यज्ञ की कथा

स्वायम्भुव मनु की कन्याओं के वंश के विषय में बताते हुए मैत्रेयजी ने विदुरजी से कहा—स्वायम्भुव मनु के दो पुत्र—प्रियव्रत और उत्तानपाद तथा तीन कन्यायें, आकूति, देवहूति और प्रसूति—शतरूपा से उत्पन्न हुए। आकूति का रुचि प्रजापति से विवाह हुआ—उसके गर्भ से दक्षिण और दक्षिणा नाम के पुत्र-पुत्री ने युग्म रूप में जन्म लिया। मनु अपने पुत्री का धर्म के निर्वाह के कारण पुत्र को अपने घर ले आए और दक्षिणा अपने माता-पिता के ही घर रह गई। समय आने पर यज्ञ भगवान् से दक्षिणा का विवाह हो गया। उनसे दक्षिणा के वारह पुत्र—तोष, प्रतोष, संतोष, शांति, भद्र, इध्म, इड़स्पति, कवि, विभु, सुदेव, रोचन और स्वह हुए। ये ही स्वायम्भुव मन्वंतर में तुषित नामक देवता कहलाए।

इसके बाद भगवान् मनु ने अपनी तीसरी कन्या प्रसूति का विवाह दक्ष प्रजापति से कर दिया। त्रिलोक में इनकी वंशावली की ही व्याप्ति है। देवहुति का विवाह कर्दमजी से हुआ। उनसे उत्पन्न नौ कन्याओं का विवाह नौ ब्रह्म ऋषियों से हुआ। उनकी वंश-परम्परा इस प्रकार है—

देवहूति और कर्दमजी की पुत्री कला से मरीचि ऋषि से कश्यप और पूर्णिमा नामक दो संतानें उत्पन्न हुईं। पूर्णिमा के यहां विरज और विरवंग दो पुत्र तथा एक कन्या देवकुल्या उत्पन्न हुए। यह देवकुल्या ही श्री हरि के चरणों की धोवन के रूप में दूसरे जन्म में गंगा के रूप में प्रकट हुईं। अत्रि की पत्नी अनसूया से दत्तात्रेय, चंद्रमा और दुर्वासा नाम के तीन पुत्र हुए—इन तीनों को विष्णु, ब्रह्मा और शंकर का अवतार माना गया है। इन तीनों पुत्रों के अतिरिक्त अनसूया ने सिनीवाली, कुहू, राका और अनुमति कन्याओं तथा दो अन्य पुत्रों उतथ्य और बृहस्पति को भी जन्म दिया।

इसी वंशावली में पुलस्त्य और हविर्भू (पति-पत्नी) से अगस्त्य और विश्रवा पैदा हुए। विश्रवा के पहली पत्नी इड़विड़ा से कुबेर पैदा हुए और दूसरी

पत्नी केशिनी से रावण, कुम्भकर्ण और विभीषण का जन्म हुआ। कर्म श्रेष्ठ, वरीयन, सहिष्णु नामक तीन पुलह और उनकी पत्नी गति से उत्पन्न हुए। क्रतु और क्रिया से बालखिल्यादि साठ हजार ऋषियों का जन्म हुआ। वसिष्ठ की पहली पत्नी अरुंधती से सात पुत्र–चित्रकेतु, सुरुचि, विरज, मित्र, उल्वण, वसुमृधान और धुमान का जन्म हुआ तथा दूसरी पत्नी से शक्ति आदि कई पुत्रों का जन्म हुआ। अथर्वा और चिति से दधीचि नाम का तेजस्वी बालक पैदा हुआ। इसका नाम अश्वसिरा भी था क्योंकि उसका शीर्ष अश्व के समान था। भृगु की पत्नी ख्याति से धाता, विधाता नामक दो पुत्र और श्री नाम की पुत्री हुई। धाता और विधाता का विवाह मेरु ऋषि की कन्याओं–आयति और नियति से हुआ तथा उनके दो पुत्र मृकंड और प्राण नाम के उत्पन्न हुए। भृगु जी के एक दूसरे पुत्र कवि ने उशना (शुक्राचार्य) नाम का पुत्र उत्पन्न हुआ।

स्वायंभुव मनु की दूसरी प्रसूति से विवाह करके दक्ष प्रजापति ने सोलह सुंदर कन्यायें उत्पन्न कीं। इनमें तेरह कन्याओं का धर्म से, शेष तीन का अग्नि, पितृ गण तथा शंकर से विवाह किया गया। तेरह धर्म की पत्नियों से इस प्रकार संतान उत्पन्न की–श्रद्धा से शुभ, मैत्री से प्रसाद, दया से अभय, शांति से सुख, तुष्टि से मोद, पुष्टि से अहंकार, क्रिया से योग, उन्नति से दर्प, बुद्धि से अर्थ, मेधा से स्मृति, तितिक्षा से क्षेम, ह्री से प्रश्रय और मूर्ति से नर-नारायण की उत्पत्ति हुई। नर-नारायण के उत्पन्न होते ही सर्वत्र आनंद छा गया। नर-नारायण देवताओं से पूजित होकर गंधमादन पर्वत पर चले गए।

इस समय पृथ्वी का भार-हरण करने के लिए अर्जुन और श्रीकृष्ण रूप में भगवान् हरि के अंशभूत नर-नारायण ही अवतरित हुए हैं। अग्नि देव ने अपनी पत्नी स्वाहा से–पावक, पपमान और शुचि नामक तीन पुत्रों को जन्म दिया। इन तीनों से पैंतालीस तरह की अग्नियां पैदा हुई। इस तरह–(1+3+45=49) अग्नियों की संख्या है। इन्हीं उनचासों की पूजा वैदिक अग्नि में होती है। इसके साथ ही–धारिणी और वचुना विदुषी कन्यायें–अग्निस्वात् और सोमप आदि साग्निक-निरर्थक पितरों, पत्नी दक्षकुमारी स्वधा से उत्पन्न हुईं। दक्ष पुत्री सती से महादेवजी की कोई भी संतान नहीं हुई क्योंकि सती ने अपना शरीर दक्ष यज्ञ में त्याग दिया था।

विदुरजी ने पूछा कि दक्ष कुमारी सती ने किस कारण अपना शरीर पिता के यज्ञ में त्यागा। क्या दक्ष और शंकर में विद्वेष था। जिसके कारण सती ने आत्मबलि दी? विदुरजी के प्रश्न बर मैत्रेयजी ने कहा–प्राचीन काल में प्रजापतियों के यज्ञ में अग्नि, वसिष्ठ आदि सभी देवता आया करते थे। एक

बार दक्ष प्रजापति महर्षियों की ब्रह्म सभा में आए। सभी ने उठकर दक्ष का सम्मान किया। सबसे पूजित होकर दक्ष ब्रह्माजी के पास आकर बैठ गए। वहां उन्होंने पहले से बैठे महादेव को अपने सम्मान में उठते न देखकर उनकी निन्दा की और उन्हें अशिष्ट कहा तथा 11 देवों के साथ यज्ञ भाग प्राप्त न होने का शाप देकर दक्षजी वहां से चले गए। महादेवजी अविचल भाव से सब-कुछ देखते रहे पर उनके अनुयायी नंदी को ये बातें सहन नहीं हुई। नन्दी ने क्रोधित होकर दक्ष को शाप दे डाला कि उन्हें तथा उनके समर्थकों को तत्त्वज्ञान प्राप्त नहीं होगा और वे कर्मकांड तथा भौतिक सुखों के पीछे भटकते रहेंगे। नंदीश्वर द्वारा सभी ब्राह्मणों का अपमान होने पर महर्षि भृगु क्रोधित हो गए और उन्होंने सभी शिव भक्तों को शास्त्र विरोधी और पाखंडी होने का शाप दे दिया। यह सुनकर शिवजी दु:खी होकर अपने अनुयायियों सहित वहां से चल दिए। वहां जितने भी ऋषि उपस्थित थे उन्होंने यज्ञ सम्पन्न किया और पूर्ण होने पर अपने-अपने स्थान पर चले गए।

कुछ समय बीतने पर ब्रह्माजी ने दक्ष को समस्त प्रजापतियों का राजा बना दिया। इससे दक्ष घमंडी हो उठा और ब्रह्मर्षियों का तिरस्कार करने लगा। इस भावना से प्रेरित होकर उसने वाजपेय और बृहस्पति यज्ञ किया। उस हवन में सारे देवता, पितर पत्नियों के सहित आमंत्रित किये गए। जब ये सारे देवता आकाश मार्ग से यात्रा करते हुए आ रहे थे, तब सती को पता चला कि उसके पिता के यहां एक यज्ञ हो रहा है। सती ने इस अवसर पर अपने पिता के घर जाकर यज्ञ में सम्मिलित होने और अपने माता-पिता तथा बहिनों से मिलने की इच्छा व्यक्त करते हुए भगवान् शंकर को दक्ष का व्यवहार याद हो आया। उन्होंने सती से कहा कि पिता के घर पुत्री का बिना बुलाए जाना कोई बुरी बात नहीं है लेकिन जहां पर प्रेम के स्थान पर द्वैष पैदा हो गया हो, वहां परिस्थिति अलग हो जाती है। तुम्हारे पिता ने तुम्हारे प्रति प्रेम का भाव रखते हुए भी मेरे प्रति वैर का भाव रखा है। इसीलिए तुम्हारा इस तरह वहां जाना ठीक नहीं। तुम्हारे पिता ने हमें निमंत्रित भी नहीं किया है। शंकर के इस कथन को सुनकर सती व्याकुल हो गई। शंकरजी ने उनकी स्थिति देखकर उनके साथ कुछ गण कर दिए और उनकी जाने की सारी व्यवस्था कर दी। अपने पिता के घर पहुंचकर सती ने देखा कि यज्ञशाला सभी देवी-देवताओं से भरी हुई है। अनेक ऋषि और ब्रह्मर्षि वहां आए हुए हैं। दक्ष ने सती की अवहेलना की। इसीलिए अन्य सगे-संबंधियों ने भी उसे बहुत मान नहीं दिया। मां ने उसे गले अवश्य लगाया लेकिन प्यार का अनुभव नहीं होने दिया। सती ने यह भी

देखा कि यज्ञशाला में अनेक देवी-देवताओं का भाग विद्यमान है लेकिन शंकर का भाग कहीं नहीं है। इससे भी उन्हें बहुत क्रोध आया और उन्होंने भरी सभा में अपने पिता को बुरा-भला कहना शुरू किया। उनके पिता ने भी कोई ध्यान नहीं दिया। सती ने कहा कि भगवान् शंकर सर्वहारा हैं और सबको समान देखने वाले, किसी के साथ वैर न करने वाले हैं और सारे मंगल विधान उन्हीं से हैं। इसीलिए भगवान् शंकर को यज्ञ का भाग न देना अहंकार के अतिरिक्त और कुछ नहीं है। सती ने आगे कहा कि मैं शिव की निंदा करने वाले पिता से उत्पन्न इस शरीर को नहीं रखना चाहती और आप जैसे दुष्टबुद्धि से संबंध के कारण मुझे लज्जा आती है। उन्होंने अपनी योग साधना के द्वारा अपने अंगों से ही अग्नि और वायु को इस रूप में पैदा किया कि वे जलने लगीं।

जब शिवजी ने नारदजी से यह सुना कि दक्ष ने सती का अपमान किया है और इसीलिए उसने प्राण त्याग दिए हैं तो शिवजी को बहुत क्रोध आया। उन्होंने अपनी जटा उखाड़कर जैसे ही पृथ्वी पर पटकी वैसे ही एक हजार भुजाओं वाले काले वर्ण का तेजस्वी विकराल दैत्य पैदा हुआ। उनका नाम वीरभद्र था। शिवजी ने वीरभद्र को अपने गणों का सेनापति बनाया और दक्ष का विध्वंस करने के लिए आदेश दिया। वह वीरभद्र त्रिशूल लेकर अनेक गणों के साथ शोर मचाता हुआ हवन कुंड के मंडप की ओर दौड़ा। शिवजी के गण इस प्रकार से धूल उड़ाते हुए चल रहे थे उनसे सारा आकाश अंधेरे में भर गया। वीरभद्र ने यज्ञशाला में प्रवेश करके उसे घेर लिया और यज्ञ को नष्ट कर दिया। उसने तमाम यज्ञकुंडों को तोड़कर यज्ञ वेदी को अपवित्र कर दिया। मणिमान ने भृगु ऋषि को वीरभद्र ने प्रजापति दक्ष को, चण्डीश ने पूषा को तथा नंदीश्वर ने भग देवता को बंदी बना लिया। भृगु की दाड़ी-मूंछ भी नोंच ली गईं। यह इसलिए किया गया क्योंकि उन्होंने अपने मूंछों को ऐंटते हुए महादेवजी का उपहास किया था। भृगु देवता को पृथ्वी पर पटककर उसकी आंखें निकाल ली गईं। क्योंकि उसने अपने नेत्रों से संकेतों के द्वारा दक्ष को महादेवजी के अपमान के लिए प्रेरित किया था। वीरभद्र ने पूषा के दांत तोड़ दिए क्योंकि वह मुक्त रूप से हंसा था। यज्ञशाला में आग लगाकर अंत में वीरभद्र ने दक्ष का सिर काटकर यज्ञकुंड में डाल दिया और सभी देवताओं और ब्राह्मणों को पीड़ा देकर शिवजी के गण अपने स्थान पर लौट आए।

जब देवता लोग पराजित और बहुत व्याकुल हो गए, तब उन्होंने ब्रह्मा के पास आकर अपनी दुर्गति का वर्णन किया। ब्रह्माजी ने कहा जो कुछ भी शिवजी के गणों ने किया है, वह उचित है। शिवजी की प्राप्ति के बिना आप

अपना प्राप्य कैसे ले सकते हैं? शिवजी के पास कोई निमंत्रण नहीं आया इसलिए विष्णुजी निमंत्रित होने के बाद भी दक्ष के यज्ञ में नहीं गए। ब्रह्माजी ने देवताओं को परामर्श दिया कि वे भगवान् शंकर की ही शरण में जाएं। देवता लोग कैलास पर्वत पर आए। ब्रह्माजी भी उनके साथ आए। वहां पर एक वटवृक्ष के नीचे बैठकर सिद्धासन में भगवान् शिव, नारदजी को सनातन ब्रह्मतत्व का उपदेश दे रहे थे। ब्रह्माजी को आया हुआ देखकर शिवजी ने उनको प्रणाम किया और अन्य देवताओं ने शंका को प्रणाम किया। ब्रह्माजी ने शंकर को देवताओं की व्याकुलता के विषय में बताया तथा उनके आने का कारण भी निवेदित किया। ब्रह्माजी ने शिवजी को यज्ञ का भाग पाने का अधिकारी घोषित करते हुए शिवजी से यह प्रार्थना की कि वह मरे हुए दक्ष को जीवित कर दें और जिन देवताओं, महर्षियों की जो-जो इन्द्रियां क्षतिग्रस्त हुई है, उन्हें वापस किया जाए। देवताओं को भी स्वस्थ किया जाए जिससे यज्ञ पूरा हो सके। ब्रह्माजी ने कहा कि मैं आज से ही यह नियम बनाता हूं कि यज्ञ का उच्छिष्ट भाग आपका होगा और वही दक्ष के यज्ञ का प्रारम्भ होगा।

देवताओं की प्रार्थना पर ध्यान देकर भगवान् शंकर यज्ञशाला में चलने के लिए तैयार हो गए। जब वे वहां गए तो देवयज्ञ फिर से प्रारंभ हुआ और शिवजी के कहने के अनुसार दक्ष फिर से जीवित हो उठा। भगवान् शिव के दर्शन करके उसका मन स्वच्छ हो गया। दक्ष ने अपराध के लिए पश्चात्ताप किया और सच्चे किया और सच्चे हृदय से भगवान् शंकर से क्षमा-याचना करने लगा। फिर भगवान् शंकर की अनुमति लेकर उसने यज्ञ प्रारंभ किया। सबसे पहले भूत-पिशाचों के संसर्ग से उत्पन्न दोष की शांति के लिए जैसे ही दक्ष ने भगवान् विष्णु का ध्यान किया और पुरोडास नामक चरु की हवि दी, वैसे ही भगवान् विष्णु वहां प्रकट हो गए। यज्ञ क्योंकि वीरभद्र के द्वारा दूषित हो गया था, इसीलिए उसे फिर से पवित्र रूप में प्रारम्भ किया गया। सभी देवी-देवताओं ने अपना-अपना यज्ञ भाग लिया और भगवान् विष्णु ने भी अपना भाग प्राप्त किया। तथा सब लोग संतुष्ट हुए। शंकर के साथ ही अन्य देवताओं को भी उनका भाग दिया। सभी देवता लोग दक्ष को आशीर्वाद देकर अपने-अपने लोक चले गए। दक्ष की बेटी सती ने यज्ञ में अपना शरीर छोड़ने के बाद हिमालय की पत्नी मैना के घर जन्म लिया और इस जन्म में भी भगवान् शंकर का ही वरण किया। मैत्रेयजी बोले कि अब मैं तुम्हें मनु-शतरूपा से उत्पन्न उत्तानपाद के वंश का वर्णन करता हूं। उत्तानपाद की दो पत्नियां थीं सुनीति और सुरुचि। उनमें ध्रुव की माता सुनीति राजा उत्तानपाद को सुरुचि से

कम प्रिय थी और सुरुचि अधिक प्रिय थी। एक दिन राजा सुरुचि के पुत्र उत्तम को अपनी गोद में बिठाकर बैठे थे। उसी समय ध्रुव उनके पास आया और अपने पिता की गोदी में बैठना चाहा। लेकिन पिता ने उसका स्वागत नहीं किया। सुरुचि वहीं थी और उसने घमंड से भरकर ध्रुव से कहा कि तुम राजपुत्र हो किन्तु मेरे गर्भ से पैदा न होने के कारण राजा के प्रेमपात्र नहीं हो यदि तुम्हें राजसिंहासन की इच्छा है तो ईश्वर की आराधना करके मेरे गर्भ से उत्पन्न होने का वर प्राप्त करो। अपनी सौतेली मां के इन वचनों को सुनकर और अपने पिता को चुप देखकर ध्रुव अपनी मां के पास चला आया। उसने अपने क्रोध और दु:ख की अभिव्यक्ति माता के सामने रो-रोकर की तथा उन्हें सारी बात बताई। सुनीति ने भी अपने पुत्र को भगवान् की आराधना करने का परामर्श दिया और ध्रुव के पिता की गद्दी पाने के लिए यही उपाय बताया। माता के वचनों को सुनकर ध्रुव ने अपना नगर छोड़ दिया और भगवान् की तपस्या के लिए वन की ओर चल पड़ा। नारदजी ने इस अबोध शिशु ध्रुव को तप से विरत करने की बहुत कोशिश की और यह भी कहा कि वह अपनी ही स्थिति में रहे तथा सांसारिक कार्य में लगा रहे, लेकिन ध्रुव अपने निश्चय पर अडिग ही रहा। तब नारदजी ने उसके पूछने पर उसे परम ब्रह्म की प्राप्ति का उपाय बताया। नारदजी ने बताया कि वह भगवान् के निवास-स्थल मधुवन में नित्यदिन जाए और वहां यमुना के किनारे त्रिकाल स्नान करकें प्रणायाम के द्वारा मन को स्थिर करे और भगवान् नारायण का ध्यान करें। नारदजी ने ध्रुव के सामने भगवान् विष्णु के दिव्य स्वरूप का भी वर्णन किया और उनकी प्राप्ति में निश्चित रूप से सहायक परम गुह्य **ॐ नमो भगवते वासुदेवाय नमः** का उनकी महिमा सहित प्रकाशन किया और उत्तानपाद के महल की ओर आए। इधर ध्रुव ने मधुवन की ओर प्रस्थान किया। उत्तानपाद के पास आकर नारदजी ने राजा को बहुत दु:खी पाया और उसका कारण पूछा। राजा ने सारी बातें बता दीं कि पांच वर्ष का बालक ध्रुव और उसकी माता किस प्रकार उसकी मूर्खता के कारण घर से निकलने पर विवश हुए हैं। साथ ही ध्रुव का जिस प्रकार अपमान हुआ यह भी उत्तानपाद ने नारदजी को बताया। नारदजी ने उत्तानपाद को ध्रुव की महिमा से परिचित कराया तो राजा उत्तानपाद अपने राजपाट से उदासीन हो गए और निरंतर ध्रुव की चिन्ता करने लगे।

उधर मधुवन में जाकर नारदजी की बताई हुई विधि से ध्रुव ने तपस्या प्रारंभ कर दी। वह बिना खाए-पीए निरंतर भगवान् की पूजा करने लगा। धीरे-धीरे उसका मन इंद्रियजन्य विषयों से अलग होकर भगवान् के स्वरूप

चिंतन में स्थिर होने लगा। अपने भक्त की घोर तपस्या और कष्टपूर्वक साधना से पिघलकर और प्रसन्न होकर भगवान् विष्णु अपने आप मधुवन में आए। उस समय ध्रुव भगवान् के जिस रूप को अपने एकाग्र मन में ध्यान में लिए हुए था, वह एकदम लुप्त हो गया। इसीलिए उसने दुःखी होकर अपने नेत्र खोले तो भगवान् ने उसी दिव्य रूप को उसके सामने रखा। ध्रुव के हर्ष का पारावार न रहा। उसके भगवान् के चरणों को बार-बार चूमा और हृदय तथा नेत्रों से लगाया। अबोध शिशु होने के कारण ध्रुव भगवान् की स्तुति नहीं कर पाए। फलस्वरूप भक्तवत्सल भगवान् ने भक्त की इच्छा के कारण जैसे ही अपने शंख का स्पर्श उसके गालों से किया, वैसे ही ध्रुव के कंठ से वेदवाणी निकलने लगी और वे विष्णु की स्तुति करने लगे–हे प्रभो! मेरा आपसे निवेदन है कि मुझ पर कृपा करते हुए आप मुझे ऐसी बुद्धि दें कि मैं विषय-वासनाओं से विरत होकर निरंतर आपके ही भजन-पूजन में तन्मय रहूं।

भगवान् विष्णु, ध्रुव की इस स्तुति से बहुत प्रसन्न हुए और उन्होंने कहा–हे भद्र! मैं तुम्हारे हृदय के उस पवित्र संकल्प से प्रसन्न हूं। इसीलिए मैं तुम्हें तेज से भरा हुआ अविनाशी लोक प्रदान करता हूं जिसका कल्प के अंत में भी विनाश नहीं होता है। यह लोक ऐसा है कि इसके चारों तरफ ज्योति चक्र, तारागण और सप्तर्षि प्रदक्षिणा किया करते हैं। तुम अपने पिता के द्वारा प्राप्त राज्य को छत्तीस वर्ष तक जितेन्द्रिय होकर धर्मपूर्वक भोगोगे और तुम्हारा भाई उत्तम मारा जाएगा। उसकी माता सुरुचि पुत्र के वियोग में अपने आपको जला लेगी। इस प्रकार तुम बिना किसी व्यवधान के अपना राज्य भोगोगे। फिर अनेक यज्ञों द्वारा मेरा पूजन करते हुए अंत में तुम सप्तर्षियों के मंडल से भी ऊपर प्रतिष्ठित हो जाओगे। वहां से जीव पुनः पृथ्वी पर नहीं आता। ध्रुव को इस प्रकार आशीर्वाद देकर भगवान् अपने धाम को आ गए। उत्तानपाद को ध्रुव के वापस लौटने की सूचना मिली तो उन्होंने इस पर ऐसे विश्वास नहीं किया जैसे कोई व्यक्ति मरे हुए के पुनः लौट आने पर विश्वास नहीं करता हो। लेकिन उन्हें अकस्मात् नारदजी का कथन याद हो आया और उन्होंने आमात्यों, ब्राह्मणों, परिजनों तथा दोनों रानियों को लेकर नगर के बाहर दरवाजों पर ही ध्रुव का स्वागत किया। प्रेम के वशीभूत होकर उत्तानपाद ने ध्रुव को अपनी भुजाओं और गोद में भर लिया। उनके प्रेमाश्रु बहने लगे। ध्रुव ने भी अपनी दोनों माताओं को प्रणाम किया और गले लगाया। उन्होंने उत्तम को भी अपने गले लगाया। सुरुचि ने ध्रुव को आशीर्वाद दिया लेकिन सुनीति के स्तनों से दूध ही टपकने लगा। तभी उपस्थित परिजनों ने ध्रुव और सुनीति का जय-जयकार

किया तथा उनके भाग्य की सराहना की। सारी प्रजा जैसे ध्रुव के सम्मोहन में लीन होकर आनंदित हो उठी। उत्तानपाद, ध्रुव के अद्भुत प्रभाव को देखकर चकित रह गए थे। कुछ समय बीतने के बाद उन्होंने राज्य पर ध्रुव को अभिषिक्त कर दिया और अपनी वृद्धावस्था देखकर, अपने कल्याण के लिए तप करने वन में चल दिए।

राजगद्दी पर बैठने के बाद ध्रुव ने शिशुकुमार की पुत्री भ्रमी से विवाह किया और उससे कल्प तथा वल नाम के दो उत्पन्न हुए। फिर वायु की पुत्री इला से विवाह किया और उससे उत्कल नामक एक पुत्र उत्पन्न हुआ। उत्तम उस समय अविवाहित था और एक दिन वह शिकार खेलते समय किसी यक्ष के द्वारा मार डाला गया। उनकी माता भी पुत्र के वियोग में स्वर्ग सिधार गई। जब ध्रुव ने भाई के वध का समाचार सुना तो वे बहुत क्रोधित हुए और यक्षों की नगरी अलकापुरी में पहुंचे। उन्होंने शंखध्वनि करके यक्षों को युद्ध के लिए ललकारा। ललकार सुनकर वीर यक्ष युद्धभूमि में उतर पड़े और तेरह यक्षों ने मिलकर अनेक प्रकार के शस्त्रों से ध्रुवजी पर भयंकर आक्रमण कर दिया। ध्रुव उन शास्त्रों से ढक गए। इससे आकाश में स्थित सिद्ध गण बहुत व्याकुल हो उठे। लेकिन थोड़े ही समय बाद कोहरे को चीरकर निकलने वाले सूर्य की तरह ध्रुवजी शस्त्रों का आवरण चीरकर प्रगट हो गए और अपने भयंकर वाणों की मार से यक्षों को पराजित कर दिया। पर थोड़ी ही देर में यक्षों ने मायायुद्ध आरंभ करते हुए उन पर पुनः धावा बोल दिया। चारों तरफ़ प्रचंड आंधी चलने लगी। आकाश बादलों से ढक गया और अंधकार फैल गया। बनावटी मेघों से कफ, पीक, थूक, मलमूत्र आदि की वर्षा होने लगी और दिशाओं से गदा, खड्ग, पत्थर तथा सांप, शेर, हाथी, बाघ फुफकारते हुए आक्रमण की मुद्रा में दिखाई देने लगे। जब मुनि लोगों ने ध्रुवजी को इस तरह यक्षों की माया से घिरा हुआ देखा तो रक्षा के लिए भगवान् का स्मरण करते हुए मंगल कामना करने लगे। जब ध्रुव ने मुनियों को चिंचित देखा तो नारायण अस्त्र के प्रयोग से, जैसे ज्ञान के उदय होने पर अज्ञान नष्ट हो जाता है वैसे ही यक्षों की आसुरी माया क्षणभर में नष्ट कर दी। ध्रुवजी ने आक्रमणकारी यक्षों की आसुरी मारकर उन्हें सत्यलोक में भेजना आरंभ कर दिया। ध्रुवजी के द्वारा अनेक निरपराध यक्षों को मरा हुआ देखकर कृपाभाव रखकर स्वायंभुव मनु ध्रुवजी के पास आए और अपने पौत्र को समझाने लगे—हे वत्स! तुमने अपने भाई के प्रति अनुरागवश जो उत्पात किया है, एक यक्ष के अपराध के कारण कितने ही निरपराध यक्षों की हत्या की है, वह तुम जैसे भक्त शिरोमणि के लिए शोभनीय नहीं। हे पुत्र!

तुमने मनुष्य के जन्म-मरण का वास्तविक कारण ईश्वर को न मानकर यक्ष को माना है। इस प्रकार तुमने स्वयं ईश्वर के प्रति और भगवान् शंकर के सखा यक्षपति कुबेर के प्रति अपराध किया है। उनका प्रकोप कहीं हमारे कुल के लिए विनाशकारी न बन जाए, इससे पूर्व ही तुम अपने अपराध का मार्जन कर लो। यह कहकर मनुजी अपने लोक को चले गए। उनके जाने के बाद शंतचित्त होकर ध्रुव विचार कर ही रहे थे कि कुबेरजी वहां आ गए और उन्होंने इस बात पर प्रसन्नता व्यक्ति की कि ध्रुव अपने पितामह के उपदेश का आचरण करने का निश्चय कर रहे हैं। कुबेरजी ने ध्रुवजी से वरदान मांगने के लिए कहा तो ध्रुव ने भगवान् के चरणों में अविचल रति और अखंड स्मृति की भावना व्यक्त की। कुबेरजी ने 'तथास्तु' कहा वरदान दे दिया। ध्रुव अपनी राजधानी लौट आए और फिर पहले कहे हुए वर्षों तक राज्य करके अपने पुत्र उत्कल को उत्तराधिकारी बनाकर बद्रिकाश्रम चले गए।

बद्रिकाश्रम पहुंचकर ध्रुवजी नहा-धोकर स्वच्छ हुए और प्राणायाम द्वारा इन्द्रियों को वश में करके भगवान् के ध्यान में लीन हो गए। कुछ समय बाद भगवान् विष्णु के समान सुंदर और तेजस्वी नंद और सुनंद नाम के दो सेवकों ने एक सुंदर विमान को ध्रुवजी के सामने उतारा और उनकी स्तुति करके विमान में बैठने का अनुरोध किया। विमान में बैठते ही चारों तरफ आनंद का वातावरण फैल गया और नारदजी यह सब देखकर बहुत प्रसन्न हुए। इस तरह ध्रुव ने पांच वर्ष की अवस्था में ही कुछ दिनों में तपस्या करके भगवान् को प्रसन्न किया और उसी तपस्या के लोभ में परमपद को प्राप्त हुए।

ध्रुव के पुत्र **वत्सल** प्रारंभ में ही तत्त्वज्ञानी, समदर्शी और अनाशक्त थे। वे इतने शांत रहते थे कि संसारी लोग उन्हें अंधा, बहरा और गूंगा समझने लगे। उन्होंने अपने पिता का राज्य अस्वीकार कर दिया। इसके बाद उनके छोटे भाई वत्सल को मंत्रियों के परामर्श पर राजा बना दिया गया। वत्सल ने स्ववीथि से विवाह किया और उसके छः पुत्र उत्पन्न हुए। इनके नाम हैं—पुष्पार्ण, तिग्मकेतु, ईस, ऊर्ज, वरु और जय। पुष्पार्ण ने प्रथम पत्नी प्रभा से तीन पुत्र—प्रातः, मध्यन्दिन और सायं तथा दूसरी पत्नी दोषा से तीन पुत्र—प्रदोष, निशीथ और व्युष्ट उत्पन्न किए। व्युष्ट की पत्नी पुष्करिणी ने सर्वेतेजा और सर्वेतेजा ने अपनी पत्नी आकूति से चक्षु नामक पुत्र उत्पन्न किया। चाक्षुष मन्वंतर में यही चक्षु मनु हुआ। चक्षु मनु की स्त्री नड्वला से बारह सर्वगुणी बालक—पुरु, कुत्स, त्रित, द्युम्न, सत्यवान, ऋतु, व्रत, अग्निष्टोम, अतिरात्र, प्रद्युम्न, शिवि और उल्मुक उत्पन्न हुए। उल्मुक ने पुष्करिणी से छः उत्तम

पुत्र–अंग, सुमना, ख्याति, क्रतु, अँगिरा और गय उत्पन्न किए। अंग की पत्नी सुनीथा ने क्रूरकर्मा बेन को जन्म दिया, जिसकी दुष्टता से उद्विग्न होकर अंग को नगर छोड़कर भाग जाना पड़ा। मुनियों ने कुपित होकर बेन को शाप दिया और वह मर गया। उस समय राजा के अभाव में दस्यु उपद्रव करने लगे। तब भगवान् नारायण ने प्रजा की रक्षा के लिए अपने अंश से पृथु को उत्पन्न किया।

विदुरजी ने पूछा, हे महाराज! अंग के घर बेन जैसा पुत्र कैसे पैदा हुआ? क्योंकि अंग महाराज तो बहुत चरित्रवान थे। लोकपालों के तेजधारक होने के कारण राजा से जब अपराध हो जाता है तो भी वह दंडनीय नहीं होता। ऐसे स्थिति में मुनीश्वरों ने किस कारण बेन को शाप दिया? मैत्रेयजी बोले–एक बार राजा अंग द्वारा अश्वमेध यज्ञ में ब्राह्मणों के बुलाने पर भी देवता लोग अपना भाग लेने नहीं आए। वेदपाठी ब्राह्मण चरित्रवान थे। इस पर भी उन्हें देवताओं का यह व्यवहार समझ नहीं आया। राजर्षि अंग ने जब इसका कारण पूछा तो उन्होंने पूर्वजन्म में किए गए पाप के कारण इस जन्म में पुत्रहीन रहने को मुख्य कारण बताया और कहा कि आपको पहले पुत्र-प्राप्ति का यज्ञ करना चाहिए। भगवती यज्ञेश्वरी प्रसन्न होकर जब अपना भाग ग्रहण करेंगी तब देवता लोग भी अपना भाग लेंगे। यह सुनकर राजा ने भगवान् विष्णु के नाम से पुरोडस की आहुति दी। आहूति के डालते ही सोने के पात्र में खीर लेकर एक निर्मल वस्त्र को धारण करने वाला स्वर्णभूषित पुरुष प्रकट हुआ। राजा ने अपनी अंजलि में खीर लेकर अपनी पत्नी को दे दी। उस खीर को खाकर रानी अपने पति के साथ सहवास से गर्भवती हुई और यथासमय एक बालक पैदा हुआ। यह बालक जन्म से ही अधार्मिक और उत्पाती बना। अंग ने अपने बेटे को सुधारने की बहुत कोशिश की लेकिन वह नहीं सुधरा। तब राजा पत्नी और पुत्र का मोह छोड़कर वन में चला आया। प्रजा ने राजा को बहुत खोजा लेकिन वह नहीं मिला। तब मंत्रियों ने मुनि जनों को यह बात बताई। भृगु आदि ऋषियों ने सुनीथा की सहमति से बेन को राजा के पद पर अभिषिक्त कर दिया। बेन के शासक बनने पर चोर-डाकू तो छिप गए पर उसने यज्ञ आदि धर्म-कर्म बंद करवा दिए। बेन के इस आचरण को देखकर ऋषि लोग चिन्तित हुए। प्रजा का दुःख उन्हें पीड़ित करने लगा। उन्होंने सोचा कि इस राजा को समझाया जाए और वह यदि न माने तो इसके तेज को ही नष्ट कर दिया जाए। यह सोचकर मुनि लोग बेन के पास गए और उससे कहा–राजन्! भगवान् उसी राजा से प्रसन्न होते हैं जो वर्णाश्रम-धर्म का पालन करवाता है और यज्ञ-पुरुष

की आराधना करता है। आप अपने राज्यों में यज्ञों का अनुष्ठान करें और यज्ञ, योग आदि बंद कराकर देवताओं का तिरस्कार न करें। मुनियों की यह बात सुनकर वेन को हंसी आई और उसने कहा कि कुबेर, ब्रह्मा, इन्द्र, वायु, यम, महादेव, अग्नि आदि देवताओं के श्राप और वरदान देने की शक्ति राजा में रहती है। इसीलिए राजा सर्वदेवमय है। मुनियों ने देखा कि बेन उनकी बात नहीं मान रहे हैं। यह जानकर कि उसके जीवित रहने से धर्म की हानि होगी, उन्होंने अपना गुप्त क्रोध अभिव्यक्त किया और अपने हुंकारों से उसे नामशेष कर दिया। सुनीथा अपने मंत्र बल से वेन के शव की रक्षा करने लगी। दूसरी ओर राजा के अभाव में चोर-डाकू फिर उपद्रव करने लगे। एक दिन अग्निहोत्र से निवृत्त ऋषियों ने चोर-डाकुओं के भागने से उड़ी हुई धूल को देखा और वे चिंतित हो उठे। यद्यपि ऋषि लोग अपने तप के प्रभाव से इस स्थिति का शमन कर सकते थे लेकिन उन्होंने अपनी शांतिमयता छोड़कर क्रोध नहीं किया क्योंकि उससे उनका तप क्षीण ही होता। इसी के साथ दूसरी बात यह भी थी कि ऋषि लोग धर्मात्मा अंग से वंश का उच्छेदन नहीं चाहते थे। इसलिए उन्होंने बेन की जंघा पर बुरी तरह से मंथन किया और उससे एक बौना पुरुष पैदा हुआ। उसने ऋषियों से पूछा कि मैं क्या करूं? तब ऋषियों ने कहा कि निषीद अर्थात् बैठ जा। इसी से उनका नाम निषाद पड़ा। उसने उत्पन्न होते ही बेन के सारे पाप अपने सिर पर ले लिए। इसीलिए निषाद जाति के लोग लूट-पाट का कर्म करते रहते हैं।

ब्राह्मणों ने फिर राजा बेन की भुजाओं का मंथन किया तब एक पुत्र और पुत्री पैदा हुई। पुत्र ने विष्णु और पुत्री में लक्ष्मीजी का अंश था। पुत्र का नाम पृथु और पुत्री का नाम अर्चि रखा गया। अर्चि अपने पूर्वजन्म में भगवान् विष्णु की वियोगिनी थी। इस जन्म में उसका विवाह पृथु से हो गया। पृथु में भगवान् विष्णु के निशान देखकर देवता और महात्मा उसे अंशावतार मानकर उसकी स्तुति करने लगे। वेदपाठी ब्राह्मणों ने पृथु के राज्याभिषेक का आयोजन किया। इस अवसर पर सभी देवों ने उपस्थित होकर उन्हें उपहार दिए। सब लोग उनकी स्तुति करने लगे। स्तुति सुनकर भी बिना किसी अनुमान के पृथु ने कहा कि सब भगवान् विष्णु ही हैं। मेरा तो कोई भी गुण प्रकट नहीं है। मैं स्तवन योग्य नहीं हूं। इस पर मुनियों ने उनको बताया कि आप साक्षात् विष्णु के अवतार हैं क्योंकि मृतक की भुजा से पैदा हुए हैं। आप धर्म की मर्यादा रखेंगे और प्रजा से जो कर मिलता है, उसे उसी की रक्षा में खर्च करेंगे। आप सज्जनों के लिए आनंददायक होंगे और दुर्जनों के लिए साक्षात् यम के समान होंगे।

आप चक्रवर्ती सम्राट् होंगे और चारों ओर आपका यश फैलेगा।

राजा बनने के बाद पृथु इस विषय में चिंतित हुए कि अपनी दुःखी प्रजा को कैसे सुख पहुंचाएं और किस तरह अराजकता दूर करें। अन्न का अभाव था और प्रजा व्याकुल थी। इस कारण ढूंढ़ने पर उन्हें पता चला कि पृथ्वी के अन्न और औषधियों को अपने भीतर छिपा रखा है। यह जानते ही पृथ्वी को संबोधित करते उन्होंने अपना धनुष उठाया और संधान किया। पृथ्वी घबरा गई और गाय का रूप धारण करके भागने लगी। पृथु ने दिशाओं में भागती हुई पृथ्वी का पीछा किया और कोई दूसरा व्यक्ति पृथ्वी को तेजस्वी पृथु के क्रोध से बचा नहीं पाया। सब ओर से निराश होकर वह पृथु की शरण में आई और उसने कहा कि निरपराध स्त्री का वध नहीं करना चाहिए। पृथ्वी ने यह भी बताया कि वह तो संसार की आधार नौका के समान है। यदि पृथ्वी नष्ट हो गई तो प्रजा को जल में रखना असंभव हो जाएगा। जब पृथु ने कहा कि जब हम तुम्हें यज्ञ में भाग देते हैं तो बदले में हमें अन्न क्यों नहीं देतीं। जो प्राणी केवल अपना ही पेट भरता है और दूसरे की चिन्ता नहीं करता है, उसे मारने में कोई पाप नहीं है। मैं अपने योगबल से प्रजा को धारण करूंगा और तुम्हारे टुकड़े-टुकड़े कर दूंगा। महाराज पृथु की यह बात सुनकर पृथ्वी कांपने लगी और उनकी स्तुति करने लगी। उसने कहा कि पाप धर्म के अवतार हैं। कल्पांत में आपने ही मेरा उद्धार किया है। पृथ्वी ने यह भी कहा कि आपकी माया से भ्रमित होकर ही तो आपको अन्नदान नहीं मिल पाया किन्तु आप मुझे अभयदान दें। आप यदि सचमुच अन्न चाहते हैं तो गाय रूप धारणी मुझ पृथ्वी से अन्न-प्राप्ति के लिए योग वत्स, दोहन, पात्र और दोग्धा की व्यवस्था कीजिए। मैं दूध के रूप में सभी अभीष्ट वस्तुएं प्रदान करूंगी। पृथ्वी ने यह भी कहा–हे राजन्! सर्वप्रथम तो मुझे समतल कीजिए जिससे मेरे भीतर की आर्द्रता सब स्थानों पर एक समान बनी रहे।

पृथ्वी के प्रिय और हितकारी वचन सुनकर महाराज पृथु ने मनु स्वायंभुव को वत्स (बछड़ा) बनाकर अपने हाथों में समस्त धान्य दोह लिया। अन्य सारग्राही विज्ञजनों ने भी पृथु द्वारा वश में की गई वसुन्धरा से अपनी अभीष्ट वस्तुएं दुह लीं। उदाहरणार्थ, ऋषियों ने बृहस्पति को वत्स बनाकर इन्द्रिय को (वाणी, श्रोत्र, मन) रूपी पात्र में अमृत, वीर्य, ओज और तेज दोह लिया। इस प्रकार अन्याय लोगों ने भिन्न-भिन्न वत्सों के द्वारा दोहनपात्रों में अपने विभिन्न अन्न-रूप दूध पृथ्वी से दुहे।

महाराज पृथु ने पृथ्वी की उदारता से उस पर मुग्ध होकर, उसे अपनी

कन्या बना लिया तथा अपने धनुषबाण से पर्वतों को उखाड़कर भूमण्डल को समतल किया और इस प्रकार प्रजा के निवास स्थानों–ग्राम, कस्बों, बस्तियों, नगरों आदि की व्यवस्था की। इस व्यवस्था से प्रजा निर्श्चित होकर अपनी पसंद के स्थानों पर रहने लगी। पृथु महाराज ने अपनी प्रजा को सुव्यवस्थित करके सौ अश्वमेध यज्ञ करने का निश्चय किया। इसके लिए उन्होंने अच्छे प्रबंध किए। उनके अट्ठासी यज्ञ भगवान् विष्णु की कृपा से ठीक प्रकार से संपन्न हो गए। लेकिन देवराज इन्द्र पृथु के इस उत्कर्ष से जलने लगे और उन्होंने उसके यज्ञों में विघ्न डालने की चेष्टा की। इस कार्य में इन्द्र ने सौंवे यज्ञ के घोड़े का हरण कर लिया। इन्द्र ने अपनी रक्षा के लिए पाखंडी वेष बनाया और उनके इस काम को कोई नहीं जान पाया। लेकिन जब वे आकाश मार्ग से जा रहे थे, तब अत्रि की दृष्टि उन पर पड़ी और उनके कहने पर पृथु के पुत्र ने उन पर प्रहार नहीं किया। वह केवल घोड़ा लेकर लौट आया। इन्द्र ने फिर अपनी माया से कोहरा फैलाकर घोड़े का हरण कर लिया। अत्रिजी ने फिर इन्द्र की दुष्टता को काटते हुए पृथु के पुत्र को उसको पकड़ने का आदेश दिया। पृथु का पुत्र उनका वध कर ही रहा था। कि ब्रह्माजी बीच में आ गए और उन्होंने बताया कि इन्द्र का वध नहीं करना चाहिए क्योंकि यज्ञ में उनका विशेष महत्त्व है। यह भी विचारणीय है कि क्या विष्णु का परम धाम मोक्ष यज्ञ से प्राप्त होने वाले स्वर्ग से कम महत्त्वपूर्ण है? क्या इसलिए मोक्ष की प्राप्ति निष्काम यज्ञ से होती है? अतः हे राजन्! आप क्रोध को छोड़कर इस सकाम यज्ञ को नहीं समाप्त कीजिए, इसी से आपका कल्याण होगा। पृथु ने ब्रह्माजी के कहने से इन्द्र से मित्रता बनाई और फिर अनेक ऋषियों और ब्राह्मणों को दक्षिणा देकर विदा किया। महाराज पृथु के यज्ञ में भगवान् विष्णु भी आए हुए थे। उन्होंने भी इन्द्र को क्षमा करने का परामर्श दिया।

भारतीय विष्णु के कथन को पृथु ने स्वीकार किया। साथ ही इन्द्र भी अपराध भावना से त्रस्त होकर पृथु से क्षमा मांगने लगे। पृथु ने उन्हें अपने गले से लगाया और इससे उनके मन का मैल दूर हो गया। जब भगवान् विष्णु अपने धाम जाने लगे तो पृथु ने उनकी आराधना की ओर अपनी भक्ति प्रदान करने का निवेदन किया। भगवान् विष्णु ने उन्हें राज्य का संचालन करने की आज्ञा दी और कहा कि मेरी आज्ञा समझकर उसका पालन करने वाला सुखी होता है।

जब महाराज पृथु राजधानी आए तो सब लोगों ने उनका स्वागत किया और अनेक लोगों ने उन्हें भेंट दी। महाराज पृथु ने अभिमान रहित होकर

राजमहल में प्रवेश किया और अपने सभी कर्तव्य करते हुए भगवान् का परमपद प्राप्त किया। अपने जीवन के अंतिम भाग में महाराज पृथु यमुना के किनारे गंगा के पास मध्य भाग में एक सुरम्य स्थान पर रहने लगे। यहां उन्होंने एक बड़ा यज्ञ किया और वहां उपस्थित सभी सज्जनों को उपदेश दिया–प्रिय प्रजाजन! सहनशीलता, तपस्या और ज्ञान के कारण ही वैष्णव ब्राह्मण सभी वर्गों के लिए आदरणीय एवं पूज्य हैं। उनकी वाणी ही वेद है और उनका आशीर्वचन ही वरदान है। अत: आप सभी सब प्रकार विनयपूर्वक ब्राह्मण कुल की सेवा करनी चाहिए। इनकी नित्य सेवा करने से चित्त शीघ्र शुद्ध हो जाता है और बिना ज्ञान, योग आदि के ही मनुष्य परमशान्ति रूप मोक्ष को प्राप्त कर लेता है। प्रजाजनों ने इस सारगर्भित प्रवचन को सुनकर उनकी भूरि-भूरि सराहना की।

इसी अवसर पर वहां चार तेजस्वी मुनि आए। राजा ने उन सनकादि मुनियों को पहचान कर उनका स्वागत किया और इसे प्रभु की कृपा मानकर उनके प्रति अभार भी प्रकट किया। इसके बाद उनसे प्रार्थना की कि वे किस तरह का कल्याण हो सकता है? इस संबंध में मार्गदर्शन करें। सनतकुमारजी ने उनकी प्रार्थना पर ध्यान देकर इस प्रकार उपदेश दिया–परब्रह्म में सुदृढ़ प्रीति हो जाने पर पुरुष सद्‌गुरु की शरण लेता है। फिर ज्ञान-वैराग्य के प्रबल वेग से वासनाशून्य होकर अविद्यादि पंचविध क्लेशों से युक्त अहंकारात्मक अपने लिंग शरीर को वह उसी प्रकार भस्म कर देता है, जिस प्रकार अग्नि लकड़ी से प्रकट होकर उसी को जला देती है। लिंग देह का नाश होने पर जीव कर्तृत्वादि सभी गुणों से मुक्त हो जाता है। जिस प्रकार स्वप्न में देखे पदार्थ, जागने पर सत्ता-शून्य हो जाते हैं, उसी प्रकार वह मुक्त पुरुष, शरीर के बाहर दृष्टिगोचर घट-घटादि को और भीतर अनुभव होने वाले सुखा-दु:खादि को भी नहीं देखता।

राजन्! श्री भगवान् ही देह, इन्द्रिय, प्राण, बुद्धि और अहंकार से आवृत्त सभी स्थावर-जंगम प्राणियों के हृदयों में जीव के नियामक अंतर्यामी आत्मा के रूप से सर्वत्र साक्षात् प्रकाशित हो रहे हैं। इस संसार-सागर को पार करने का सुगम साधन योग न होकर भगवान् के चरणों को नौका बनाना ही है। पृथुजी ने इस उपदेश को सुनकर सनतकुमारजी की बहुत प्रशंसा की और वे उनसे आदर प्राप्त करके आकाश मार्ग से अपने स्थान को चले गए। कुछ दिनों के बाद पृथु ने अपनी पत्नी अर्चि से विजिताश्व, धूर्मकेश, हर्यक्ष, द्रविण और वृक आदि पांच पुत्र उत्पन्न किए। ये पांचों पुत्र अपने पिता के समान गुणवान और

तेजस्वी थे। कुछ समय बाद पृथुजी ने वाणप्रस्थ आश्रम ग्रहण किया और अपनी पत्नी को साथ लेकर राजभवन छोड़कर वन में आ गए। यहां पर उन्होंने घोर कष्ट सहन कर तपस्या की। उन्होंने प्राणायाम के द्वारा अपना चित्त निर्मल किया और पापों को जला डाला। यथासमय उन्होंने शरीर का त्याग किया और उनकी पत्नी चिता के साथ भस्म हो गई।

पृथु के स्वर्गस्थ होने के बाद उनका पुत्र विजिताशव–अन्तर्धान राजा हुआ। उसने शिखंडनी स्त्री से पाव, पवमान और शुचि तीन पुत्र पैदा किए तथा दूसरी भार्या नमस्वती से हविर्धान पुत्र उत्पन्न किया। फिर हविर्धान ने अपनी पत्नी से बर्हिषद, गेय, शुक्ल, कृष्ण, सत्य और जितव्रत–छः पुत्र उत्पन्न किए। इनमें सबसे बड़े पुत्र बहुत कर्मकांडी थे और उन्होंने अपने यज्ञों से देवताओं को प्रसन्न कर दिया था। इन्होंने ब्रह्माजी के कहने से समुद्र की पुत्री शतद्रूति से विवाह किया फिर उससे दस पुत्र उत्पन्न किए। इन सब पुत्रों का आचरण समान था। इसीलिए नाम प्रचेतस पड़ा। पिता के द्वारा प्राप्त आयु में संतान की उत्पत्ति के लिए कहने पर वे सब एक साथ वन में तप करने के लिए चले गए। उनके तप से प्रसन्न होकर भगवान् शंकर उनके सामने प्रगट हुए और उन प्रचेताओं को परम वैष्णव मानकर उनकी प्रशंसा की और कहा कि विष्णु के भक्त भी उन्हें प्रिय हैं। फिर शंकर ने भगवान् विष्णु को प्रसन्न करने के लिए विष्णु–स्तोत्र प्रकाशित किया। इस अलौकिक स्तोत्र में विष्णु के दिव्यस्वरूप का उनकी कीर्ति और महिमा का सुंदर गान किया है। इसी का नाम रुद्र गीता है। शिवजी ने कहा हे राजकुमारों! जो व्यक्ति अपने सच्चे मन से विष्णु–स्तोत्र का पाठ करके उनके सुन्दर स्वरूप पर आसक्त हो जाता है, वह सार रूप को प्राप्त कर लेता है क्योंकि विष्णु सार रूप है और सबके आराध्य हैं। यह कहकर शिवजी अंतर्धान हो गए और प्रजेतस कमर तक जल में रहकर दस हजार वर्ष तक स्तोत्र की विधि से विष्णु की आराधना करते रहे।

नारदजी ने, प्रचेताओं के पिता के पास जाकर उनसे राज–काज छोड़ने और मोक्ष प्राप्त करने का उपदेश दिया। नारदजी ने बर्हिषद के संशयग्रस्त होने पर उन्हें सचेत करने के लिए उनके किए गए कर्मों का परिणाम अपने योगबल से दिखाया और उन्हें एक प्राचीन पुरजन का इतिहास सुनाया।

उन्होंने कहा कि एक समय भोगानन्दी और विषयी पुरंजन देश–देशान्तर में घूमकर विषयों का उपभोग करता था। एक बार वह हिमालय की तराई में पहुंच गया और अपने रहने के लिए उपयुक्त स्थान ढूंढ़ने लगा। पुरंजन को वहां एक सुन्दर नगरी दिखाई दी और उस नगरी में उसने घूमती हुई एक स्त्री को

देखा। उस युवती के पांच सिरों वाला द्वारपाल के रूप में एक सर्प था और दस सेवक थे। वह नवयौवना अत्यंत मादक थी। पुरंजन उसे देखकर उसकी मोहक चेष्टाओं में जकड़ा गया। उसके रूप पर आसक्त होकर उसने पूछा क्या वह किसी की पत्नी है या साक्षात् लक्ष्मी है? फिर पुरंजन ने अपने गुणों का परिचय दिया और उसके समक्ष विवाह का प्रस्ताव रखा। उस रमणी ने उसे स्वीकार कर लिया और हजारों वर्षों तक वे आनंद का उपभोग करते रहे।

एक बार पुरंजन आखेट के लिए गया और वहां उसमें इतना प्रवृत्त हो गया कि अपनी पत्नी का भी उसे ध्यान तक नहीं रहा। वह उसके वियोग में दुःखी रहने लगी। जब बहुत दिनों बाद लौटा तो उसने खुशामंद करके अपनी पत्नी को प्रसन्न किया और फिर से वासना-पूर्ति में ही समय बिताने लगा। इस तरह उसने सारा जीवन पुत्र-पुत्रियों को उत्पन्न करने में ही बिता दिया। बुढ़ापा आने पर उसने यज्ञ करके अपना उद्धार करना चाहा लेकिन सकाम-कर्म से उद्धार नहीं होता। फिर उसने काम से विरक्त होने के लिए पत्नी को अलग कर दिया। पत्नी ने पति का कहना मान लिया लेकिन उसके वियोग में पागल होकर वह फिर भोग विलास में लीन हो गया। पुरंजन के बुढ़ापे को देखकर गन्धर्व राज चण्डवेग और यवनराज ने उस पर धावा बोल दिया। पुरंजन कुछ समय तक तो लड़ा और बाद में उसकी शक्ति समाप्त हो गई क्योंकि यवन राज के साथ उसकी सहायक काल-कन्या थी और काल के आगे किसी का वश नहीं चलता है।

इसके बाद नारदजी ने काल-कन्या और यवनराज के वरण करने का वृत्तांत सुनाया। काल-कन्या अत्यंत कामुक थी। काम ही उसका आधार था। तीनों लोकों में कोई भी उसका वरण नहीं कर सकता था।

उसके दुर्भाग्य के कारण उसका नाम दुर्भगा पड़ गया। राजा ने कुछ समय तक उसे अपने पास रखा। लेकिन वह बाद में भटकती हुई मेरे पास आई, परन्तु मैं उसे कैसे स्वीकार कर सकता था क्योंकि मैं ब्रह्मचारी था। उसने मुझे क्रोधित होकर एक स्थान पर ठहरे न रहने का श्राप दे दिया जिसे मैंने स्वीकार किया। उस कन्या ने मुझसे जब यह पूछा कि मैं कहां जाऊं? तो मैंने उत्तर दिया तुम यवन देश के अधिपति के पास चली जाओ। लेकिन उस राजा ने भी उसे स्वीकार करने से मना कर दिया। काल-कन्या ने उस यवनराज के सामने अपनी शक्ति का वर्णन करके उसे अपने पक्ष में कर लिया और इसके बाद यवनराज ने उस कन्या को अपने भाई प्रज्ज्वर की स्त्री के रूप में इस आधार पर रखा कि वह उसके भाई के रूप में देश-देशान्तर घूमेगी और उस

रमणी को जहां भी कोई सुंदर पुरुष मिलेगा, वह उसके साथ रमण करेगी। अब वही काल-कन्या पुरंजन पर अनुरक्त है और उसे नष्ट करने पर तुली हुई है। पुरंजन के द्वारपाल बूढ़े सांप ने बड़ी वीरता से पुरंजन की पुरी में प्रवेश करने से काल-कन्या को रोका। लेकिन काल-कन्या बड़े वेग से भोग विलास करने लगी और वहां के लोग शक्तिहीन हो गए। काल-कन्या पुरंजन ने इस प्रकार लिपट गई कि वह पराधीन हो गया। उसकी स्त्री और परिवार वालों ने उसे पुरंजन की वासना और कामना समझा और उससे अपना संबंध तोड़ लिया। उसके इस कार्य से उसके मित्रगण भी विरोधी हो गए। काल-कन्या से निरंतर भोग के कारण पुरंजन शक्तिहीन हो गया लेकिन वह अपने परिवार वालों के साथ आसक्ति भाव रखता था। इधर यवनों ने उसकी पुरी में आग लगा दी और उसे बांधकर अपने लोक को ले चले। यवनों ने अपने स्वामी के शोक में व्याकुल पीछे चलने वाले सर्प को बांध लिया और एक अंधकार के गर्त में डाल दिया। वहां कुछ पशु उसे कुठारो से पाटने लगे। वह इस प्रकार हजारों साल तक कष्ट भोगता रहा। लेकिन जीवन के अन्त समय तक उसकी स्त्री में और कामना में आसक्ति बनी रही। वह अपने पाप कर्मों के फल को पाने के लिए विदर्भ नरेश की पुत्री के रूप में उत्पन्न हुआ और फिर मलयध्वज से विवाह करके सात पुत्रों और एक कन्या को जन्म दिया। जब राजा मलयध्वज बूढ़े हो गए तो वह भी उसके साथ गई। वन में पति की मृत्यु पर उसका परिचय एक ब्राह्मण युवक से हुआ और उसने अपनी पहली मित्रता का परिचय दिया तथा रानी को यह बताया कि सभी जीव अपने कर्मों का भोग भोगने के लिए संसार में आते हैं और फिर चले जाते हैं। कर्म-बन्धन का कारण वासनाएं हैं। हम दोनों मानसरोवर के हंस थे और वासनाओं के कारण ही आवागमन में हमारी यह दुर्दशा हुई। यह बात सुनकर रानी को अपने वास्तविक रूप का स्मरण हो आया। नारदजी ने कहा कि कथा आत्म-तत्त्व से सम्बन्धित है और जो इसे उचित रूप में समझता है, वह मनुष्य के जीवन के सार-तत्त्व को जान जाता है क्योंकि **पुरंजन** का अर्थ **जीव** है और उसकी **पुरी** यह सारा **शरीर** है और पुरी के सामने वाला भावना से भरी हुई बुद्धि है। बुद्धि के कारण ही शरीर इन्द्रियों में 'मैं' और 'मेरेपन' का भाव पैदा होता है। उन्हीं के आधार पर व्यक्ति विषयों का उपभोग करता है। पुरंजन की सतियां भी दस इन्द्रियां हैं और प्राणायाम-रूपी पंचावाद-रूप प्राण द्वारपाल सर्प हैं और शद्वदादि पांच विषय ही पांचाल देश का राजा है। दोनों नेत्र, नथुने, मुख, कान आदि दस दरवाजे हैं और अंतःपुर हृदय है। मन, हृदय में रहने वाला प्रधान

सेवक है। स्वप्न आखेट है और आत्मा, बुद्धि का दृष्टा है। मोह, हर्ष, सत्, रज, तम, गुण है। आत्मा को बुद्धि का अनुकरण करना पड़ता है। हमारा यह शरीर रथ है और उसमें पांच ज्ञानेन्द्रिय के रूप में पांच घोड़े जुते हुए हैं। यह वेग वाला दिखाई देने के बाद भी गतिहीन है। पुण्य और पाप दोनों उसके पहिये हैं और पांच प्राण घोड़े को खींचने वाली डोरियां हैं। मन रथी है, बुद्धि सारथी है और हृदय बैठने का स्थान है। सुख-दुःख आदि दो जुए हैं। इन्द्रियों के पांच विषय उस रथ में रखे हुए आयुध हैं और त्वचा आदि सात वस्तुएं उसके आचरण हैं और पांच कमेन्द्रिय उसकी पांच प्रकार की गतियां हैं। इस रथ पर बैठकर विषय-वासनाओं की ओर दौड़ना ही आखेट है। दस इन्द्रियां और ग्यारह स्थान पर मन-रूपी सेना से स्वप्न और जाग्रत अवस्था में जीव दौड़ता रहता है। काल की संज्ञा बताने वाला संवत्सर ही चंड वेग है। काल-कन्या वृद्धावस्था है और यवनराज मृत्यु है तथा सर्दी-गर्मी आदि इसके भाई हैं जो जीवों को पीड़ा देकर यमराज की सहायता करते हैं। इस तरह से यह अपनी देह पर अभिमान करने वाला जीव अज्ञान से घिरकर अनेक आधिभौतिक, आध्यात्मिक और आधिदैविक कष्टों को भोगता है और सौ वर्ष तक मनुष्य के शरीर में पड़ता रहता है। यह आत्मा निर्गुण होने पर भी इन्द्रिय और मन के धर्मों को अपने ऊपर आरोपित करने के कारण कर्तव्य और अभिमान से बंधकर अनेक प्रकार के चिन्तन और आचरण करती है। अविद्या के कारण परमार्थ स्वरूप आत्मा को जन्म-मृत्यु की अनर्थकारी परंपरा मिली है, उसके मुक्त होने पर एक ही उपाय है—भगवान् की भक्ति। भक्ति से ही ज्ञान और वैराग्य पैदा होता है। इसीलिए श्रद्धापूर्वक भगवान् की कथाओं को सुनना चाहिए और जीव को चाहिए कि वह अपने उद्धार की दिशा में प्रवृत्त होता हुआ भगवान् की कथाओं को सुने और सुनाए।

नारदजी ने बर्हिषद को सम्बोधित करते हुए एक दूसरा रूपक सुनाया—पुष्प वाटिका में अपनी हिरनी के साथ घूमता हुआ एक हिरन दूब और अंकुरों को चर रहा था और उसके कान भंवरों के गुंजार की तरफ लगे हुए थे। इधर उसके सामने एक भेड़िया घात लगाए हुए बैठा था और पीछे से एक बहेलिया उस पर बाण का निशाना साधे हुए बैठा था। लेकिन हिरन को अपने आनन्द में उनमें से किसी भी बात का ध्यान नहीं था। यह रूपक इस प्रकार है कि तुम स्वयं मृग हो और पुण्य तुम्हारी मृगियां हैं और महल पुष्पवाटिका है। तुम अपने जीव जननेन्द्रियों के सुख देने वाले विषयों के उपभोग में आनंदित हो। जिनमें स्त्रियां और गुंजार हैं। भेड़िये के समान काल के अंश दिन-व-दिन

तुम्हारी आयु का हरण कर रहे हैं और बहेलिये की तरफ से काल गुप्त रूप से तुम्हारे हृदय को भेदने के लिए तैयार है। यह सब जानकर मृग की स्थिति में अपने को रखकर बाहरी वृत्तियों को छोड़कर अंतर्मुखी हो जाओ। तुमने गृहस्थाश्रम का बहुत उपयोग किया है। अब उसे छोड़कर भगवान् में अपनी भक्ति-भावना को जाग्रत करो। नारदजी इस प्रकार बर्हिषद को उपदेश देते हुए चले गए और वह राजा भी अपने पुत्रों के आने तक अपने राज्य को मंत्रियों के पास धरोहर के रूप में रखकर वन में चले गए। कपिलजी के आश्रम में जाकर उन्होंने कठोर तप किया और फिर शरीर का त्याग करने पर भगवान् विष्णु के परम पद को प्राप्त किया। विदुरजी ने मैत्रेयजी से कहा कि मुझे प्रचेतसागणों के आगे का वृत्तांत बताइए जब वे पुत्र की प्राप्ति के लिए वन में चले गये थे। मैत्रेयजी बोले कि प्रचेताओं ने समुद्र में खड़े होकर भगवान् शंकर के बताए विष्णु स्तोत्र का दस हजार वर्ष तक जाप किया और विष्णुजी को प्रसन्न किया। भगवान् विष्णु ने उन्हें स्वयं दर्शन दिए। ये सब लोग भगवान् की छटा को देखकर मन और मस्तिष्क से मुक्त हो गए। उन्होंने प्रचेताओं से वर मांगने के लिए कहा और उन्हें आशीर्वाद दिया कि संध्या के समय जो तुम्हें स्मरण करेगा वह अपने बंधुओं को प्रेम करने वाला होगा। रुद्र गीता से मेरा श्रवण करने वाला व्यक्ति उत्तम कीर्ति को प्राप्त करेगा। भगवान् ने प्रचेताओं को आदेश दिया कि वे कण्व ऋषि के द्वारा प्रम्लोचा नामक अप्सरा के गर्भ से पैदा हुई राजा सोम के द्वारा पाली गई मारिषा नाम की कन्या से विवाह करें। भगवान् ने उन्हें यह भी बताया कि वह समान रूप से प्रेम करेगी और उसे किसी भी बात का अन्यथा लेना संभव नहीं होगा।

भगवान् के निर्देश के अनुसार प्रचेताओं ने मारिषा से विवाह किया और फिर, पहले जन्म के अत्यन्त प्रतापी दक्ष को पुत्र रूप में जन्म दिया। वह सब कर्मों में दक्ष था इसलिए उसका नाम दक्ष पड़ा और ब्रह्माजी ने इसी दक्ष को प्रजापति बनाया और आगे चलकर दक्ष ने अन्य प्रजापतियों को स्थान-स्थान पर नियुक्त किया।

बहुत समय तक गृहस्थ का सुख भोगने के बाद प्रचेताओं को यह अनुभव हुआ कि अब तपस्या करें। तब वे अपना घर छोड़कर पश्चिम दिशा में समुद्र के किनारे जाकर तपस्या करने लगे। वहीं पर नारदजी का आगमन हुआ और नारदजी ने उन्हें उपदेश दिया। नारदजी ने बताया कि मनुष्य का जन्म तीन प्रकार से होता है—माता-पिता के द्वारा, यज्ञोपवीत-संस्कार के द्वारा और यज्ञ संस्कार के द्वारा। इन तीनों को सार्थक बनाने के लिए भगवान् विष्णु की

भक्ति अपेक्षित है। विष्णु की भक्ति के बिना तप, यज्ञ, वेद-पाठ सब व्यर्थ हैं क्योंकि अज्ञान के अंधकार में विष्णु की भक्ति ही एकमात्र प्रकाश है। उसी से आत्म-स्वरूप की अनुभूति मिल सकती है। विष्णु ही जीवन को आवागमन से मुक्त कर सकते हैं। इसलिए हे प्रचेताओं सबका उपकार करने वाले विष्णु भगवान् के चरणों में अपना मन केन्द्रित करो। यह सुनकर सभी प्रचेता विष्णु की भक्ति में लीन हो गए।

सुखदेवजी बोले हे परीक्षित! मैंने यह वृत्तान्त आपको सुनाया। मैत्रेयाजी से यह आख्यान विदुरजी ने सुना था और वे धन्य हो गए थे। विदुरजी ने सुखदेवजी के प्रति अभार प्रगट किया और हस्तिनापुर चले आए। हे राजन्! जो व्यक्ति इस कथा को सुनता है, वह धन, यश, क्षेम और ऐश्वर्य को प्राप्त करता है।

पंचम स्कन्ध

समुद्र, पर्वत, नदी आदि की स्थिति के साथ नरक का वर्णन और जड़ भरत, ऋषभ देव की कथा

सुखदेवजी से राजा परीक्षित ने विनम्रतापूर्वक पूछा कि हे भगवान् गृहस्थाश्रम अनेक कठिनाइयों का घर है। स्त्री-पुरुष, धन आदि से आसक्त मनुष्य निचिंत नहीं हो पता और इस तरह वह भगवान् की भक्ति नहीं कर सकता। जीव की आस्था भगवान् में तो नहीं हो पाती। ऐसी स्थिति में प्रियव्रत महाराज ने गृहस्थ में रहते हुए भी किस प्रकार आत्मज्ञान प्राप्त किया और उन्हें किस तरह से भगवान् विष्णु की अचल भक्ति प्राप्त हुई ? शुकदेवजी ने परीक्षित से कहा कि गृहस्थ में रहकर भगवान् की भक्ति और आत्मज्ञान प्राप्त न होने की बात असत्य है। गृहस्थ में कठिनाइयां अनेक हैं लेकिन यह गृहस्थ ही भजन का अनुपम अवसर देता है। जिसका मन एक बार भगवान् के चरणों में लग जाता है, गृहस्थ और संन्यास में कोई अन्तर नहीं रह जाता। प्रियव्रतजी बचपन से भगवान् के चरणों में भक्तिभाव रखते थे और ध्यानमग्न हो जाते थे। किसी कारण से नारदजी ने उन्हें बचपन की अवस्था में ही आत्मसाक्षात्कार करा दिया। मनुजी ने जब उन्हें राजा बनाना चाहा तब उन्होंने राजा बनने से इनकार कर दिया क्योंकि वे विषय-आदियों से मुक्त थे। मनुजी ने बारम्बार अनुरोध किया तब प्रियव्रत ने पिता की आज्ञा को मानने के कारण राजा बनना स्वीकार किया। उनके लिए महल और वन बिल्कुल एक समान थे। पूरी तरह वासना से रहित होकर प्रियव्रतजी ने अपना राजतिलक कराया। राजतिलक के बाद इन्होंने बर्हिष्मती विश्वकर्मा की कन्या से विवाह किया और उससे दस पुत्र उत्पन्न किए। उनके नाम़ हैं—अग्नीघ्र, इध्मजिह्व, यज्ञबाहु, महावीर, हिरण्यरेता, धृतराष्ट्र, सवन, मेधातिथि, वीतिहोत्र तथा कवि। इनमें से तीन पुत्र महावीर, सवन और कवि बचपन में ही वैरागी हो गए और घर छोड़कर वन में चले गए और महर्षि बने। महाराज प्रियव्रत ने अपनी दूसरी पत्नी से उत्तम, तामस और

रैवत नाम के तीन पुत्र उत्पन्न किए और ये तीनों मन्वंतरों के स्वामी हुए। महाराज प्रियव्रत ने एक कन्या को जन्म दिया जिसका नाम उजस्वती था। प्रियव्रत बहुत तेजस्वी और वीर थे। एक बार उन्होंने अनुभव किया कि सूर्य का रथ जिस तरफ से आता है, उधर तो प्रकाश रहता है लेकिन दूसरी तरफ प्रकाश नहीं होता। इस कमी को दूर करने के लिए प्रियव्रतजी ने सूर्य के साथ सात बार पृथ्वी की प्रदक्षिणा की ओर इसके कारण अंधकार का स्थान प्रकाश ने ले लिया। ब्रह्माजी ने आकर उन्हें रोका लेकिन उनके सात बार की परिक्रमाओं से जो रथचक्र की लीक बनी थी, उनके सात समुद्र बन गए। इनके नाम हैं–क्षीरोद, इक्षुरसोद, सुरोद, घृतोद, क्षारोद, दधिमण्डोद और शुद्ध रसोद। इन सात समुद्रों के कारण सात द्वीप–जम्बू और प्लक्ष, शाल्मली, कुश, क्रोंच, शाक और पुष्कर हो गए। महाराज प्रियव्रत ने एक-एक द्वीप अपने पुत्रों को बांट दिया और अपनी कन्या का विवाह चित्राचार्य से किया जिससे देवयानी प्राप्त हुई। यह सब करने के बाद महाराज प्रियव्रत राजपाट छोड़कर विषयों से मुक्त होकर, विष्णु की भक्ति में लीन हो गए। उन्होंने फिर मुनि के दुर्लभ परमपद को प्राप्त किया। जब महाराज प्रियव्रत मोक्ष के मार्ग से प्रवृत्त हुए तो उनके पुत्र धर्मपूर्वक राज्य का संचालन करने लगे। उन्होंने प्रजा की रक्षा की और अपने पिता की कीर्ति को बढ़ाया। उनका बड़ा पुत्र अग्नीघ्र जम्बू द्वीप का राजा था। उसने एक पुत्र की प्राप्ति के लिए की उपासना की। इस उपासना से प्रसन्न होकर ब्रह्माजी ने एक अनुपम सुंदरी अप्सरा को उसके पास भेजा। उस कमनीय के रूप सौंदर्य को देखकर राजा उस पर मुग्ध हो गया और अप्सरा भी राजा के गुणों को देखकर उसी को समर्पित हो गई। जब आग्निक उस अप्सरा को लेकर कन्दरा से बाहर आया तो उसे अपनी पत्नी बनाकर राजकार्य करने लगा। उस अप्सरा से नौ पुत्र उत्पन्न हुए। पुत्रों को उत्पन्न करने के बाद वह वापस ब्रह्माजी के पास चली गई। इन पुत्रों के नाम हैं–नाभि, किम्पुरुष, हरिवर्ष, इलावृत्त, रम्यक, हरिण्यमय, कुरु, भद्राश्व और केतुमार्ग। जम्बू द्वीप के नौ खंड करके राजा ने प्रत्येक के एक-एक भाग में अपने बेटों को राजा बना दिया और फिर क्रम से मेरु की नौ पुत्रियों के साथ उनका विवाह कर दिया। जिनके नाम हैं–मरुदेवी, प्रतिरूपा, उग्रदंष्ट्रा लता, रम्या, श्यामा, नारी, भद्रा, देववीति।

शुकदेवजी ने आगे कहा–हे परीक्षित! पाण्डुनंदन महाराज नाभि को मरुदेवी से बहुत समय तक कोई संतान नहीं हुई तो उन्होंने भगवान् विष्णु को प्रसन्न करने का विचार किया। उन्होंने तत्त्वज्ञानी ऋषियों के द्वारा यज्ञ प्रारंभ

कराया और यज्ञेश भगवान् ने दर्शन दिए। सारे-के-सारे सभासद उस यज्ञेश की कांति, रूपछटा और अलौकिक-सौंदर्य को देखकर मुग्ध हो गए। सबने उनकी वंदना की और उन्हें कष्ट देने के लिए क्षमाप्रार्थना भी की तथा राजा नाभि का मनोरथ बताया। ऋषियों ने भगवान् से नाभि को अपने समान ही पुत्र देने की प्रार्थना की। भगवान् ने ऋषियों से कहा कि मेरे समान तो कोई दूसरा हो नहीं सकता। मैं अद्वितीय हूं लेकिन तुम्हारी मांग भी बेकार नहीं जाएगी। मैं स्वयं ही नाभि के यहां जन्म लूंगा। यह कहकर भगवान् अन्तर्हित हो गए और समय आने पर मरुदेवी के गर्भ से एक तेजस्वी और सतोगुणी बालक उत्पन्न हुआ। यह बालक आगे चलकर ऋषियों और ब्रह्मचारियों और दिगंबर जैनों का प्रथम तीर्थंकर बना। उसका नाम ऋषभदेव रखा गया। ऋषभदेव के जन्म से चारों ओर आनंद का वातावरण छा गया। लेकिन देवराज इन्द्र को इस प्रकार के राजा नाभि की वंश की वृद्धि अच्छी नहीं लगी। इसीलिए उन्होंने नाभि के राज्य में जल बरसाना बंद कर दिया। पहले तो राजा-रानी और प्रजा ने ऋषभदेवजी के मुख-कमल को देखकर अपने अभाव की चिन्ताएं भुलाई और समय आने पर ऋषभदेव को राज्याधिकारी बना दिया तथा उन दोनों ने बद्रिकाश्रम प्रस्थान किया और उसकी भक्ति करते हुए अपना शरीर त्याग दिया। ऋषभदेवजी ने पहले गुरु के पास जाकर परिश्रमपूर्वक ज्ञान प्राप्त किया और फिर संचालन करने लगे। उनके सुन्दर लक्षणों से इन्द्र के मन में भी परिवर्तन आया और उसने अपनी कन्या जयन्ता ऋषभदेवजी को सौंप दी। ऋषभदेव ने अपनी पत्नी जयन्ता से सौ पुत्र उत्पन्न किए। इनमें भरत सबसे बड़े थे। इन्हीं भारत के नाम पर ही इस देश का नाम भारत पड़ा। अन्य निन्यानवे पुत्रों में कुशावर्त, इलावर्त, ब्रह्मावर्त, मलयकेतु, भद्रसेन, इन्द्रप्रस्थ, विदर्भ, कीककट आदि प्रमुख थे। अन्य नव्वे पुत्रों में कवि, हरि, अन्तरिक्ष, द्रमिल, चमस और कर्भाजन बहुत ऊंचे भक्त थे। ऋषभदेवजी के पास शेष बचे इक्यासी पुत्र अपने कर्मों से ब्राह्मण हो गए। वे वैसे ही ब्रह्मवेश ब्राह्मण थे। अतः उन्हें ब्राह्मणत्व प्राप्त करने में कोई कठिनाई नहीं हुई। शुकदेवजी ने कहा कि एक समय उन्होंने ब्रह्मावर्त में आकर अपने पुत्रों को सुंदर उपदेश दिया। अपने पुत्रों को उन्होंने कहा-यह संसार दुःखों का निधान है और जीव को ब्रह्मत्व से हटाकर विषयों में निमग्न करने वाला है। विषयों का उपभोग तो शूकर आदि योनियों में भी किया जा सकता है। मनुष्य योनि को महत्ता तो ईश्वराराधना में है। धन-सम्पत्ति की महत्ता तो शरीर के संदर्भ में है। आत्मा से तो कोई सम्बन्ध नहीं। शरीर की अपेक्षा और आत्मा की अपेक्षा आत्महनन के अतिरिक्त और कुछ नहीं। निस्संदेह विषयों

से विरति सरल नहीं, परन्तु प्रिय पुत्रों! वैराग्य के बिना परमात्मा-दर्शन नहीं। ब्रह्मप्राप्ति के साधन का बोध तत्वद्रष्टा गुरु की कृपा से ही संभव है। ज्ञानवान गुरु सहज ही शिष्य के बंधनों को काट देता है। ब्राह्मण जगद्गुरु है। ज्ञानवान होने के कारण वह सर्वश्रेष्ठ और सर्वजन-पूज्य है। ब्राह्मण-भोजन एक यज्ञ की आहुतियों से इतने प्रसन्न नहीं होते जितने की ब्राह्मण की सेवा से रीझते हैं।

ऋषभदेवजी ने बाद में कहा कि मेरे रूप में भगवान् विष्णु ही विद्यमान हैं। मैं उन्हीं का प्रतिरूप हूं। इसीलिए मैं अत्यन्त श्रेष्ठ और मोक्ष को देने वाला हूं। लेकिन ब्राह्मण अपने अच्छे गुणों और दम, यम, सत्य, अनुग्रह और त्याग से मुझसे भी अधिक श्रेष्ठ हो जाता है। तुम सब लोगों ने ब्राह्मणत्व में दीक्षा ली है। अतः तुम मुझे ही पूरी तरह से समर्पित हो जाओ और मेरा यह निवेदन है कि मैं यह राज्य तुम्हें सौंप रहा हूं और तुम अपने बड़े भाई भरत के अनुशासन में रहकर राजकाज का संचालन करो। एकता में बहुत बल होता है। हे परीक्षितजी अपने पुत्रों के बहाने ऋभदेवजी ने संसार के सभी लोगों को त्याग और एकता का उपदेश दिया और फिर अवधूत बन गए। उन्होंने मौन धारण करके अंधे, बहरे गूंगे की तरह आर्यावर्त में घूमना शुरू किया। उन्होंने संसार को इस रूप में मिथ्या समझा कि अपने रूप में आक्रमण करने वाले पर भी कोई आक्रमण नहीं किया और उसे क्षमा करते रहे। उन्हें अपनी घोर तपस्या के फलस्वरूप सभी सिद्धियां प्राप्त हुईं लेकिन वे उनकी उपेक्षा करके वासुदेव पद को ही प्राप्त हुए।

इसके बाद परीक्षितजी ने पूछा—हे महाराज! योगी के लिए जब कुछ भी रुकावट नहीं होती तब ऋषभदेवजी ने योग सिद्धियों को क्यों त्यागा? इसका उत्तर देते हुए शुकदेवजी बोले—निस्सन्देह योग चित्तवृत्ति के निरोध का नाम है और इस प्रकार योगी के लिए कोई भी चीज बाधा नहीं पहुंचाती लेकिन योग और वैराग्य से सिधाये जाने के बाद भी मन चंचल बना रहता है और उस पर विश्वास नहीं किया जा सकता। अवसर आने पर इस ने ब्रह्मा, विष्णु और महेश तक को ठगने से नहीं छोड़ा। इस मन को जहां भी अवसर मिलता है, यह जीव को काम, क्रोध, लोभ और मोह में डाल देता है। इसलिए योग की सिद्धि होने पर भी मन पर बहुत विश्वास नहीं किया जा सकता—हे राजन्! ऋषभदेवजी अपने शरीर को नहीं रखना चाहते थे लेकिन कुछ चरित्र का निर्वाह करने के लिए उन्होंने अपने शरीर को धारण किए रखा। उन्मुक्त की तरह घूमते हुए और पत्थरों को चबाते हुए उन्होंने दलदल की अग्नि में शरीर त्याग कर दिया। जब कलियुग आया तब ऋषभदेवजी ने अर्हन नामक राजा के रूप में जन्म

लिया। इस जन्म में मोह के वश धर्मविरोधी आचरण किया और व्रत-स्नान, धर्म आदि को उखाड़कर पाखंड का प्रचार किया। भारतवर्ष जैसे धर्मप्राण देश में इस पाखंड वृत्ति को टिकने नहीं दिया गया और पुरानी परम्परा ही गतिशील रही। ऋषभदेवजी के आदेश से भरत ने राज्य संभाला और उन्होंने विश्वरूप की पुत्री पंचजनी से विवाह करके सुमति, राष्ट्रभूत, सुदर्शन, आवरण और धूम्रकेतु आदि पांच पुत्रों को जन्म दिया और अत्यन्त प्रेम से प्रजा का पालन करते रहे। राग-द्वेष से मुक्त होते हुए उन्होंने बड़े-बड़े यज्ञ सम्पन्न किए और सम्पूर्ण यज्ञों को ईश्वर को अर्पित कर दिया। भरतजी हमेशा ही भगवान् के प्रेम में तन्मय रहते थे। उनके हृदय में शंख, चक्र, गदा, पद्म से आलोकित भगवान् का रूप हमेशा प्रतिभासित था। काफी समय तक राज्य करने के बाद भरतजी ने अपने राज्य को अधिकार-सम्पन्न पुत्रों में बांटकर छोड़ दिया। फिर पुलह मुनि के आश्रम में आकर विष्णु की उपासना में लीन हो गए।

भरतजी एक बार गण्डक नदी के किनारे तप कर रहे थे कि उन्होंने देखा एक गर्भवती मृगी पानी पीने किनारे पर आई। अकस्मात् उसे शेर की दहाड़ सुनाई दी। भय से व्याकुल मृगी ने प्राण बचाने के लिए छलांग लगाई तो उसका गर्भ गिर गया और वहां किसी गुफा में उसने प्राण त्याग दिए। भरतजी बहते हुए मृगी के बच्चे को आश्रम में लाकर पालने लगे। धीरे-धीरे भरतजी का मोह उस बच्चे से इतना हो गया कि रात-दिन उसकी की चिन्ता करने लगे। इससे वे अपने मूल कर्म तप को भी भूल गए और आत्मरूप को उपेक्षित करने लगे। अन्तकाल में भी वे केवल उसी की चिन्ता करने लगे। अतः आगामी जन्म में उन्हें मृगी के यहां (मृग योनि में) जन्म लेना पड़ा। पर उनकी पूर्व स्मृति बराबर बनी रही। वे अनासक्त भाव से वासुदेव की भक्ति में लीन रहते।

इसके बाद वे अंतिम जन्म में ब्राह्मण के घर में उत्पन्न हुए। यहां भी उनको अपनी पूर्व जन्म परम्परा का स्मरण रहता था। पर वे मोक्ष में बाधा न पड़े इसलिए स्वयं को पागल समान दिखाते थे। सामान्य लोग उन्हें मूर्ख और बहरा समझते थे। उनके पिता ने प्रयास किया फिर भी वे शिक्षा में दक्षता न पा सके। उनका नाम जड़ भरत प्रसिद्ध हो गया। कोई यह नहीं जान पाया कि इस सिद्ध पुरुष को सामान्य विद्यायें सीखने की क्या आवश्यकता है? एक बार वे वीरासन में तपलीन थे। तब कुछ डाकुओं ने अपने बलि के व्यक्ति के भागने पर उन्हें पकड़ लिया और सरदार के पास ले गए। जब वे सब देवी की बलि चढ़ाने लगे तो भद्रकाली ने स्वयं प्रकट होकर उन दुष्टों का नाश करके

ब्राह्मण एवं भरतजी की रक्षा की।

इस घटना के बाद एक बार सौवीर नरेश की पालकी उठाने वाले कहारों ने भरतजी को पालकी में जोत दिया। पैरों के नीचे जीवहत्या न हो जाए अतः भरतजी धीरे-धीरे चल रहे थे और दूसरे कहारों की गति के समान नहीं चल रहे थे। कहारों ने उनके आलस्य की शिकायत राजा से की। राजा ने अज्ञानवश भरतजी की प्रताड़ना की। उनकी बात सुनकर भरतजी ने उन्हें आध्यात्मिक ज्ञान दिया और कहा कि परमार्थ की दृष्टि से कोई किसी का सेवक और स्वामी नहीं है। नींद, क्रोध, तप आदि जीव में रहते हैं। जब सौवीर नरेश ने यह सुना तो वह पालकी ने उतर पड़ा और श्रद्धा से भर कर भरतजी का परिचय पूछने लगा। राजा ने कहा कि देह के धर्मों का आत्मा पर प्रभाव पड़ता है। जैसे आग पर रखी बटलोई के भीतर पानी भी आंच से खौलने लगता है, और खौलते पानी से चावल पक जाता है उसी तरह उपाधि के धर्म का अनुवर्तन करने से देह, इन्द्रिय, प्राण और मन के साथ होने से आत्मा को भी उस श्रम का अनुभव होता है। तब इस बात का खण्डन करते भरतजी बोले—हे राजन्! माया से लिप्त मन ही अभिमानी जीव से मिलकर उसे समयानुसार प्राप्त सुख दुःख और इसके अतिरिक्त मोहादि के अवश्य ही होने वाले फलों की अनुभूति कराता है। जैसे घी से सींची बत्ती से धुएं वाली अग्निशिखा निकलती रहती है ओर बत्ती समाप्त होने पर वह कारण रूप अग्नि में लीन हो जाती है, उसी तरह विषयों और कर्मों में लगा मन विभिन्न वृत्तियों में संलग्न रहता है और मुक्त होने पर अपने तत्त्व में लीन हो जाता है।

मन की पांच-पांच कमेन्द्रिय-ज्ञानेन्द्रिय और एक अहंकार ग्यारह वृत्तियां विषय, स्वभाव, कर्म से अनन्त भेदों में विभाजित हो जाती हैं। पर क्षेत्रज्ञ आत्मा से ही इनकी सत्ता है। अपने आपमें कोई सत्ता नहीं। फिर भी आत्मा का इनसे कोई संबंध नहीं है। यह जीव की ही माया निर्मित उपाधि है। जैसे वायु सब प्राणियों में प्रवष्टि होकर प्राणरूप हो उन्हें प्रेरित करती है, उसी तरह वह परमेश्वर भगवान् वासुदेव सर्वसाक्षी आत्मा स्वरूप से सम्पूर्ण प्रपंच में ओतप्रोत है। जब तक मनुष्य ज्ञान के द्वारा आत्मतत्त्व को नहीं जान लेता तब तक इस लोक में ही भटकता है। अतः श्री गुरु और हरि के चरणों की उपासना से मन को जीता जा सकता है। राजा रहुगण ने भरतजी की विवेक सम्भत बातें सुनीं और उनकी प्रशंसा करते हुए कहा कि मेरे लिए आपका यह उपदेश अमृत के समान है। जैसे गर्मी से पीड़ित के लिए जल। आप यह बताइए कि भार उठाने की क्रिया और उसका श्रमरूप फल दोनों व्यवहारिक तो हैं पर वास्तविक नहीं

यह कैसे हो सकता है। तब भरतजी ने उत्तर दिया कि यह तत्त्व ज्ञान केवल वासुदेव की भक्ति से ही प्राप्त हो सकता है। विचारकर देखो कि देह पृथ्वी का विकार है और यह पत्थर आदि से किसी प्रकार भिन्न नहीं। जब यह देह चलता है तो इसके भारवाही नाम पड़ते हैं। कंधों पर रखी पालकी में भी एक पार्थिक विकार ही है जिसमें अहंकार उत्पन्न हो गया है। इस पृथ्वी से उत्पन्न सभी चराचर पृथ्वी में लीन हो जाते हैं। अतः क्रिया भेद से पड़ा अलग नाम व्यावहारिक है, पारमार्थिक नहीं है। क्योंकि वह वास्तविक नहीं, ऐसे ज्ञान की प्राप्ति और मोह निवृत्ति भगवान् की भक्ति से होती है और सत्संग से भक्ति मिलती है। सत्संग में श्रीहरि की लीलाओं के निरंतर कथन-श्रवण से भगवान् की स्मृति बनी रहती है और आत्मा का उद्धार हो जाता है।

भरत ने आगे कहा कि संसारी जीव धन-प्राप्ति के लिए देश-विदेश का भ्रमण करने वाला व्यापारी है। कर्मों से भटकता यह जीव संसार में पहुंच जाता है। इस वन में छह तस्कर बलपूर्वक इस व्यापारी दल का सारा माल छीन लेते हैं। झाड़-झंखाड़ के कारण इस कठोर वन में मच्छर आदि भी तंग करते हैं। कभी इस व्यापारी दल की आंखों में आंधी की धूल पड़ जाती है और कभी आंसुओं के अमंगलमय शब्दों से भयभीत हो जाता है। कभी जंगल की आग में झुलस जाता है। कभी कोई अधिक बलवान इस दल का धन छीन लेता है तो यह अचेत हो जाता है। कभी कुछ न कर सकने के कारण कष्ट पाता है, खीजता है और बंधुओं से लड़ता हुआ संज्ञाहीन होकर पड़ा रहता है। यह कभी लूटमार का साधन बनता है। कभी मधुमक्खियों से भरमाया जाता है। क्योंकि मधु की खोज में मक्खियां तंग करती हैं। अपने मरे साथियों को छोड़ आगे बढ़ जाता है। इनमें से कोई न तो लौटा न कल्याण को प्राप्त हुआ है, पर यह व्यापारी दल, कष्टों का सामना करते भी किसी तरह हंस वृत्ति नहीं अपना पाता। दांपत्य सुख में आयु की अवधि भी भूल जाता है। कभी-कभी पर्वत की गुफा में घिरने लगता है। कभी बेल से लिपटा रहता है। इस प्रकार वह पुनः-पुनः संकट में घिरता है ओर परमार्थ को प्राप्त नहीं कर पाता।

भरतजी से यह ज्ञान पाकर राजा धन्य हो गए। उन्होंने अब उन्हें सम्मानित किया।

यह सुनकर राजा परीक्षित बोले–हे भगवान्! आप भरत जी के उपदेश को और उनके उपदेश के रूपक को स्पष्ट रूप से मुझे समझाइए जिससे मैं भी ज्ञान प्राप्त कर सकूं। यह सुनकर शुकदेवजी बोले–देह धारण करने वाले तीन प्रकार के कर्म करते हैं। शुभ, अशुभ और मिश्रित। इन कर्मों से जुड़ा हुआ

संयोग-वियोगादि रूप अनादि संस्कार रूप जीवों को मिलता रहता है। यह जीव पंच-इन्द्रियों और मन के वशीभूत संसार में पहुंच जाता है। भगवान् के मार्ग से भटक जाता है। इस संसार रूपी बीहड़ जंगल में मन सहित छः इन्द्रियां डाकू के रूप में उसके अच्छे कर्म की पूंजी को हर लेती हैं। इस संसार में स्त्री-पुत्र आदि भेड़िये हैं जो उसके सचित-सुरक्षित धन को ले लेते है। ये लोग जीव को उसके कर्म पथ से अलग कर उसका शोषण करते हैं और जैसे खेत में पड़ा बीज झाड़ों के बीच भी उगता है, उसी तरह गृहस्थ की कर्मभूमि में कर्मों का विनाश नहीं होता। मच्छरों से बने वृणों के समान गृहस्थी में आसक्त मनुष्य नीच प्राणियों से क्षतिग्रस्त होता है। अविद्या कामना से जीव दृष्टि दोष के कारण स्त्री-पुरुष आदि को, धन-सम्पत्ति की प्रमुख मानक। इनके पीछे दौड़ता है। पर उसे किसी भी रूप में शांति नहीं मिलती। स्त्री का प्रबल आकर्षण ही वह आंध है जो जीवों की आंखों में धूल झोंककर उसे अपने अंक में विश्राम करने की विवशता देती है। उल्लुओं के वचन शत्रु की बोली ही है और शासक का कठोर अनुशासन ही झींगुर का स्वर है। अभाव की वेदना ही दुःख है और प्रियजनों का वियोग ही वह दावानल है जिसमें जीवन निरन्तर जलता रहता है। ग्रहस्थाश्रम का कर्म विधान ही पर्वत की दुर्गम चढ़ाई है जिस पर ठीक तरह न चढ़ पाकर मनुष्य दुःखी होता है। कभी यह जीव नींद रूपी अजगर के चंगुल में फंसकर अज्ञान रूपी अंधेरे से त्रस्त होकर शव के समान पड़ा रहता है। कभी-कभी दुर्जन जीवों से काटा जाकर सो भी नहीं पाता। कभी यह जीव सुख के कणों की खोज में दूसरे के धन को हरण करने के लिए उद्यत होकर असली मालिक से प्रताड़ित होकर घोर नरक में पड़कर संघर्ष करता है और यह जीव सुख-दुःख, राग-विराग, भय, अभिमान, उन्माद, प्रमाद, लोभ, मोह, अपमान, ईर्ष्या, व्याधि, आदि में भटकता हुआ देव माया रूपणी स्त्री के प्रेमपाश में फंसकर विवेकहीन हो जाता है। यह जीव इन्द्रियों का दास होकर अंधकार, भय नरकों में गिरता जाता है। यह सांसरी जीव काल चक्र रूपी आयुधधारी यज्ञ, पुरुष भगवान् विष्णुजी निवृत्ति देने वाली सेवा को त्यागकर अपनी कामना की पूर्ति के लिए देवताओं का सहारा लेता है। इस तरह प्रवृत्ति मार्ग में सुख-दुःख भोगता मृत्यु रूपी हाथी से डरता है। यह सांसरी जीव इस संसार में दूसरों के दुःख से दुःखी वियोग से आशंकित, आपत्ति से डरा हुआ, कभी संपत्ति पाकर खुश होता हुआ दिखता है। इस तरह विमुक्तों को छोड़कर, नवजातों को साथ लेकर यह भटकता है और परमात्मा के समीप नहीं पहुंच पाता।

जीव की इस कष्टमय यात्रा की समाप्ति केवल निवृत्ति मार्ग से सम्भव हो सकती है। यज्ञ त्याग करने और युद्ध में वीर गति पाने से स्वर्ग मिलता है। यह ध्यान देने की बात है कि पुण्यकर्म बेल के समान हैं। जिसके सहारे से कुछ समय के लिए ही नरक से छुटकारा मिलता है। असली सुख को कर्मों के त्याग से पाया जा सकता है। भरत ऐसे ही निवृत्ति मार्गी थे। उन्होंने युवावस्था में ही स्त्री, पुत्र, राज्य, आदि का त्याग कर दिया था। उनका चरित्र सुख सुयश देने वाला मोक्ष का प्रापक है।

शुकदेवजी ने कहा कि अब मैं भरतजी के पुण्यवंश का वर्णन करता हूं। भरत के पुत्र सुमति पिता और दादा के समान शुद्ध आचरण वाले थे। उन्होंने वृद्धसेना नाम की पत्नी से देवताजीत को, देवताजीत ने देवद्युम्न को, देवद्युम्न ने परमेष्ठी को, परमेष्ठी ने प्रतीह को और प्रतीह ने पूर्तिहर्ता, प्रस्तोता, उद्धाता पुत्रों को जन्म दिया। प्रतिहर्ता ने स्तुति नामक पत्नी से अज और भूमा पुत्र उत्पन्न किए। फिर भूमा ने उद्गीथ को, उद्गीथ ने प्रस्ताव को, प्रस्ताव ने विभु को, विभु ने पृथषेण को, पृथुषेण ने नक्त को और नक्त ने गय को जन्म दिया। गय भगवान् विष्णु के ही अंश थे। उन्होंने भली प्रकार राज्य करते प्रजा का पालन किया और यज्ञों का अनुष्ठान किया जिनको भगवान् को अर्पण कर दिया।

महाराज गय ने महापुरुषों की चरण सेवा करते हुए भक्तियोग की प्राप्ति की और अनात्म भाव को त्यागकर आत्म के साक्षात्कार में ब्रह्म का अनुभव करने लगे। उनके यज्ञों के फल को भगवान् यज्ञपुरुष विष्णु ने स्वयं ग्रहण किया था। महाराज गय के चित्ररथ, सुगति और अवरोध तीन पुत्र हुए। इनके बाद चित्ररथ ने सम्राट्, सम्राट् से मरीचि और मरीचि की पत्नी बिंदुमति से बिंदुमान तथा बिंदुमान से मधु, मधु से वीरव्रत और वीरव्रत की पत्नी भोजा से मन्यु और प्रमन्यु पैदा हुए। फिर मन्यु की पत्नी सत्या ने योवन को और योवन की पत्नी दूषणा ने त्वष्टा को और त्वष्टा की पत्नी विरोचना ने विरज को और विरज ने सतजित आदि सौ पुत्र और एक कन्या को पैदा किया। विरज भगवान् विष्णु की तरह कुल की श्री को बढ़ाने वाले थे।

यह सुनकर राजा परीक्षित ने पूछा कि हे भगवन् आपने मुझे पहले सात लोकों में बने सात समुद्र और फिर उनके आधार से सात द्वीपों का विभाग बताया था। अब मुझे आप इन द्वीपों का परिमाण सहित विस्तृत विवरण बताने की कृपा करें। इसके बाद शुकदेवजी सारे द्वीपों का वर्णन करने को प्रस्तुत हुए। उन्होंने कहा कि हम जम्बू द्वीप में रहते हैं। यह द्वीप भूमण्डल रूप कमल के

कोश स्थानीय सात द्वीपों में सबसे भीतर का कोश है। यह एक कमलपत्र के समान गोलाकार है और एक लाख योजन विस्तृत है। नौ-नौ हजार योजन वाले नौ खण्ड इसके मध्य में स्थित हैं, जो आठ पर्वतों के कारण एक-दूसरे से पृथक हैं। इन नौ खण्डों से पृथक और इन सबके मध्य इलावृत्त खण्ड है जिसमें सुवर्णमय सुमेरु पर्वत है, जिसका शिखर बत्तीस हजार योजन उन्नत, तलहटी सोलह हजार योजन और भूमिगत गहराई सोलह हजार योजन तथा विस्तार चौरासी हजार योजन है। इलावृत्त खण्ड के तीन नील, श्वेत और श्रृंगवान पर्वत हैं जो पूर्व से पश्चिम में खारे पानी के समुद्र तक फैले हुए हैं। इलावृत्त के दक्षिण की ओर निषध, हेमकूट और हिमालय नामक तीन पर्वत हैं। इनकी ऊंचाई दस-दस सहस्र योजन ओर स्थूलता (विस्तार) एक सहस्र योजन है। इलावृत्त के पूर्व और पश्चिम की ओर उत्तर में नील पर्वत तक और दक्षिण में निषध पर्वत तक फैले हुए गंधमादन और माल्यवान नामक दो पर्वत हैं, जिनकी ऊंचाई दो-दो सहस्र योजन है। इसके अतिरिक्त मंदर, मेरुमंदर, सुपार्श्व और कुमुद–ये चार दस-दस सहस्र योजन ऊंचे और उतने ही चौड़े पर्वत मेरु पर्वत की आधारभूत धूनियों के समान उसे सहारा देने के लिए बने हुए हैं। इन चारों पर्वतों पर आम, जामुन और कदम्ब के वृक्ष, दूध, मधु, इक्षु, रस और जल के चार सरोवर तथा नंदन, चैत्ररथ, वैभ्राजक और सर्वतोभद्र नामक चार दिव्य उपवन हैं। मंदराचल की क्रोड़ में स्थित आम्र वृक्ष के स्वादिष्ट फलों के फूटने से निकले मधुर रस से अरुणोदा नदी, जामुन के फलों से निकले रस से जम्बू नदी, सुपार्श्व पर्वत स्थित कदम्ब वृक्ष से कोटरों से मधु की पांच धाराएं तथा कुमुद पर्वत स्थित वट वृक्ष की जटाओं से अनेक नद निकलते हैं। इन सभी नदी-नदों का जल अत्यंत सुवासित, जराव्याधि विनाशक तथा कान्तिवर्धक है। कमल-कर्णिका के चारों ओर केसर के समान मेरु के मूलदेश में उनके चारों और कुरंग, कुरर, कुसुम्भ, नारद आदि बीस पर्वत हैं। मेरु के पूर्व की ओर अठारह सहस्र योजन लम्बे तथा दो सहस्र योजन चौड़े और ऊंचे जठर और देवकूट, पश्चिम की ओर पवन और परियात्र, दक्षिण की ओर कैलास और करवीर तथा उत्तर की ओर त्रिश्रृंग और मेरु नामक पर्वत है। इन आठ पर्वतों पर इन्द्रादि आठ लोकपालों की पुरिया हैं और मेरु पर स्वयं ब्रह्माजी की चौरस तथा एक करोड़ योजन विस्तार वाली पुरी है। लोकपालों की पुरियां परिमाण में ब्रह्माजी की पुरी का चौथाई है।

इसके आगे शुकदेवजी ने कहा कि जब भगवान् विष्णु ने बलि को छलने के लिए तीन पगों से पृथ्वी नापी तो उनके पैर के अंगूठे के नाखून से ब्रह्माण्ड

कटाक्ष का ऊपरी भाग फट गया। उसमें से निकली जल की धारा से ब्रह्माजी ने विष्णुजी के चरण धोए। चरणों की केशर से मिलकर वह धारा लाल हो गई और उसका नाम भगवत्पदी पड़ा। फिर वह ध्रुव लोक में उतरी। ध्रुव लोक में ध्रुवजी इस धारा को अपने कुल देवता का आशीर्वाद मानकर सिर पर धारण करते हैं। उसके बाद यह धारा आकाश मार्ग से उतरकर चन्द्र मण्डल को भिगोती हुई मेरु की चोटियों से होती हुई पृथ्वी पर सीता, अलकनन्दा, चक्षु और भद्रा आदि चार धाराओं में बंट जाती है। इनमें सीता ब्रह्मपुरी से चलकर गंधमादन पर होती हुई समुद्र में मिलती है और भद्रा शृंगार के समुद्र में मिलती है तथा हेमकूट पर आती है और यहां से हिमालय के शिखरों को चीरती हुई भारत में आती है। यह गंगा पाप को नष्ट करने वाली और चारों पुरुषार्थों को देने वाली है। भारत कर्मभूमि है। शेष आठ खण्ड भोगभूमि हैं। भोगभूमि में स्वर्गवासी अपने पुण्यों का फल भोगते हैं। भगवान् शंकर इलावृत्त खण्ड में रहते हैं और वहां पर पार्वती के श्राप के कारण कोई पुरुष नहीं जा सकता। इसके बाद शुकदेव ने भद्राश्व खण्ड का विवरण सुनाया। धर्म का भद्रश्वा नाम एक पुत्र था और वे सब कुल वाले विष्णु के भक्त थे। प्रह्लाद इसी कुल में थे। भद्राश्व वर्ष में भगवान् विष्णु नृसिंग और हयग्रीव रूप में पूजित होते हैं। भगवान् का प्रिय नृसिंह रूप इस कुल में भक्ति भाव से पूजा जाता है। केतुमाल वर्ष में लक्ष्मीजी को तथा प्रजापति के पुत्र और पुत्रियों को प्रसन्न करने के लिए स्वयं कामदेव के रूप में भगवान् रहते हैं। श्री लक्ष्मीजी परम समाधि के योग के द्वारा रात के समय प्रजापति की कन्याओं सहित और दिन में उनके पतियों सहित मंत्र जाप करती हुई भगवान् की आराधना करती हैं। रम्यक वर्ष में भगवान **मतस्य** रूप में पूजे जाते हैं और मनु उनके इसी रूप का ध्यान करते हुए स्तुति करते हैं।

हिरणमय वर्ष में भगवान् कच्छप रूप धारण करते हैं और अर्यमा आदि पितृगण उनके दस रूप की उपासना करते हैं। उत्तर पूर्व वर्ष में भगवान् वराह-मूर्ति धारण करते हैं और वहां के निवासी तथा पृथ्वी देवी उनके इसी रूप की उपासना करती है।

किंपुरुष खण्ड में भक्तों में श्रेष्ठ हनुमानजी भगवती सीता और राम के चरणों में समर्पित होकर उनकी उपासना करते हैं।

भारतवर्ष इन खण्डों में सातवां खण्ड है और यहां भगवान् विष्णु नर-नारायण का रूप धारण करते हैं और लोक कल्याण के लिए बद्रिकाश्रम में कल्प पर्यन्त रहते हैं। यह खण्ड सभी खण्डों में उत्तम है और यह

कर्मशीलभूमि ऋषियों की तपस्या से और धन-धान्य से युक्त है। इस खण्ड में मैनाक, त्रिकूट, ऋषभ, कूटज और कामगिरि आदि अनेक पर्वत तथा चन्द्रवासा, तुंगभद्रा, कृष्णा, गोदावरी, मंदाकिनी, यमुना, सरयू आदि चवालीस महानदियां तथा सिन्धु, शोण जैसे-पवित्र नंद हैं। इस खण्ड में मनुष्य योनि को प्राप्त जीव चाहे तो आवागमन से मुक्त होकर पुरुषार्थ चतुष्टय को पा सकता है। यहां जन्म लेकर भी विषयों में लीन होने वाला जीव तो सर्वथा भाग्यहीन ही है।

इसके बाद शुकदेवजी ने बताया कि जब सगर के साठ हजार बेटों ने घोड़ों को खोजते हुए पृथ्वी को चारों ओर से खोद डाला तो उस समय द्वीप के और भाग हो गए। इसमें स्वर्णप्रस्थ, चन्द्रशुक्ल, आवर्त्तक, रमणक, मंदहरिण, पांचजन्य, सिंहलद्वीप तथा लंका द्वीप हैं और ये सब जम्बूद्वीप ही हैं।

शुकदेवजी ने परीक्षित को प्लक्षादि अन्य छः द्वीपों का परिचय कराया। वे बोले—जम्बूद्वीप के समान ही क्षार समुद्र लक्ष्यद्वीप से घिरा हुआ है और प्लक्ष द्वीप अपने ही समान विस्तार वाले प्लक्ष वृक्ष के कारण इस द्वीप का यह नाम पड़ा। इस द्वीप के राजा प्रियव्रत पुत्र महाराज इध्मजिह्व थे। उन्होंने इसे सात भागों में बांटकर अपने पुत्रों को सौंप दिया और अपने आप अलग हो गए। यहां पर सुप्रभाता, सावित्री, अरुणा जैसी सात नदियां हैं और मणिकूट, मेघमाल जैसे सात पर्वत हैं। यहां के लोग सूर्य की उपासना करते हैं।

एक शाल्मली द्वीप जो इक्षुरस से दुगना है और चारों ओर से मदिरा के सागर से घिरा है। यहां के सेमर के पेड़ों के कारण इस द्वीप के राजा प्रियव्रत के पुत्र महाराज यक्षबहु थे। उन्होंने फिर इसके सात भाग करके अपने पुत्रों को सौंप दिया। इनमें शतश्रृंग, स्वरस आदि सात पर्वत और सरस्वती, अनुमती सात नदियां हैं। यहां के निवासी चन्द्रमा की उपास्मना करते हैं।

इसके आगे कुश द्वीप है और वह भी अपने समान विस्तार वाले घी के समुद्र से घिरा हुआ है। कुशों के झाड़ के कारण उसका यह नाम पड़ा। इस द्वीप के राजा महाराजा हिरण्यरेता थे। उन्होंने भी अपने सात पुत्रों को इसके सात भाग करके दे दिए और तप करने चले गए। यहां भी चित्रकूट और कपिल जैसे पर्वत तथा देवगर्भा रसकुल्या जैसी सात नदियां हैं। यहां के लोग अग्निदेव की उपासना करते हैं।

इसके आगे घृत समुद्र से दुगना क्रौंच द्वीप है जो दूध के समुद्र से घिरा हुआ है। क्रौंच नामक पर्वत के कारण उसका यह नाम पड़ा। इसके राजा प्रियव्रत पुत्र महाराज वृतपृष्ठ थे। उन्होंने भी इसके सात भाग करके अपने पुत्रों को दे दिया। इस द्वीप में नन्द नंदन आदि पर्वत और पवित्रवती तथा अभया

नाम की सात नदियां हैं। यहां के लोग वरुण देवता की उपासना करते हैं।

क्षीर सागर के आगे बत्तीस लाख योजन विस्तार वाला शाक द्वीप है और यह भी समुद्र से घिरा हुआ है। यह समुद्र भट्ठे का समुद्र है। इसमें शाक नामक वृक्ष के होने के कारण इसका यह नाम पड़ा। इसमें प्रियव्रत के पुत्र मेधातिथि थे। उन्होंने भी इसके सात भाग करके अपने पुत्रों को यह द्वीप दे दिया। इसमें बल, भद्र, ईशान आदि सात पर्वत और अपराजिता तथा अनघा आदि सात नदियां हैं। यहां के लोग वायु रूपी श्री हरि की उपासना करते हैं।

इस द्वीप के आगे इससे दुगना पुष्कर द्वीप है। इसमें चारों ओर मधुर जल का सागर है। इस द्वीप का यह नाम अनेक पंखुड़ियों वाले स्वर्गमय पुष्कर के कारण पड़ा। इसके बीच में दस सहस्त्र योजन ऊंचा और इतना ही विस्तृत मानसोत्तर नामक पर्वत है। इसके चारों तरफ ऊपर के भाग में इन्द्र आदि लोकपालों की नगरी है। इसके राजा नीतिहोत्र परम भागवत थे। यहां के निवासी ब्रह्माजी के उपासक हैं।

शुकदेवज़ी ने आगे कहा हे परिक्षित! इसके आगे लोकालोक नाम का एक पर्वत है जो सारे भूगोल का एक चौथाई भाग जितना है। इसका विस्तार साढ़े बारह करोड़ योजन है। लोकालोक पर्वत, सूर्य से प्रकाशित और अप्रकाशित भू-भाग के बीच होने के कारण ही इस नाम से जाना जाता है। इसके ऊपर ब्रह्माजी ने चार दिशाओं में—ऋषभ, पुष्करचूड़, वामन और अपराजित—गजराज नियुक्त किए हुए हैं जो अपने पार्षदों सहित विराजमान हैं। ब्रह्माण्ड के केन्द्र में स्वर्ग और पृथ्वी के बीच सूर्य की स्थिति है। ब्रह्माण्ड गोलक और सूर्य के बीच पच्चीस करोड़ योजन का फासला है। सूर्य के द्वारा ही आकाश, दिशा, भूलोक, द्युलोक, स्वर्गलोक तथा रसातल लोकों का विभाजन होता है।

इस भूमंडल के समान ही द्युलोक का प्रमाण है और इन दोनों के बीच अंतरिक्ष लोक है। इसके बीच में रहकर ही सूर्य तीनों लोकों को गर्मी और रोशनी देते हैं। सूर्य की गति तीन प्रकार की है—मन्द, तेज और मध्यम। उनकी मन्द गति उत्तरायण है और तीव्र गति दक्षिणायन तथा मध्यम गति विषुवत कहलाती है। सूर्य की यह गति मकर राशि पर निर्भर है और इसी से दिन और रात छोड़े-बड़े होते हैं और वृष आदि पांच राशियों के आने पर दिन बड़े और रात छोटी होती है तथा वृश्चिक आदि पांच राशियों में हाने पर दिन छोटे और रात बड़ी होती है। इस तरह दक्षिणायन शुरू होने तक दिन बढ़ते रहते हैं और उत्तरायण लगने तक रातें बढ़ती हैं।

सूर्य, मानसोत्तर पर्वत पर नौ करोड़ इक्यावन लाख योजन की परिक्रमा

करता है। उस पर्वत पर इन्द्र की नगरी मेरु के पूर्व में, यम के दक्षिण में, वरुण के पश्चिम में और सोम के उत्तर में है। इन चारों से काल और दिशा का ज्ञान होता है। मेरु पर्वत के चारों ओर ही सूर्य के उदय, मध्याह्न अस्तमान और मध्यरात्र होने का पता चलता है। सूर्य अपने उदय की दिशा में सामने ही अस्त होता है जहां वे पसीने-पसीने करके लोगों को तपाते हैं तभी यह मध्याह्न और उसके सामने मध्यरात्रि होती है। सूर्य देव इन्द्रपुरी से यमपुरी तक पन्द्रह चड़ी में सवा दो करोड़ साढ़े बारह लाख योजन में थोड़ा अधिक चलते हैं और इसी तरह वरुण तथा चन्द्रमा के नगरों को पार करते हुए इन्द्रपुरी में पहुंचते हैं। इस रूप में सूर्य रथ का चौंतीस लाख आठ सौ योजन का चक्र लगता है और यह चक्र एक मुहूर्त में पूरा होता है। संवतसर सूर्य के रथ का एक चक्र है। इसमें महीने रूपी बारह अरे हैं और ऋतु रूप छः नेमियां हैं और चतुर्मास रूप तीन नाभियां हैं। इसकी एक घुरी का सिरा मेरु शिखर पर है और दूसरा मानसोत्तर पर्वत और कोल्हू के समान घूमता पहिया मानसोत्तर पर्वत के ऊपर चक्कर लगता है।

सूर्य के रथ में छत्तीस लाख योजन लम्बा और नौ लाख योजन चौड़ा बैठने का स्थान है। इसमें अरुण ने गायत्री नाम वाले सात घोड़े जोत रखे हैं। इस तरह भगवान् सूर्य भूमंडल के नौ करोड़ इक्यावन लाख लम्बे घेरे में से दो हजार योजन की दूरी प्रत्येक क्षण में पार करते हैं।

परीक्षित ने पूछा कि सूर्य की राशियों के अभिमुख चाल से मेरु पर्वत कभी दाएं, कभी बाएं कैसे होता है? शुकदेवजी ने बताया कि जैसे कुम्हार के घूमते चाक पर बैठी चींटी की अपनी गति उससे अलग ही होती है, क्योंकि वही भिन्न-भिन्न समय में चाक के ऊपर देखी जा सकती है, इसी तरह राशियों और नक्षत्र से लक्षित काल चक्र में ध्रुव और मेरु को दाएं रखकर घूमाने वाले सूर्य आदि ग्रहों की गति ही उससे भिन्न है और इसीलिए वे भिन्न-भिन्न राशि और नक्षत्रों में दिखाई देते हैं। ग्रहों की इस चाल का निश्चय उनके भिन्न राशियों में जाने से होता है। यह सूर्य आदि पुरुष नारायण है और वे अपने काल को बारह महीने और छः ऋतुओं में यथायोग्य गुण का विधान करते हुए विभक्त करते हैं। ये सूर्य भगवान् पृथ्वी और स्वर्ग के बीच में स्थित हैं। मेष आदि राशियां उनके वर्ष के अवयव हैं। इनमें चन्द्रमा शुक्ल और कृष्ण पक्ष तथा पितृमान से एक रात और एक दिन और सौरमान से सवा दो नक्षत्र का होता है। सूर्यदेव जितने समय में संवतसर का छठा भाग भोगते हैं, वही ऋतु कहलाता है। पृथ्वी और स्वर्ग के मंडलों सहित आकाश में सूर्य के एक

चक्र को संवत्सर, परिवत्सर, इड़ात्सर और अनुवत्सर कहा जाता है। सूर्य की किरणों से एक लाख योजन ऊपर चन्द्रमा है। उसकी चाल बहुत तेज है। वह सूर्य का एक वर्ष का मार्ग एक मास में पूरा करता है। चन्द्रमा अन्नमय और अमृतमय है। चन्द्र मण्डल के तीन लाख योजन उत्तर की ओर अट्ठाईस नक्षत्र हैं। ये मेरु के दक्षिण की ओर घूमते हैं। इनके ऊपर दो लाख योजन की दूरी पर शुक्र और फिर उतनी ही दूरी पर बुध, फिर मंगल तथा फिर बृहस्पति और उतनी ही दूरी पर शनि और शनि से उतनी ही दूरी पर सप्त ऋषियों का स्थान है जो ध्रुव पद की परिक्रमा करते हैं।

शुक्र मंगलकारी है किन्तु सूर्य की गति का उल्लंघन करके उसमें आंधी, अतिवृष्टि और अनावृष्टि का भय रहता है। मंगल अशुभ ग्रह है और दुःख का सूचक है। बृहस्पति ब्राह्मणों के लिए अनुकूल है, शनि अशांतिकारक और सप्तर्षि मंगलकारी है। सप्तर्षि मण्डल से तेरह लाख योजन ऊपर ध्रुवलोक है। भगवान् विष्णु के इस परमपद में उत्तानपाद के पुत्र ध्रुवजी रहते हैं, जिनकी अग्नि, इन्द्र, प्रजापति, कश्यप और धर्म आदि आदरपूर्वक प्रदक्षिणा करते रहते हैं। प्रलय-प्रर्यन्त ये ध्रुवजी ही सबके अवलम्ब हैं। यही कालचक्र ओर नक्षत्र आदि से प्रसिद्ध ज्योतिष चक्र-मत्स्याकार होने से शिशुचक्र कहा जाता है। यही चक्र भगवान् का स्वरूप है, जिसकी पुच्छ भाग में ध्रुव, नीचे के भाग में प्रजापति, अग्नि, इन्द्र और यम स्थित हैं। इसकी पूंछ के मूल में धाता और कटिभाग में सप्तर्षि स्थित हैं। इस शिशु चक्र की दक्षिण भुजा का अभिजित से लेकर पुनर्वसु तक उत्तरायण के चौदह नक्षत्र और बायीं भुजा पर पुष्य से लेकर उत्तराषाढ़ा नक्षत्र तक चौदह दक्षिणायन नक्षत्र कल्पित हैं। इसके पृष्ठ भाग में अजबीघी, पेटकी और आकाशगंगा स्थित है। पुष्य और पुर्नवसु दायें और बायें कमर बीच में क्रम से आर्द्रा और अश्लेषा भी दायें और बायें तथा इसी प्रकार सभी यथास्थान स्थित हैं। यह भगवान् विष्णु का सर्वदेवमय रूप है, जिसका नित्य संध्या समय स्मरण और ध्यान करना चाहिए।

शुकदेवजी ने बताया कि सूर्य से दस हजार योजन नीचे राहू है। यह दैत्य भगवान् की कृपा से देवत्व प्राप्त करके नक्षत्रों की तरह घूमता है। सूर्य का तप्त मण्डल दस हजार योजन और चन्द्रमण्डल बारह हजार योजन ओर राहु का मण्डल तेरह हजार योजन विस्तृत है। राहु अपने वैर का बदला लेने के लिए तैयार रहता है। इसीलिए भगवान् विष्णु ने वहां सुदर्शन चक्र छोड़ा हुआ है। वह राहु को इस कार्य से रोकता रहता है। वह जितनी देर भी वहां रहता है, उतने समय को ही ग्रहण नाम दिया जाता है। राहु के दस सहस्त्र योजन नीचे सिद्ध,

विद्याधर और चारण आदि स्थान हैं। वही वह अंतरिक्ष लोक है। उसके नीचे वायु की गति के साथ बादल दिखाई देते हैं। यहां पर यक्ष, राक्षस, पिशाच क्रीड़ा करते रहते हैं। उससे नीचे सौ योजन की दूरी पर पृथ्वी है और श्येन और गरुड़ पक्षी उड़ सकते हैं वहीं तक इस पृथ्वी की सीमा है। पृथ्वी के नीचे एक से दस हजार योजन की दूरी तक अटल, विकल, सुतल तलातल, महातल, रसातल और पाताल लोक हैं। इन प्रत्येक लोकों की लम्बाई-चौड़ाई दस-दस सहस्त्र योजन है और ये एक प्रकार के स्वर्ग ही हैं। यहां के निवासी बुढ़ापा, कान्तिहीनता, दुर्गंध और थकान के शिकार नहीं बनते। भगवान् के सुदर्शन चक्र के अतिरिक्त और किसी भी तरह की मृत्यु नहीं हो सकती।

बलि नामक एक असुर (मय दानव का पुत्र) अतल लोक में रहता है। उसके जम्हाई लेने से पैदा हुई स्वैरिणी, कामिनी और पुंश्चली तीन स्त्रियां यहां के पुरुषों को हाटक रस पिलाकर उनमें हाथियों की-सी शक्ति उत्पन्न करती हैं और फिर उनके साथ रमण करती हैं। वितल लोक में हाटकेश्वर महादेव सृष्टि की वृद्धि के लिए भवानी के साथ विहार करते हैं। उनके तेज से हाटकी नाम की एक नदी निकलती है। इसके जल को वायु से प्रज्वलित अग्नि उत्साह से पीता है ओर उगलने से सेना उत्पन्न होता है। विरोचन के पुत्र बलि सुतल लोक रहते हैं। भगवान् ने बलि के सबकुछ दान करने के बदले, उन्हें यह ऐश्वर्य-लोक दिया है ओर स्वयं गदा लेकर उनके दरवाजे पर स्थित रहते हैं। तलातल में त्रिपुर अधिपति मय रहता है। यह स्थान महादेवजी के द्वारा सुरक्षित है। यहां पर कद्रू ने उत्पन्न अनेक शीर्ष, कुहक, तक्षक और सुषेण सांप रहते हैं। फनी नामक दैत्य और दानव भी यहीं रहते हैं। इनका देवताओं से विरोध रहता है। दैत्य सांपों के समान छिपकर रहते हैं। पाताल लोक में धनंजय, महाशंक आदि बड़े-बड़े फनों वाले नाग रहते हैं। इनमें वासुकि नाग प्रधान है।

पाताल लोक के नीचे तीन हजार योजन की दूरी पर शेष जीव विद्यमान हैं। सारा भूमंडल उनके सिर पर स्थित है। हजार मस्तकों वाले शेष, पर्वत नदी और धरती को अपने सिर पर धारण करके संसार का उपकार करते हैं।

राजा परीक्षित ने यह सब सुनकर पूछा कि अब आप मुझे यह बताने की कृपा कीजिए कि किस प्रकार के लोग ऊंची और नीची गतियों का आधार पाते हैं। शुकदेवजी बोले-हे राजन्! सात्विक, राजस और तामस कर्ता पुरुष के त्रिगुणात्मक होने के कारण उसके किये हुए कर्म की गतियां भी तीन प्रकार की होती हैं और उसी से कर्म का फल भी अलग-अलग होता है। अविद्या के वश में होकर (न करने वाले) कर्मों के कारण जीवन की नारकीय गतियां

होती हैं। सबसे पहले उन नरकों का परिचय दिया जा रहा है। ये सब नरक त्रिलोकी के अन्तराल में दक्षिण दिशा के पृथ्वी के निचले भाग के ऊपर स्थित हैं। यहां पर रहने वाले, भगवान् का एकाग्र-चित्त में ध्यान करते हैं। ये अग्निष्वात आदि पितृगण हैं। इसी दिशा में यम कर्मफल के अनुसार लोगों को दण्ड देते हैं। ये नरक इक्कीस हैं। इनके नाम इस प्रकार हैं—रौरव, तामिस्त्र, अन्धतामिस्त्र, महारौरव, कुम्भीपाक., कालसूत्र, असिपत्रवन, सूकर मुख, अन्धकूप, कृमिभोजन, सदंश, वज्रकण्टशाल्मली, तप्तसूर्मि, प्राणरोध, वैतरणी, पूयोद, विशसन, लालभक्ष, सारमैयादन, अवीचिमान् और अयःपान। कुछ विद्वान् नकरों की संख्या अट्ठाईस बताते हुए सात अन्य नरकों का भी उल्लेख इस प्रकार करते हैं—रक्षोगण भोजन, शूल प्रोत, क्षारकर्दम, दन्दशूक, अवटनिरोधन, पर्यावर्तन और सूचीमुख।

दूसरे के द्रव्य सन्तति अथवा स्त्री के अपहर्त्ता को यमदूत कालपात्र में बांध कर तामिस्त्र नरक में डालते हैं। यहां उसे अन्न जल के अभाव तथा ताड़ना से प्रपीड़ित किया जाता है। दूसरों को धोखा देकर उनके धन-स्त्री आदि का भोक्त अन्धतामिस्त्र नरक में पड़ता है। यहां वह जड़ के कटे वृक्ष के समान ही विषम वेदनाओं से संज्ञाहीन हो जाता है। स्त्री धनादि में आसक्त और अपने कहे जाने वालों को पालन-पोषण के लिए अन्यों से द्रोह करने वाला रौरव नरक में गिरता है। यहां सर्प से भी अधिक क्रूर 'रूरू' नामक जीव उसे ठीक उसी प्रकार कष्ट पहुंचाते हैं, जैसा उसने दूसरों को पहुंचाया था। किसी की चिन्ता न करके केवल अपने शरीर का ही पोषण करने वाला महारौरव नरक में जाता है। यहां कच्चा मांस खाने वाले रूरू मांस के लोभ में इसे काटते हैं। अपना पेट भरने के लिए पशु-पक्षियों की हत्या करने वाला कुम्भीपाक नरक में जाता है और वहां उसे खौलते तेल में डाला जाता है। माता-पिता, ब्राह्मण और वेद से विरोध करने वाला कालसूत्र नरक में जाता है। यहां की दस सहस्त्र योजन विस्तृत ताम्रमय भूमि से सूर्य से और नीचे से अग्नि के दाह जलती रहती है। यहां आकर ताप से सन्तप्त जीव छटपटाता और तड़पता है। अकारण वैदिक मार्ग को छोड़कर पाखण्ड का आश्रय लेने वाला असिपत्रवन में जाता है। यहां के तापवन के तलवार के समान पैने पत्तों से उसका सारा शरीर क्षत-विक्षत हो जाता है। निरपराध को दण्डित करने वाला अथवा ब्राह्मण को शरीर-दण्ड देने वाला राजा कर्मचारी सूकरमुख नरक में गिरता है और यहां कोल्हू में गन्ने के पेरने के समान ही उसके अंगों को कुचला जाता है। खटमल आदि जीवों की हिंसा करने वाला अन्धकूप नरक में गिरता है। यहां उसे रेंगने वाले जन्तु, मच्छर, खटमल, मक्खी आदि काट-काटकर विकल और विपन्न बना देते हैं।

यज्ञ योगादि किए बिना अथवा बिना बांटे अकेला खाने वाला कृमि भोजन नरक में जाकर कृमि का जीवन बिताता है और कीड़ों का भोजन बनता है। आपत्ति न होने पर भी ब्राह्मण के द्रव्य का हरण करने वाला सर्दश नरक में पड़ता है, जहां उसे लोहों के गोलों से दागा जाता है और संडासी से उसकी खाल को नोचा जाता है। अगम्य अथवा अगम्य से भोग करने वाले स्त्री-पुरुष तप्तसूर्मि नरक में पड़ते हैं, जहां तप्त लो की मूर्ति से उन्हें आलिंगन करने के रूप में असाध्य दुःख झेलना पड़ता है। पशु आदि के साथ व्याभिचार करने वाला वज्रकण्टशाल्मली नरक में जाता है, जहां उसे वज्र के समान कठोर कांटे वाला वृक्ष पर चढ़ाकर नीचे से खींचा जाता है। श्रेष्ठ कुलोत्पन्न होकर भी धर्म-मर्यादा का उच्छेदन मल-मूत्र, रक्त, पीव तथा मांस मज्जादि से भरी हुई वैतरणी नदी (नरकों की खाई) के नरक में जाता है तथा वहां के घृणित वातावरण में रहता हुआ वह जलज जीव-जन्तुओं से नोचा जाता है। शौचाचार को तिलांजलि देकर शूद्रों के साथ सम्बन्ध गांठने वाला पूयोद नरक में पड़कर विष्ठा, मूत्र, रक्त-पीप आदि खाने को विवश किया जाता है। कुत्तों, गधों को पालने वाला तथा शास्त्र विरुद्ध पशुओं का वध करने वाला ब्राह्मण प्राणरोध नरक में लाया जाकर यम के बाणों से बींधा जाता है। यज्ञों में पशु-वध करने वाला पखण्डी विशसन नरक में लाया जाकर यमदूतों से पीड़ित किया जाता है। सवर्ण-भार्या को वीर्यपान कराने वाला अर्थात् मुख-मैथुन करने वाले कामातुर द्विज को यमदूतों द्वारा लालाभक्ष नरक में डाला जाता है उन्हें वीर्य पिलाया जाता है। किसी के घर आग लगाने वाला, किसी को विषपान कराने वाला, व्यापारियों के दल को लूटने-मारने वाला, सारमैयादन नरक में पड़कर वज्र की सी दाढ़ों वाले सात सौ बीस कुत्तों द्वारा नोचा जाता है। दान, साक्ष्य और व्यापार में मिथ्याभाषी अवीचिमान् नरक में पड़ता है। वहां उसे सौ योजन ऊंचे पहाड़ से सिर के बल नीचे प्रस्तर शिलाओं पर पटका जाता है। व्रती द्विज मद्यपान करने पर अयःपान नरक में डाला जाता है, जहां आग से गलाया लोहा उनके मुंह में डाला जाता है।

अपने से श्रेष्ठों का उचित समादर न करने वाले निम्नश्रेणी के जीव को सिर के बल क्षारकर्दम नरक में गिराया जाता है। नरमेधादि द्वारा भैरव यक्ष, राक्षस आदि का पूजन करने वाला रक्षोगणभोजन नरक में पड़कर पशुओं का भोजन बनता है। वन जीवों को फुसलाकर अपने बंधन में रहने और उन्हें पीड़ित करने वाला शूलप्रोत में पड़ता है और शूलों में बींधा जाता है। अपने उग्र स्वभाव से दूसरे जीवों को पीड़ा पहुंचाने वाला दन्दशूक नरक में पड़ता है

तथा सर्पों का ग्रास बनता है। प्राणियों को अंधेरी कोठरियों में बंद करने वाला अवटनिरोधन नरक में पड़ता है तथा विषैली आग के धुएं में घुटता है। अतिथियों की अवज्ञा करने वाला गृहस्थ पर्यावर्तन नरक में पड़ता और गिद्ध, काक बटेर आदि का भोजन बनता है। धन का अभिमानी और निरन्तर धन-वृद्धि के लिए पापरत रहने वाला सूचीमुख नरक में पड़ता है, जहां उसके अंगों को वस्त्रों के समान काटा और सिया जाता है।

इस प्रकार सैकड़ों हजारों नरकों में जीव अपने कर्म के अनुसार जाता है और धर्मात्मा जीव स्वर्ग में जाता है। अपने कर्मों का फल पाने के लिए ही पुनर्जन्म लिया जाता है। लेकिन निवृत्ति मार्ग, धर्म और अधर्म से परे है। उपनिषदों में वर्णित परमात्मा का निर्गुण स्वरूप मन और बुद्धि से परे है। फिर भी स्थूल रूप का वर्णन सुनकर उस निर्गुण निराकार का थोड़ा-बहुत अनुभव किया जा सकता है।

षष्ठ स्कन्ध

पशु, पक्षी, देवता, मनुष्य की उत्पत्ति और प्रायश्चित रूप भक्ति का महत्त्व

नरक की यातनाओं के विषय में सुनकर परीक्षितजी ने कहा कि हे भगवन् ! अब मुझे इन यातनाओं से बचने का उपाय बताइए। यह सुनकर शुकदेवजी ने कहा–मन वाणी से किया गया प्रायश्चित्त ही एकमात्र पापों के नाश का आधार है। परीक्षित ने कहा–हे भगवन्! यदि प्रायश्चित्त से पाप नाश होते हैं तो प्रत्येक व्यक्ति पाप करता रहेगा और प्रायश्चित्त भी। इसके उत्तर में शुकदेवजी ने कहा कि प्रायश्चित्त द्वारा कर्म का होना नहीं छूटता और प्रायश्चित के बाद पाप-कर्म की आवृत्ति भी नहीं होनी चाहिए। भगवान् की भक्ति पाप के निवारण का सबसे बड़ा आधार है। भगवान् की भक्ति से जो विमुख होता है, उसका पाप तो प्रायश्चित से भी नहीं कटता। इस विषय में मैं आपको एक इतिहास सुनाता हूं।

पुराने समय में अजामिल नाम का एक ब्राह्मण कान्यकुब्ज देश में रहता था। उसने अपना सारा जीवन पैसा कमाने में बिता दिया। उसके दस पुत्र थे। सबसे छोटे का नाम नारायण था। अस्सी वर्ष की अवस्था में वह अपने छोटे बेटे के खेल में इतना लीन रहता था कि उसे अपनी मृत्यु की भी सुधि नहीं रही। जब यमदूत उसे लेने आए तो उसने छोटे बेटे नारायण को पुकारा। नारायण का नाम सुनते ही विष्णु के दूत वहां पहुंचे। यमदूतों ने अजामिल के कामों का उल्लेख करते हुए यह कहा कि इसे दंड देना ही उचित है। इसने कभी प्रायश्चित्त नहीं किया। इस पर ऋषियों के दूत बोले कि इसने अंतिम समय में भगवान् का नाम लिया है और यह प्रायश्चित्त से भी बढ़कर है। यह सुनकर यमदूतों ने अजामिल को मृत्यु के बंधन से मुक्त कर दिया। जब अजामिल को होश आया तो उसने भगवान् की भक्ति का प्रभाव देखा और हमेशा के लिए विष्णुजी का भक्त बन गया। भगवान् ने अपना धाम उसे प्रदान किया।

परीक्षित ने शुकदेवजी से परम पुरुष के द्वारा देवता, मनुष्य, नाग और पक्षी आदि उत्पन्न करने का विवरण पूछा। शुकदेवजी ने उत्तर दिया कि ब्रह्माजी के दसों प्रचेता नाम वाले पुत्र समुद्र से बाहर निकले तो उन्होंने सारी धरती को पेड़ों और लताओं से घिरा पाया। उन्हें अपने लिए कहीं भी मार्ग नहीं मिला। तब उन्होंने सारी वृक्ष जाति को जला डाला। तब वनस्पतियों के राजा चन्द्रमा ने उनके पास जाकर वनस्पतियों का लाभ वर्णित किया और उन्हें शांत किया और पेड़ों के अधिपति से प्रम्लोचा नामक सुंदर कन्या को प्रचेताओं को पत्नी रूप में दिखा दिया। प्रचेतागण कन्या को पाकर प्रसन्न हुए और उन्होंने उससे दक्ष को उत्पन्न किया। इन दक्ष या प्रचेतस की सन्तानों से संसार भर गया।

दक्ष ने मानसी सृष्टि पैदा की। इसमें देवता, राक्षस और मनुष्य सभी थे। लेकिन इसमें कोई बल नहीं था। तब दक्ष ने विंध्याचल पर्वत पर जाकर घोर तप किया और ईश्वर ने अनेक संतति उत्पन्न करने के सृष्टि-विस्तार भी शक्ति मांगी। विष्णुजी ने प्रकट होकर प्रजापति, पंचजन्य की कन्या असिक्नी उन्हें समर्पित की और सृष्टि विस्तार का आदेश दिया। दक्ष ने यह आदेश पाकर अपने ही समान अचार-विचार वाले दस सहस्त्र पुत्र उत्पन्न किए और फिर उन्हें भी सन्तान उत्पन्न करने के लिए कहा। पिता के आदेश पर वे नारायण तालाब के किनारे तप करने लगे। वहां नारदजी आए और उन्होंने अनुभव किया कि इन पुत्रों को प्रजा वृद्धि करने की भावना अपने पिता की आज्ञा के कारण मिली है। उन्होंने कहा कि हे हर्यश्वो! पृथ्वी का अंत देखे बिना तुम कैसे सृष्टि करोगे? तत्त्व विचार किए बिना अपने पिता की बातों को आपने ठीक तरह से नहीं समझा।

मन में यह विचार आते ही उन्होंने सृष्टि की उत्पत्ति का विचार त्यागा और तपस्या करने लगे तथा मोक्ष के रास्ते के राहगीर बन गये। दक्ष को जब यह सब कुछ पता चला तो वे बहुत दु:खी हुए। उन्होंने शवलाश्व नाम के एक हजार पुत्र उत्पन्न किए और इन सबको भी संतान उत्पत्ति का आदेश दिया लेकिन वे सब भी तप के लिए चले गए। ये भी नारदजी के निर्देश से निवृत्ति मार्ग की ओर गए। दक्ष ने नारदजी की यह बात जानकर उन्हें सारे संसार में भटकते रहने का श्राप दे दिया।

फिर ब्रह्माजी के निर्देश पर दक्ष ने साठ कन्याएं उत्पन्न की और उनमें से धर्म को दस कन्या, कश्यप को तरह कन्यायें, चंद्रमा को सत्ताईश कन्यायें, दो भूत को, दो अंगिरा को, दो कृशाश्व को और चार का ताक्ष्र्य नामधारी कश्यप से विवाह करा दिया। फिर इसके बाद धर्म की दस पत्नियों में भानु

का पुत्र देव ऋषभ और उसका पुत्र इन्द्रसेन हुआ। लम्बा का पुत्र विद्योत हुआ उसके पुत्र मेघगण हुए। कुकुंम का पुत्र संकट व उसका पुत्र कीकट हुआ और कीकट के पुत्र सम्पूर्ण दुर्गों के अभिमानी देवता हुए। जामि का पुत्र स्वर्ग और उसका पुत्र नंदी हुआ। विश्वा के पुत्र विश्वेदेव हुए। उनकी आगे कोई संतान न हुई। साध्या से साध्यागण और उनका पुत्र अर्थसिद्धि हुआ। मरुत्वत के दो पुत्र हुए–मरुत्वान् और जयंत। जयंत भगवान् वासुदेव के अंश हैं, जिन्हें लोग उपेन्द्र भी कहते हैं। मुहर्ता से मुहूर्त के अभिमानी देवता उत्पन्न हुएं। संकल्पा का पुत्र काम हुआ। आठवीं वसु नामक पत्नी से धर्म के आठ–द्रोण, प्राण, ध्रुव, अर्क, अग्नि, दोष, वस्तु और विभावसु–पुत्र उत्पन्न हुए।

द्रोण ने अभिमति से–हर्ष, शोक और भय नामक तीन पुत्र उत्पन्न किए। फिर प्राण ने ऊर्जस्वती से तीन–सह, आयु और पुरोजव–फिर ध्रुव ने धरणी ने अनेक नर अभिमानी देव पुत्र, अर्क ने वासना से वर्ष आदि पुत्र, अग्नि ने धारा से द्रविणादि तथा वृत्तिका पत्नी से स्कंदजी उत्पन्न किए। दोष ने शर्वरी से शिशुमार को जन्म दिया, वह भगवान् विष्णु का कलावतार है। वसु ने आंगरसी से शिल्पकला के अधिपति विश्वकर्मा को, विश्वकर्मा ने हवि के गर्भ से चाक्षुष मनु को और मनु ने विश्वेदेव तथा साध्यगण को जन्म दिया। विभावसु और ऊषा से तीन–व्युष्ट, रौचित और आतप पुत्र तथा आतप से पंचयाम (दिवस) पुत्र उत्पन्न हुए।

भूत की पहली पत्नी सरूपा से करोड़ों रुद्रगण उत्पन्न हुए। इनमें ग्यारह–रैवत, अज, भव, भीम, वाम, उग्र, वृषा, कपि, अजैकपाद, अहिर्बुध्न्य बहुरूप और महान्–प्रधान हैं। भूत की दूसरी पत्नी भूता ने भयंकर भूत और विनायक आदि को जन्म दिया। अंगिरा की प्रथम पत्नी सती ने अथर्वांगिरस वेद को ही पुत्ररूप में अपना लिया। कृशाश्व की प्रथम पत्नी अर्चि से धूम्रकेश और दूसरी पत्नी घिषणा से चार पुत्र–वेदशिरा, देवल, वयुन और मनु पैदा हुए। तार्क्ष्य की एक पत्नी पतंगी से पतंगों का, अन्य पत्नी यामिनी से शलभों का, विनता नामक पत्नी से गरुड़ और अरुण का तथा कद्रू नामक पत्नी से अनेक नागों का जन्म हुआ।

कृत्तिका आदि सत्ताईस नक्षत्राभिमानी देवियां चंद्रमा की पत्नियां हैं। दक्ष से प्राप्त क्षय रोग के शाप के कारण चंद्रमा की इनसे कोई संतान नहीं हुई।

कश्यप की तेरह पत्नियों के नाम हैं– अदिति, दिति, दनु, काष्ठा, अरिष्टा, सुरसा, इला, मुनि, क्रोधवशा, ताम्रा, सुरभि, सरमा और तिमि। इनमें तिमि के पुत्र हैं–जलचर, जन्तु, सरमा के पुत्र हैं–बाघ आदि हिंसक जीव,

सुरभि के पुत्र हैं–भैंस, गाय आदि दो खुरों वाले जन्तु, ताम्रा की सन्तान हैं–बाज, गीध आदि शिकारी पक्षी, मुनि की सन्तति है–अप्सराएं, क्रोधवशा के पुत्र हैं–सांप, बिच्छू आदि विषैले जन्तु, इला की सन्तति हैं–वृक्ष-लतादि वनस्पतियां, सुरसा से यातुधान, अरिष्टा से गन्धर्व, काष्ठा से एक खुर वाले अश्वादि पशु और मुनि के इकसठ दानव पुत्र उत्पन्न हुए। इन दानवों में प्रमुख थे–विमूर्धा, शम्बर, अरिष्ठ, हयग्रीव, विभावतु, अयोमुख, शंकुशिरा, स्वर्भानु, कपिल, अरुण, पुलोभा, वृषपर्वा, एकचक्र, अनुतापन, धूम्रकेश, विरूपाक्ष, विप्रचित्ति और दुर्जय आदि। स्वर्भानु की पुत्री सुप्रभा से नमुचि ने वृषपर्वा की पुत्री शर्मिष्ठा से महाबली नहुषनन्दन ययाति ने विवाह किया। मनु के पुत्र वैश्वानर की चार–उपदानवी का हिरण्याक्ष से, हयशिरा का ऋतु से तथा पुलोमा और कालका का कश्यप से विवाह हुआ। कश्यप ने इन दानवियों से साठ हजार निवात कवच नाम से विख्यात रणवीरों को जन्म दिया। यज्ञ में विघ्नकारक इन दानवों को अर्जुन ने इन्द्र की खुशी हेतु मार डाला। विप्रचित्ति ने सिंहिका ने एक सौ-एक पुत्रों को जन्म दिया। इनमें एक ज्येष्ठ का नाम राहु और सौ का नाम केतु पड़ा।

अदिति के वंश में देवाधिदेव नारायण के अंश से बारह–विवस्वान्, अर्यमा, पूषा, त्वष्टा, सविता, भग, धाता, विधाता, मित्र, इन्द्र और त्रिविक्रम–पुत्र उत्पन्न हुए। इनमें विवस्वान् ने महाभाग्यशाली संज्ञा से श्राद्धदेव मनु तथा यम-यमी को उत्पन्न किया। संज्ञा ने ही घोड़ी का रूप धारण कर सूर्य के द्वारा अश्विनीकुमारों को जन्म दिया। छाया नामक दूसरी पत्नी से विवस्वान् ने शनैश्चर और सावर्णि मनु नामक दो पुत्रों तथा तपती नामक एक कन्या को उत्पन्न किया। तपती ने संवरण से विवाह किया। अर्यमा ने मातृका के गर्भ से चर्षनी पुत्रों को उत्पन्न किया जिन्होंने वर्णादि की व्यवस्था की। पूषा की कोई सन्तति नहीं हुई। त्वष्टा के रचना के गर्भ से दो–संनिवेश और पराक्रमी विश्वरूप–पुत्र उत्पन्न हुए। बृहस्पति द्वारा पौरोहित्य छोड़ देने पर देवों ने इन्हीं विश्वरूप को अपना पुरोहित बनाया था।

परीक्षित के पूछने पर कि देवताओं ने ऐसा कौन-सा अपराध किया था, जिससे रुष्ट होकर बृहस्पति ने अपने शिष्यों का परित्याग किया? शुकदेवजी बोले–एक समय त्रिलोकी के ऐश्वर्य से मदोन्मत्त इन्द्र-इन्द्राणी के साथ अपनी सभा में उच्च सिंहासन पर बैठा था। देवगुरु बृहस्पतिजी उस सभा में आए परन्तु इन्द्र ने उनके सम्मान-पूजन आदि की कोई चिंता नहीं की। अपने को अपमानित अनुभव करते हुए बृहस्पतिजी इन्द्र को मदोन्मत्त जानकर चुपचाप

वापस चले गए। इन्द्र को जब गुरुजी के क्रोध का पता लगा तो वह अपने अपराध के लिए आत्मनिंदा करने लगा तथा बृहस्पति की सेवा में उपस्थित होकर उनके चरणों में गिरकर क्षमा-प्रार्थना की योजना बनाने लगा। इधर बृहस्पतिजी अपनी माया शक्ति से अंतर्हित हो गए। फलतः प्रयत्न करने पर भी इन्द्र उन्हें न ढूंढ़ सका। इधर आततायी दैत्यों ने, इस काण्ड का पता चलते ही अपने गुरु शुक्राचार्य की अनुमति से, देवों पर आक्रमण करके उन्हें क्षत-विक्षत एवं असहाय बना दिया।

सभी देवता इन्द्र के साथ ब्रह्माजी के पास गए। ब्रह्माजी ने ऐश्वर्योन्मत्त होकर जितेन्द्रिय और ज्ञानी ब्राह्मण का सत्कार न करने के लिए इन्द्र को भला बुरा कहा और उसी का परिणाम उनकी इस दुर्गति को बताया। इसके पश्चात् ब्रह्माजी ने देवों को त्वष्टा के पुत्र विश्वरूप के पास जांकर असुरों से उनके मैत्री सम्बन्ध को विच्छिन्न कराने तथा उन्हें अपना सहायक बनाने का परामर्श दिया। देवताओं ने विश्वरूप के पास जाकर उनसे अपने योगबल द्वारा देवों के कष्ट दूर करने का विनम्र अनुरोध किया। विश्वरूप ने कहा कि मैं तो आयु में आपके पुत्र के समान हूं। मैं आपका गुरु कैसे बन सकता हूं। इस पर इन्द्र ने कहा—महाभाग! आयु ही बड़प्पन का आधार नहीं है। आप वेदज्ञ हैं। अतः हमारे पुरोहित गुरु बनकर हमारा मार्ग-प्रदर्शन कीजिए, जिससे हम आपके तेज से शत्रुओं पर विजय पा सकें।

विश्वरूप ने देवों का अनुरोध स्वीकार कर लिया और अपनी वैष्णवी विद्या के योग से राज्यश्री दैत्यों से छीनकर देवों को लौटा दी। विश्वरूप ने ही इन्द्र को असुर सेना पर विजय दिलाने वाली विद्या का ज्ञान कराया था।

महात्मा विश्वरूप के तीन मुख थे। एक से दूध का, दूसरे से मदिरा का, और तीसरे से भोजन का उपभोग करता था। उसके पिता के पक्ष में देवता और माता के पक्ष में दैत्य थे। वह दोनों को उनका भाग देता था। लेकिन इन्द्र इससे प्रसन्न नहीं थे और उस पर सन्देह करते थे। एक बार इन्द्र ने विश्वदेव के सिर काट डाले और उसके तीनों सिर क्रम से पपीहा, गौरय्या और तीतर हो गए। इन्द्र पर ब्रह्महत्या का दोष लगाया गया। जिस दोष को पृथ्वी, दूध, वृक्ष और स्त्रियों में बांट लिया और इसी कारण जमीन ऊसर, दूध में झाग, वृक्षों में गोंद और स्त्रियों में प्रतिमास रजस्वला होने की वृत्ति बढ़ी।

इन्द्र के द्वारा अपने पुत्र के वध का समाचार जब त्वष्टा को मिला तो उसने इन्द्र के वध की कामना से आग में आहुति दी जिससे एक दैत्य उत्पन्न हुआ। उसका नाम वृत्रासुर पड़ा। उसके पैदा होते ही चारों तरफ भयंकर उत्पात

होने लगे। उसने देवताओं को तंग किया। देवताओं ने भगवान् विष्णु से उसके विनाश की प्रार्थना की। तब भगवान् ने उनको कहा कि ऋषि दधीचि की अस्थियों से विश्वकर्मा के द्वारा तैयार किए गए वज्र से इन्द्र इस राक्षस को मार सकेगा। जब इन्द्र दधीचि के पास गए तो उन्होंने परोपकार के लिए अपना शरीर त्याग दिया। उनकी अस्थियों ने निर्मित वज्र से वृत्रासुर का वध कर दिया। वत्रासुर का वध करके उसे ब्रह्महत्या का भागी होना पड़ा। ब्रह्महत्या वृद्ध और रोगी चांडालनी के वेश में इन्द्र को मारने आई। इन्द्र दिशाओं में भागने लगे और फिर मानसरोवर में कमल नाल के पीछे छिपे रहे। इन एक हजार वर्षों में नहुष ने स्वर्ग पर राज्य चलाया। वह ऐश्वर्य-उन्मत्त हो गया और उसने इन्द्राणी को भी अपने वश में करना चाहा। लेकिन इस प्रयास में उसे सांप के रूप में तिर्यक योनि में जाना पड़ा। भगवान् विष्णु का नाम जपने से इन्द्र का पाप दूर हुआ और फिर एक अश्वमेध यज्ञ करके वह पूरी तरह पापहीन हो गया।

इसके बाद परीक्षितजी ने पूछा कि वृत्रासुर की बुद्ध भगवान् श्रीकृष्ण को कैसे समर्पित हुई? इसके उत्तर में शुकदेवजी ने वह इतिहास जो उन्हें नारद और व्यासजी ने पता चला वर्णित किया। शूरसेन देश में एक चित्रकेतु नाम का राजा रहता था। एक करोड़ स्त्रियां होने पर भी उसके कोई संतान नहीं थी। एक बार उसके यहां अंगिरा ऋषि आए। उनका आदर-सत्कार करने के बाद और उनके द्वारा पूछने पर राजा ने कहा कि मैं नि:संतान होने के कारण अपने पूर्वजों सहित नर्कगामी हो जाऊंगा। मुझे सन्तान का वरदान दीजिए, चित्रकेतु की प्रार्थना पर अंगिरा ने त्वष्टा के लिए चरु बनाकर यज्ञ किया। और यज्ञ शेष राजा की पटरानी कृतद्युति को खाने के लिए दिया। समय पर रानी से एक पुत्र उत्पन्न हुआ और दोनों पति-पत्नी अपने उस पुत्र में निमग्न हो गए। इससे जलकर और रानियों ने उस पुत्र को विष दे दिया जिससे राजा-रानी बहुत दु:खी हुए। वहां पर फिर नारद और अंगिरा आए। उन्होंने कहा कि हे राजन्! इस काल के कारण देहधारी मिलते हैं और बिछुड़ते हैं। हम सब लोग तुम और ये पत्नियां और मरा हुआ बच्चा न पहले जन्म में थे और न आगे होंगे। यह सब माया का प्रपंच है। सारी सृष्टि में एक ईश्वर ही स्वतंत्र है। वही सत्य है ओर सबका पालन तथा नाश करता है। अत: उनको शोक नहीं करना चाहिए। राजा ने उन महात्माओं का परिचय पूछा तब अंगिरा और नारदजी ने अपना परिचय दिया। अंगिराजी ने यह भी कहा कि मैं पहले भी यह उपदेश देने के लिए आया था लेकिन पुत्र प्राप्ति के लिए तुम्हारी प्रबल इच्छा जानकर पुत्र का वरदान दिया था। अब तुमने पुत्र पाने का सुख और दु:ख देख लिया। अत:

संसार में सुखों में बहुत ज्यादा प्रवृत्ति नहीं होनी चाहिए। उसके बाद नारदजी ने अंगिराजी के कथन का समर्थन किया और उनके मृत पुत्र को जीवित कर दिया। मृत बालक पुन: जीवित होने के बाद पूर्व जन्म का वृत्तान्त बताकर अदृश्य हो गया। विष देने वाली रानियों को अपने काम पर पश्चात्ताप हो रहा था। फिर सारा राजकुल शोक से मुक्त हो गया।

चित्रकेतु ने फिर लाखों वर्षों तक विष्णु भक्ति का प्रचार किया। एक बार वह एक ऐसे स्थान पर पहुंचा जहां सिद्ध महात्माओं की सभा लगी हुई थी और उसमें शिवजी पार्वती को हृदय से लगाए हुए विराजमान थे। यह दृश्य देखकर चित्रकेतु ने कहा कि जटाजूटधारी के लिए स्त्री का संसर्ग अनुचित है और उसने शिवजी को भला-बुरा कहा। वीतराग शिव तो उसकी बातें सुनकर शान्त रहे और अन्य रोगी भी चुप रहे लेकिन पार्वतजी से नहीं रहा गया। उन्होंने चित्रकेतु को असुर योनि में जाने का श्राप दे डाला। चित्रकेतु ने श्राप को स्वीकार किया और पार्वती को प्रणाम करके चुपचाप वहां से चला आया। यही चित्रकेतु पार्वतीजी के श्राप से वृत्रासुर के रूप में उत्पन्न हुआ।

शुकदेवजी ने कहा कि दिति ने सबसे पहले हिरण्यकशिपु और हिरण्याक्ष पुत्रों को उत्पन्न किया। हिरण्यकशिपु ने दानव जन्म की जितेन्द्रिय कन्या कयाधू से चार संल्हाद, अनुल्हाद, ल्हाद और प्रह्लाद पुत्रों को और एक पुत्री सिंहिका (इसे अमृत पीते देख भगवान् ने इसका सिर काट दिया था) को जन्म दिया। संल्हाद ने कृति से पंचजन को, अनुह्लाद ने सूर्मि से वाष्क्ल और महिष नामक दो पुत्रों को, ह्लाद ने घमनि से वातापि और इल्वल नामक दो पुत्रों को और प्रह्लाद ने विरोचन को उत्पन्न किया। विरोचन ने अपनी पत्नी देवी के गर्भ से बलि को और बलि ने अश्वा से सौ पुत्रों को उत्पन्न किया। इन सौ पुत्रों में बाण शिवजी का परम भक्त तथा श्रेष्ठ बालक था। इसके उपरान्त दिति ने उन्नचास मरुद्गणों को उत्पन्न किया, जिनकी सन्तति न होने से उन्हें देवत्व प्रदान कर इन्द्र ने अपने पक्ष में मिला लिया।

इसके बाद शुकदेवजी ने बताया कि किस तरह मरुद्गणों को देवत्व प्रदान हुआ और वे कैसे इन्द्र के पक्ष में हुए। पुत्र शोक से व्याकुल दिति ने अपनी सेवा में कश्यपजी को प्रसन्न कर लिया और उनसे गर्भवती होने पर ऐसे पुत्र की मांग की जो अखण्ड ब्रह्मचारी हो और किसी के द्वारा बध्य न हो। कश्यपजी ने उन्हें साधना के आवश्यक नियम बताए और कहा कि इन नियमों का पालन करने से तुम्हें अभीष्ट पुत्र की प्राप्ति होगी। जब इन्द्र को यह पता चला तो वह बेचैन हो गया और अपनी मौसी दिति के पास रहने लगा। वहां

एक दिन व्रत से थकी हुई दिति झूठे मुंह से ही सो गई। तब अवसरवादी इन्द्र ने दिति के गर्भ के सात टुकड़े किए और एक-एक खण्ड के सात-सात खण्ड कर दिए। गर्भ खण्डों ने उन्हें अपने को न मारने की प्रार्थना की तो इन्द्र ने उन्हें निर्भय ओर सुरक्षित कर दिया। यही उन्नचास मरुत कहलाए और पचासवां इन्द्र।

सप्तम स्कन्ध

राजा परीक्षित ने दिति के पुत्रों की हत्या के विषय में पूछा कि भगवान् विष्णु ने इन्द्र के प्रयोजन के लिए ऐसा क्यों किया? तब शुकदेवजी ने इस विषय में पहले काल का युधिष्ठिर और नारद का संवाद कह सुनाया। युधिष्ठिर ने पूछा कि भगवान् की एक बार निन्दा करने से राजा बेन को यातना झेलनी पड़ी लेकिन शिशुपाल ने भगवान् कृष्ण को अपमानित करते हुए अनेक गालियां दीं फिर भी उसे मुनियों के लिए दुर्लभ मोक्ष कैसे मिला? इसके उत्तर में नारदजी बोले कि आत्मा एक है। वही परमात्मा है और उसके सामने निन्दा तथा स्तुति समान है। आत्मा मैं द्वैत के लिए कोई स्थान नहीं है और भगवान् मित्र और शत्रु के रूप में फल नहीं देते। भक्ति चाहे चित्र रूप में हो और चाहे शत्रु रूप में, फलवती होती है। शिशुपाल का शत्रु-भाव, गोपियों का पति-भाव और पांडवों का मित्र-भाव सबको उत्तम गति दिलाने वाला हुआ।

युधिष्ठिर ने फिर प्रश्न किया कि संसार में इस बात का विश्वास हमें नहीं होता कि भगवान् का भक्त गिर सकता है। अत: हमें यह समझाइए कि किस तरह भगवान् विष्णु के अनुचरों को देह रूप मिला, क्योंकि वे प्रकृति, शरीर और इंद्रिय आदि से अतीत में भगवान् के अनुचर थे। इसका उत्तर देते हुए नारदजी ने बताया कि एक बार सनत आदि ऋषि बैकुण्ठ में गए। तब वे पांच वर्ष के प्रतीत हो रहे थे और द्वारपालों के द्वारा पहचाने नहीं गए। द्वारपालों ने उन्हें रोक दिया। तब उन्होंने क्रोधित होकर उन्हें दैत्य की योनि में जन्म लेने का श्राप दिया। फिर उनकी प्रार्थना करने पर फिर से विष्णुलोक में लौट आने की बात कही। उन दोनों का एक जन्म में हिरण्यकशिपु और हिरण्याक्ष के रूप में और दूसरे जन्म में रावण और कुम्भकरण के रूप में और तीसरे में शिशुपाल और दन्तवक्र के रूप में प्रादुर्भाव हुआ। इन तीनों जन्मों में क्रमश: वराह रूप भगवान् तथा नृसिंह रूप भगवान् और फिर राम रूप भगवान् अन्तत: कृष्ण रूप भगवान् के द्वारा मारे जाकर वे अपने विष्णुलोक चले गए। इसके बाद हिरण्यकशिपु और प्रह्लाद की शत्रुता के विषय में युधिष्ठिर ने पूछा तो नारदजी ने बताया कि अपने भाई हिरण्याक्ष को मरा हुआ जानकर हिरण्यकशिपु बहुत

दु:खी हुआ। वह विष्णु से शत्रुता करने लगा। उसने अपने दैत्य बन्धुओं को ब्राह्मणों को पीड़ित करने का कार्य सौंप दिया और उनके यज्ञों को नष्ट करने का आदेश दिया। इसके साथ ही उसने विष्णु को अपने शूल से मारकर भाई का बदला लेने का विचार भी किया। दैत्यों ने अपने स्वामी की आज्ञा का पालन किया और दूसरी ओर हिरण्यकशिपु ने अपनी माता दिति तथा अपने मृत भाई की पत्नी के पास आकर उन्हें ढाढ़स बंधाया और उनके पुत्रों को धैर्य बंधाया। हिरण्यकशिपु ने स्वयं उन्हें एक कहानी सुनाई। उशीनर वेश राजा सुयज्य अपने शत्रुओं द्वारा मार डाला गया और जब उसका शव दाह-कर्म के लिए ले जाया जाने लगता तो उसकी रानियां बहुत रोने लगीं और उस शव को उन्होंने रोक दिया। रात में यमराज बालक का वेष धारण करके आए और उन सबसे कहा कि एक दिन तो सबको मरना है। मृत्यु से कोई नहीं बच सकता। ये पंच महाभूतों का शरीर बनता-बिगड़ता रहता है। आत्मा अजर और अजन्मा है। मुख्य प्राण है और वही नित्य है—इस कथन से परिवार के लोगों का ज्ञान जागा और उन्होंने राजा का दाह-कर्म किया।

नारदजी ने कहा कि हिरण्यकशिपु के द्वारा सुनाए गए इस आख्यान को सुनकर उन लोगों का शोक जाता रहा और वह स्वयं अजर और अमर होने के लिए मंदराचल पर्वत पर जाकर तप करने लगा। उसने अन्न-जल छोड़कर मन को एकाग्र किया। ब्रह्माजी उनकी तपस्या से बहुत प्रसन्न हुए और उन्होंने उसे वरदान मांगने के लिए कहा। हिरण्यकशिपु ने उनसे यह वरदान मांगा कि आपके रचे प्राणियों से मेरी मृत्यु न हो। मेरी मृत्यु न भवन के भीतर हो और न बाहर, न पृथ्वी परं हो और न आकाश में हो। न मुझे कोई मनुष्य और न कोई प्राणरहित, न कोई देवता और न कोई दैत्य तथा न कोई पक्षी और न ही कोई विकराल सर्प मार सके। युद्ध में कोई मेरा सामना न कर सके। संसार के सभी ऐश्वर्य मुझे अकेले को ही प्राप्त हों। ब्रह्माजी 'तथास्तु' कहकर चले गए।

इस वरदान से हिरण्यकशिपु बहुत शक्तिशाली हो गया और विष्णु की खोज करने लगा। उसने सब देवताओं को जीतकर अपने वश में कर लिया। इन्द्र को जीतकर उस पर भी अधिकार कर लिया। उससे डरकर प्रजा उसको यज्ञ का भाग देने लगी। फिर भी वह ऐश्वर्यों के उपभोग से तृप्त नहीं होता था। उसका राज्य दिन-पर-दिन कठोर होता जाता था। लोकपालों ने भगवान् विष्णु की शरण ली और भगवान् ने अपने भक्त से हिरण्यकशिपु के वैर और उनके नाश की बात कही, तब देवता अपने धाम लौट गए।

हिरण्यकशिपु के पुत्रों में प्रह्लाद विष्णु भक्त था। वह परमात्म चिन्तन में

लीन रहता था। उसके पिता को उसकी विष्णु-भक्ति नहीं भाती थी। अत: वह उससे भी वैर करने लगा। हिरण्यकशिपु की सभा में शुक्राचार्य के दो पुत्र षण्ड और मर्क भी अपने पिता के साथ जाते थे। उन पर प्रह्लाद की शिक्षा का दायित्व था। दैत्यों ने बच्चे जहां राक्षसी शिक्षा पाते थे, वहां प्रह्लाद विष्णु का भजन किया करता था। जब राजा को यह पता चला तो उसने इसका विरोध किया और प्रेमपूर्वक अपने पुत्र को समझाया लेकिन प्रह्लाद अपने रास्ते से नहीं हटा। एक दिन राजा ने उसे पाठ सुनाने के लिए कहा तो प्रह्लाद ने श्रवण, कीर्तन, स्मरण, सेवा, पूजा, समर्पण, श्रद्धा विश्वास और रक्षा–विष्णु भक्ति के नौ मार्गों की बात कही। इस पर राजा क्रोधित हो गया और फिर वहां सब पर क्रोध करते हुए उसने प्रह्लाद के गुरुओं को भी अपशब्द कहे। तब शुक्राचार्य ने कहा कि हमने प्रह्लाद को यह शिक्षा नहीं दी है लेकिन इसकी बुद्धि ही ऐसी है। इस पर राजा ने यह पूछा कि प्रह्लाद ने यह शिक्षा कहां से पाई? इसके उत्तर में उसने पिता को इस मोक्षदायिनी शिक्षा को अपनाने का अनुरोध किया। यह सुनकर राजा जल-भुन गया और उसने अपने पुत्र को ही कुल-कलंक और अपना शत्रु मानकर अपने अनुचरों को उसकी हत्या करने का आदेश दिया। हाथी के पैरों से कुचलवाना, सांपों से कटवाना, अग्नि में जलवाना, जल में फिकवाना और विष दिलवाना आदि सारे उपाय किए पर प्रह्लाद नहीं मरा। इस पर राजा को और भी चिन्ता हुई। तब षण्ड और मर्क ने कहा कि इसे वरुण पाश में बांध दें। तब यह नहीं भाग पाएगा। राजा ने उन्हें फिर से उसे दुबारा शिक्षा देने का आदेश दिया। लेकिन प्रह्लाद पाठशाला में दूसरे बालकों को भी विष्णु-भक्त की शिक्षा देने लगा। उसने अपने साथियों से कहा कि साथियों! आप पापमूलक दैत्य कर्म को छोड़कर भगवान् विष्णु के चरणों में भक्ति करो और जीवों पर दया तथा उपकार करना सीखो। अपने आपको भगवान् के प्रति समर्पित कर दो। भगवान् सबका कल्याण करेंगे। यह ज्ञान मुझे नारदजी ने दिया और मैंने आपको प्रकाशित कर दिया।

नारदजी का नाम सुनकर दैत्य बालकों को प्रह्लाद ने उनके सम्बन्ध का संशय हुआ और उन्होंने पूछा कि यह ज्ञान नारद के द्वारा कैसे दिया गया? तब प्रह्लाद ने कहा कि जब मेरे पिता मंदराचल पर्वत पर तपस्या कर रहे थे तो देवराज इन्द्र ने हमारे नगर को नष्ट करके दैत्यवंश का उच्छेद कर दिया। उसने राजभवन लूटा और फिर जब वह मेरी माता को अमरावती ले जाने लगा तो रास्ते में नारदजी से उनकी भेंट हुई। नारदजी ने सब कुछ जानकर पति में अनुरक्त और गर्भवती स्त्री को बन्दी बनाने के कर्म को अनुचित बताया और कहा कि इस देवी के

गर्भ से परम भागवत् विष्णु का भक्त पैदा होगा। यह सुनकर इन्द्र ने मेरी माताजी को नारदजी को सौंप दिया और नारदजी ने उसे आदरपूर्वक आश्रम में ला उसके रहने की व्यवस्था कर दी। बाद में मुझे यह उपदेश सुनाया गया।

प्रह्लाद की बातें सुनकर भी सभी बालक ज्ञानवान हो गए और विष्णु की भक्ति करने लगे। जब शुक्राचार्य ने यह सारा वृत्तांत राजा को सुनाया तो राजा ने प्रह्लाद को बुलाकर मृत्यु-दण्ड की धमकी दी। प्रह्लाद ने अब फिर से अपने पिता से अनुरोध किया कि वह असुरता छोड़कर भगवान् की भक्ति करे। तब राजा ने पूछा कि तू, किसके बल पर यह सब कुछ कर रहा है। यह खंभा है, यदि भगवान् सर्वव्यापक है तो इस खंभे में क्यों नहीं? ज्यों ही हिरण्यकशिपु ने खंभे पर अपना हाथ मारा, त्योंही एक गंभीर भयानक स्वर हुआ जिससे सारे भूमंडल पर त्राहि-त्राहि मच गई पर राजा को कुछ भी दिखाई नहीं दिया। किन्तु प्रह्लाद शांत भाव से विष्णु का गुणगान करने लगा। यह देखकर हिरण्यकशिपु खड्ग उठाकर जैसे ही प्रह्लाद का सिर काटने के लिए तैयार हुआ वैसे ही भगवान् विष्णु नृसिंह के रूप में प्रकट हुए। यह देखकर राजा ने सोचा कि विष्णु ही इस रूप में मेरा वध करने आए हैं। अत: वह उन्हें मारने दौड़ा। उसने उनसे तलवार तथा ढाल से युद्ध करना शुरू कर दिया। उसने फिर नृसिंह जी पर गदा से प्रहार किया। तब नृसिंह ने उसे इस तरह पकड़ लिया कि वह छूट नहीं पाया और उसे पकड़ते हुए ही वे उसके सिंहासन पर जाकर बैठ गए और उसे अपनी जांघों पर लिटाकर तीखे नाखूनों से उसका हृदय फाड़ डाला। नृसिंह भगवान् का रूप इतना भयानक था कि कोई भी नहीं बोला। जब देवताओं को यह समाचार मिला तो वे हर्ष में डूब गए। भगवान् पर पुष्पवर्षा की तथा उनकी स्तुति की।

ब्रह्माजी के कहने पर प्रह्लाद नृसिंह भगवान् के चरणों में झुका और उनकी स्तुति की। भगवान् ने भी उस बालक को गोदी में उठाकर अभयदान दिया। फिर उसने उनकी इस प्रकार स्तुति की—हे प्रभु! आप भक्ति-प्रेमी हैं और आप भक्ति के सामने धन, कुल, तप, विद्या और बल-पौरुष आदि किसी को भी महत्त्व नहीं देते हैं। आप साधुओं और सज्जनों की रक्षा के लिए ही अवतार लेते हैं। इस समय आपने नृसिंह रूप में अवतार से मेरे पिता का वध करके देवताओं को प्रसन्न किया है। हे प्रभु! आप मुझे भक्ति प्रदान कीजिए। मैं आपकी शरण में हूं। प्रह्लाद के ये वचन सुनकर भगवान् ने उसे वर मांगने के लिए कहा। पर प्रह्लाद ने कोई इच्छा प्रगट नहीं की। उसके निष्काम भाव से प्रसन्न होकर विष्णु ने अनेक मन्वंतर, तप, दैत्यों के और ईश्वरों के भोगों का उपभोग करने की अनुमति दी। उन्होंने कहा कि तुम कांटों से भरे इस संसार में कभी भी

विषय-वासनाओं में लिप्त न होना और मुझे न भूलना। सारे भोगों को अनासक्त भाव से भोगकर तुम अंत में मुझे प्राप्त करोगे। भगवान् को प्रसन्न जानकर प्रह्लाद ने उनसे एक वर मांगा। उसने कहा कि यद्यपि उसके पिता भगवान् के दर्शन से पवित्र हो गए हैं फिर भी भगवान् उन्हें क्षमा करें और उन्हें सद्गति प्रदान करें। इसके उत्तर में भगवान् विष्णु ने कहा—हे वत्स! चिन्ता मत करो। तुम्हारी भक्ति से तुम्हारी इक्कीस पीढ़ियों का उद्धार हो गया है। तुम अपने पिता का संस्कार करके राजसिंहासन पर बैठो और मुझमें समर्पित होते हुए सारे काम करो। प्रह्लाद ने भगवान् के आदेश का पालन किया और ब्रह्म-आदि का पूजन करके राज्य पर अधिष्ठित हुआ। इस प्रकार सनक ऋषियों के श्राप के कारण दूसरे जन्म में रावण और कुम्भकरण बने भगवान् के पार्षदों का वध करने के लिए राम का अवतार हुआ। वे ही तीसरे जन्म में शिशुपाल और दन्तवक्र हुए और भगवान् कृष्ण ने उन्हीं का वध करके उनका उद्धार किया।

इसके बाद युधिष्ठिर ने पूछा कि हे भगवन्! मय दानव भगवान् महादेव की कीर्ति को क्यों मिटाना चाहता था और किस तरह महादेवजी ने उसका विनाश किया? इस पर नारदजी बोले कि एक समय भगवान् श्रीकृष्ण की शक्ति से देवताओं ने दैत्यों को परास्त कर दिया था। उसके बाद दैत्य निराश होकर मय दानव के पास गए और वहां अपने लिए एक सुरक्षित स्थान की मांग करने लगे। मय ने उनके लिए सोने, चांदी और लोहे की तीन नगररियों का निर्माण कराया। जिनमें गुप्त मार्गों की व्यवस्था हुई। उन पुरियों में रहकर दैत्य देवों को सताने लगे। तब देवता भगवान् की शरण में आए तो भगवान् शिव ने दैत्यों को अपने प्रहार से घायल कर दिया किन्तु मायावी दैत्यों ने अमृत का कुआं खोदकर उसके जल से अपने घायल बंधुओं को फिर से जीवन दे दिया। इस स्थिति को देखकर भगवान् विष्णु ने गाय का रूप धारण करके उस सारे जल को पी लिया। तब फिर, भगवान् की माया से मोहित होकर दैत्य कुछ भी नहीं कर पाए और उधर विष्णुजी के द्वारा प्रोत्साहित होकर शिवजी ने दैत्यों की तीन पुरियों को नष्ट कर दिया। यह सब सुनकर, युधिष्ठिर ने नारदजी से वर्णाश्रम धर्म बताने का अनुरोध किया। जिनके उत्तर में नारदजी ने बताया, ब्राह्मण, क्षत्रिय और वैश्य तीनों धर्म के ये सभी लक्षणों का पालन करना आवश्यक हैं। ब्राह्मण का धर्म है कि वह यज्ञ करे और कराए। वेद पढ़े और पढ़ाए। क्षत्रिय दान देने को छोड़कर शेष पांच कर्म कर सकता है। कृषि और व्यापार वैश्य को चाहिए कि वह ब्राह्मण का अनुयायी बने। शूद्र का धर्म है कि वह इन वर्णों की सेवा करे और जब तक कोई आपत्तिकाल न हो तब

तक पहले के तीन वर्ण शूद्रों की वृत्ति न अपनाएं। सच्चे ब्राह्मण के लक्षण हैं : शौच, संतोष, क्षमा, सरलता, ज्ञान-भक्ति, सत्य का पालन तथा इन्द्रियों पर विजय। क्षत्रिय के लक्षण हैं—धैर्य, तेज, दान, क्षमा, ब्राह्मण-भक्ति, वीरता आदि और वैश्यों के लक्षण हैं—देवता तथा गुरु में भक्ति, उद्यमता और चतुराई तथा ईश्वर-भक्ति। इसके आगे शूद्र का धर्म है : स्वामी-सेवा, विनम्रता, सत्य बोलना, गौ तथा ब्राह्मण की सेवा। शुद्ध आचरण करना, कुटुम्बियों से अच्छा व्यवहार, पवित्रता और शुद्ध आचरण रखना उनकी स्त्रियों का धर्म है। इन चारों वर्णों के अतिरिक्त एक वर्ण संकर होता है जिसकी उत्पत्ति या तो व्यभिचार से होती है या भिन्न वर्ण के स्त्री-पुरुष से संयोग से। ऐसे वर्णसंकरों को कुल परम्परा के अनुसार जीविका चलानी चाहिए।

ब्रह्मचारी को जितेन्द्रिय होना चाहिए और गुरु के घर में रहते हुए रोज, प्रात: और सायं उपासना व जप करना चाहिए। यज्ञोपवीत, मृगचर्म, कामंडलु और पुष्प आदि को हाथ में रखकर गुरु के आदेश के रहते हुए बहुत थोड़ा खाना, खाना चाहिए। उसे गुरुकुल में रहकर अध्ययन-मनन करते हुए स्त्रियों से किसी भी प्रकार के संवाद और संबंध से दूर रहना चाहिए और फिर यथासमय गृहस्थ में प्रवेश करना चाहिए। वाणप्रस्थ आश्रम में वाणप्रस्थी को न तो जोतकर पैदा किया हुआ और न बिना जोती जमीन में पैदा हुआ अन्न खाना चाहिए। उसके लिए सूर्य के द्वारा पके अन्न की व्यवस्था है। उसे कन्दरा और झोंपड़ी में निवास करना चाहिए। भक्ति-भाव रखते हुए आठ या बारह वर्ष तक वन में निवास करना चाहिए और 'मैं और मेरे' भाव को त्याग देना चाहिए।

नारदजी संन्यासी के नियम-विधान की व्याख्या करते हुए युधिष्ठिर से बोले कि वानप्रस्थ पूरा हो जाने पर मनुष्य को संन्यास ले लेना चाहिए। इस आश्रम में शरीर के अतिरिक्त और कुछ शेष नहीं रहना चाहिए। उसे सब तरह से निष्काम होना चाहिए और इधर-उधर घूमते रहना चाहिए। एक बार मंत्रियों सहित देश-विदेश घूमते हुए प्रह्लादजी की कावेरी नदी के किनारे धूल से लथ-पथ अव्यक्त देह वाले एक मुनि से भेंट हुई तो प्रह्लाद ने पूछा कि आप ऐसे क्यों पड़े हैं? आप उपदेश क्यों नहीं देते? तब उन्होंने कहा है श्रेष्ठ भक्त! प्रवृत्ति और निवृत्ति से मिलने वाले फल को तुम ज्ञान की दृष्टि से देख सकते हो। कर्मों की प्रेरणा से मुझे यह मानव-जन्म मिला है। मोक्ष-प्राप्ति का आधार इस योनि में दाम्पत्य-सुखभोग से विपरीत फल के रूप में मिलता है। इसलिए यहां मैं उदासीन हूं और सब प्रकार के कर्मों से अलग हो गया हूं। मुझे जो मिलता है, मैं खा लेता हूं। मैं कभी प्रवृत्तिपरक जीवों की तरह निंदा ओर

प्रशंसा नहीं करता। अत: मैं सब तरह से आत्मज्ञान से परिपूर्ण आत्मरूप में स्थित कर्मों से मुक्त हूं। मुनि ने यह बातें सुनकर प्रह्लादजी ने उनकी पूजा की और फिर अपने घर को चले गए।

इसके बाद नारदजी ने युधिष्ठिर को गृहस्थ का धर्म बताया। गृहस्थ के लिए भगवान् श्रीकृष्ण की उपासना में लीन रहना और सब कुछ उन्हीं के लिए अर्पित कर काम-मुक्त आचरण रखना चाहिए। गृहस्थी, श्रद्धा और भक्तिपूर्वक श्रीकृष्ण की कथाएं सुने और उनका मनन करें। स्त्री-पुरुष, धन-धाम, घर और देह का मोह छोड़ दे। अधिक संग्रह न करें। जीवमात्र के प्रति सन्तान की तरह से प्यार रखे। ज्ञानी गृहस्थी को चाहिए, वह पंच यज्ञों से बचे भोजन से अपना निर्वाह करें। अपने अर्जित धन से देवताओं, ऋषियों और मनुष्यों का पोषण करें, धनवान द्विजातियों को आश्विन कृष्ण पक्ष में मृत कुटुम्बियों का श्राद्ध करना चाहिए। पवित्र क्षेत्रों का दर्शन करते हुए ऋषियों का आदर करते हुए अपना जीवन सफल बनाना चाहिए। विष्णु ही सर्वोपरि हैं और उनके पूजन से अभीष्ट सिद्धि मिलती है और इस लोक में ब्राह्मण भगवान् विष्णु के साक्षात् अंग-रूप हैं इसीलिए वे पूजा के पात्र हैं। धर्मज्ञ गृहस्थ को नित्य और नैमित्तिक कर्म करते हुए अधर्म, परधर्म, आभास, उपमा और छल को छोड़ देना चाहिए।

प्रवृत्तिमूलक और निवृत्तिमूलक-दो धर्म ऋषियों के द्वारा बताए गए हैं। प्रवृत्तिमार्ग से आवागन होता रहता है और निवृत्तिमार्ग से मोक्ष प्राप्त होता है। यज्ञ आदि से स्वर्ग तो मिलता है लेकिन मोक्ष नहीं मिलता। स्वर्ग-सुख भोगकर मनुष्य को फिर मृत्युलोक में आना पड़ता है लेकिन निवृत्तिमार्ग से ठीक इसके विपरीत, जीव मोक्ष प्राप्त करके भगवान् में विलीन हो जाता है। नारदजी कहते हैं कि गृहस्थ को सामान्य रूप से वेदों द्वारा बताए गए धर्म का पालन करते हुए अपनी यात्रा करनी चाहिए। आपत्तिकाल में ही सामान्य आचरण को स्थगित किया जा सकता है।

देवर्षि नारद ने भक्ति की महत्ता की स्थापना के लिए अपने ही पूर्वजन्म का एक वृत्तांत सुनाया कि मैं एक सुन्दर गन्धर्व था। सभी लोग मुझे प्यार करते थे और मेरी स्त्रियां भी मुझमें अनुरक्त थी। एक समय गन्धर्वों और अप्सराओं से भरी हुई देवसभा में मुझे विष्णुजी के यशगान के लिए बुलाया गया। अपने मोह के कारण मैंने वहां देवताओं को प्रणाम नहीं किया। इससे अपमानित होकर देवताओं ने मुझे शूद्र बनने का श्राप दे दिया। इसके कारण मैं ब्रह्मचारियों की सेविका के जठर से उत्पन्न हुआ। उस जन्म में मैंने महात्माओं की सेवा की और उस सेवा के फल के कारण मैं ब्रह्माजी का पुत्र बना।

अष्टम स्कन्ध

इस स्कन्ध में विभिन्न मन्वंतरों का परिचय दिया है, जिनमें भगवान् विष्णु ने जन्म लेकर अनेक लीलाएं की हैं।

महाराज परीक्षित ने शुकदेवजी से प्रार्थना की कि वे उन्हें मन्वंतरों का परिचय दें क्योंकि इन मन्वंतरों में भगवान् विष्णु ने अनेक जन्म लेकर अनेक उत्तम कर्म किए हैं। उन्होंने यह भी पूछा कि भविष्य में भगवान् कौन से उत्तम कार्य कर सकते हैं? उत्तर में शुकदेवजी ने कहा कि अब तक छः मनु व्यतीत हो चुके हैं। पहले मनु की दो कन्याएं थीं–आकूति और देवहूति। भगवान् विष्णु ने इनके गर्भ से यज्ञ और कपिल के नाम से जन्म लिया। कपिल के कृत्यों का वर्णन हम कर चुके हैं। अब यज्ञ के कर्म सुनिए।

स्वायंभुव मनु विषयों से विरत होकर सुनंदा नदी के किनारे पत्नी सहित तप करने चले गए। वहां राक्षसों ने उन्हें साधारण मनुष्य समझकर अपना भोजन बनाना चाहा। इस पर यज्ञ भगवान् वहां पहुंचे और राक्षसों का नाश किया। फिर एक दूसरे मनु स्वारोचिष के पौत्र वेदशिरा की स्त्री तिशरा के गर्भ से भगवान् ने विभु के नाम से अवतार लिया। राजा प्रियव्रत का पुत्र उत्तम, तीसरा मनु हुआ और उसकी वंश-परम्परा में धर्म की स्त्री सुनृता से भगवान् विष्णु ने सत्यसेन नाम से अवतार लिया। उत्तम के भाई तामस ने चतुर्थ मनु का स्थान लिया। उसी मन्वतंर में हरिमेधा ऋषि की पत्नी ने हरि भगवान् का अवतार हुआ जिन्होंने ग्राह से गज को छुड़ाया था। गज और ग्राह का विवरण सुनते हुए शुकदेवजी बोले कि त्रिकूट नामक दस हजार योजन ऊंचे और उतने ही विस्तृत अत्यंत सुंदर पर्वत की तलहटी में अनेक सुन्दर नदियां बहती थीं। एक बार उस पर्वत के वन में रहने वाला गजराज अपने साथियों के साथ एक तालाब में स्वेच्छापूर्वक जल पीने के लिए प्रविष्ट हुआ। जल पीकर वह अपनी मस्त हस्तनियों के साथ जलक्रीड़ा करने लगा। इस समय तालाब में रहने वाले ग्राह ने उस गज का पैर पकड़ लिया। गज को खींचकर वह गहरे पानी में ले गया।

अन्य हाथी यह सब देखकर चिंघाड़ने लगे और इधर ग्राह और गज के संघर्ष में जब गज से कुछ नहीं हुआ तो वह निराश होकर भगवान् हरि का स्मरण करने लगा। उसके पूर्वजन्म के संस्कार बहुत प्रबल थे जिनके कारण वह अनेक तरह से स्तुति करता हुआ अपनी रक्षा की प्रार्थना करने लगा। गजराज की विनती सुनकर भगवान् विष्णु गरुड़ पर आरुढ़ होकर वहां आए। उन्हें अपने सामने देखकर गजराज के मन में हिम्मत आई और उसने अनेक तरह की उससे विनती की। यह देखकर भगवान् ने गरुड़ को छोड़ दिया। गरुड़ ने तत्काल ग्राह के मुख को फाड़ा और हाथी का उद्धार किया। शुकदेवजी ने बताया कि हू हू नामक एक गंधर्व ही देवर्षि के श्राप से ग्राह की योनि में पैदा हुआ था वह फिर गंधर्व बन गया। हाथी भी पूर्व जन्म में इन्द्रद्युम्न नाम का राजा था। वह भगवान् विष्णु की भक्ति में इतना निमग्न था कि अगस्त्य मुनि के आने पर उनका आतिथ्य सत्कार नहीं कर पाया। अत: उन्होंने उसे पशु योनि में जन्म लेने का श्राप दे दिया। वह भी श्राप से मुक्त होकर भगवान् के परमधाम चला गया।

इस कथा के बाद शुकदेवजी ने पांचवें मनु का आख्यान सुनाया और बोले–पांचवें मनु तामस के सहोदर रैवत थे। इस मन्वंतर ने शूद्र की पत्नी विकंठा से भगवान् ने वैकुंठ अवतार धारण किया। इसके बाद हुए छठे मनु चाक्षुष। इसकी वंश-परम्परा में भगवान् ने वैराग्य की स्त्री–संभूति से अदिति नाम से अवतार लिया। इस अवतार में भी भगवान् विष्णु ने समुद्र को मथवाकर देवताओं को अमृत पिलाया।

बहुत पुराने समय की बात है कि देवताओं और दानवों में भयंकर युद्ध चल रहा था। युद्ध में दैत्यों की प्रबलता से देवता लोग पराजित हो गए और फिर ब्रह्माजी की शरण में गए। ब्रह्माजी ने उन्हें सारे संसार के कर्ता भगवान् नारायण की शरण में जाने का परामर्श दिया और स्वयं उनके साथ वहां गए। भगवान् नारायण के धाम में पहुंचकर ब्रह्माजी ने उनकी स्तुति प्रारंभ कर दी और वह भगवान् के दर्शनों के लिए प्रार्थना करने लगे। ब्रह्माजी की स्तुति सुनकर भगवान् नारायण प्रगट हुए। जब वे प्रगट हुए, तब अन्य देवगण भी उनकी वंदना और अर्चना करने लगे। उनकी अर्चना से प्रसन्न होकर भगवान् विष्णु ने कहा कि मैं देवों के परम-कल्याण के लिए एक मार्ग बताता हूं। इससे सभी देवता सदा-सदा के लिए अमर हो जाएंगे। सबसे पहली बात तो यह है कि हे देव! आप लोग दैत्यों से मित्रता स्थापित करें और उनके साथ मिलकर क्षीरसागर में सभी अमृतमय औषधियां डालें फिर उसके बाद

मंदराचल को मथानी बनाकर वासुकि को रस्सी बनाकर मेरी सहायता से समुद्र का मंथन करें। इस मंथन से दैत्यों को कष्ट मिलेगा और आप लोगों को उत्तम फल प्राप्त होगा। सागर मंथन से पहले विष निकलेगा जिससे डरने की कोई आवश्यकता नहीं। उसके बाद जितनी भी वस्तुएं निकलेंगी, उनके लिए भी लालच मत करना। भगवान् विष्णु यह कहकर अन्तर्धान हो गए और देवता गण अपने धाम को लौट आए।

जब देवता गण अपने आप धाम को लौट रहे थे, तब दैत्यों ने उनसे युद्ध करना चाहा लेकिन देवता उन्हें बहुत व्याकुल दिखाई दिए। तब दैत्यराज बलि ने दैत्यों को युद्ध से रोक दिया। देवताओं ने बलि के पास पहुंचकर मित्रता का प्रस्ताव रखा और समुद्र-मंथन की योजना प्रस्तुत की। दैत्य लोग समुद्र मंथन के लिए तैयार हो गए। सबसे पहले मंदराचल को समुद्र तक लाने का प्रयास किया गया लेकिन बलि और इन्द्र आदि शूरवीर भी उसका भार न उठा सके। कितने ही देवता उसके भार से दबकर क्षत-विक्षत हो गए। तब भगवान् ने कृपापूर्वक मंदराचल को आकाश से लाकर समुद्र के बीच डाल दिया। इसके बाद वासुकि को रस्सी बनाकर देव और दैत्य मिलकर समुद्र-मंथन करने लगे। वासुकि के मुख की तरफ दैत्य थे और पूंछ की तरफ देवता थे। वासुकि के मुख, नेत्र और सांसों से निकली आग की लपटों से दैत्य लोग बहुत परेशान हुए। उनकी दशा आग से झुलसे हुए देवदार के पेड़ की तरह हो गई। देवताओं की हालत भी कोई अच्छी नहीं थी। उनके मुख की कांति भी धूमिल पड़ गई थी। बहुत समय तक देवता और दानव समुद्र-मंथन करते रहे पर अमृत नहीं निकला। तब फिर भगवान् विष्णु स्वयं समुद्र-मंथन करने आए और समुद्र-मंथन में सहयोग देने लगे। उसमें से उस समय सबसे पहले हलाहल नाम का विष उत्पन्न हुआ और इस भयंकर विष को लोक-कल्याण के लिए भगवान् शंकर ने पिया। क्योंकि उन्होंने इसे अपने गले में धारण करके रखा इसलिए उनका नाम नीलकंठ पड़ा। इसके बाद देवता और दानव दोनों मिलकर समुद्र का मंथन करने लगे। जब पर्वत समुद्र में डूबने लगा तब भगवान् विष्णु ने इस बाधा को दूर करने के लिए कच्छप का रूप धारण किया और पर्वत के नीचे जाकर उसे अपनी एक लाख योजन विस्तृत पीठ पर रखा लिया। अब फिर से देव और दानवों ने मंथन प्रारंभ किया। तब अनेक वस्तुएं धीरे-धीरे निकलीं। सबसे पहले कामधेनु, फिर उच्चैश्रवा अश्व, ऐरावत गज, कौस्तुभ, पद्मराग मणि, पारिजात पुष्प, अप्सराएं तथा श्री लक्ष्मीजी निकलीं। लक्ष्मीजी का रूप-सौंदर्य अप्रतिम था। उससे मुग्ध होकर जब उन्हें पाने के लिए व्याकुल हो गए लेकिन

लक्ष्मीजी ने किसी को भी अपने योग्य नहीं समझा। उन्हें प्रत्येक में कोई-न-कोई दोष दिखाई दिया जैसे दुर्वासा ने क्रोध, बृहस्पति और शुक्र में वैराग्य का अभाव, ब्रह्मा और चंद्रमा, में कामातुरता, देवों में कामुकता और परशुराम में दयाहीनता। सनत आदि ऋषियों में संसार के प्रति अरुचि, शिव के रूप में भयंकरता, मार्कंडेय में स्त्रीरंजक स्वभाव का अभाव और हिरण्यकशिपु की अनिश्चित आयु आदि। अत: वह किसी का भी वरण नहीं कर सकीं। उन्होंने भगवान् विष्णु को सर्वगुण सम्पन्न और निर्दोष पाया और उनका पति के रूप में वरण कर लिया। भगवान् ने उन्हें अपने हृदय स्थान में दिया।

लक्ष्मीजी के बाद समुद्र ने एक रूपवती सुरु नाम की कन्या निकली जिसे असुरों ने ग्रहण किया। इसके बाद धन्वंतरि नाम के एक महापुरुष हाथ में अमृत का क्लश लेकर बाहर आए। धन्वंतरि भगवान् विष्णु के ही अंश थे। उन्होंने अपने इस रूप में वैद्यशास्त्र का प्रचार किया। दैत्यों ने धन्वंतरि के हाथ में अमृत का कलश छीन लिया। इस पर देवों को उदास देखकर भगवान् ने उन्हें आश्वासन दिया और अपनी माया के प्रभाव से असुरों में झगड़ा करा दिया। सारा अमृत पीने के लिए वे एक-दूसरे से लड़ने लगे और कुछ असुर देवताओं को भी अमृत देने की बात कहने लगे। भगवान् विष्णु ने जब यह देखा कि दैत्यों ने उस कलश को लेने के लिए छीना-झपटी होने लगी तो उन्होंने मोहिनी का रूप धारण किया और सभी असुरों को अपनी ओर आकृष्ट कर लिया। सारे असुर कामातुर हो मोहिनी के पास जा उससे प्रणय निवेदन करने लगे। भगवान् की माया से मोहित असुरों ने अमृत के लिए संघर्षरहित होते हुए मोहिनी से ही पंच बनने के लिए प्रार्थना की। उन्होंने मोहिनी की हंसी से प्रभावित होकर अमृत कलश उसके हाथ में सौंप दिया और उसने फिर असुरों से कहा कि उनकी बात वह तभी मानेगी जब वे उसके न्याय में विश्वास रखेंगे। मोहिनी के कहने से एक शाला बनाई गई और सभी दैत्य और देवता यथास्थान बिठा दिए गए। अमृतकलश हाथ में लेकर मोहिनी ने वहां प्रवेश किया दैत्यों को अपने हाव-भाव से उलझाकर सारा अमृत देवताओं को ही पिला दिया। मोहिनी को पाने की अभिलाषा में असुरों के प्रति मोह नहीं रहा लेकिन राहु ने मोहिनी की चतुराई को समझा और देवताओं का रूप धारण कर दूसरी पंक्ति में आ बैठा। उसे अमृत पीने को मिल गया लेकिन सूर्य और चन्द्रमा को उसके इस कपट का पता चल गया और उन्होंने इसे विष्णु को बताया। विष्णु ने एकदम राहु का सिर काट दिया। अत: अमृत उसके गले से नीचे नहीं उतर सका। अमृत के मुख तक पहुंचने के कारण ब्रह्माजी ने उसके

सिर को अमरत्व प्रदान किया और उसे एक ग्रह बना दिया। उसी गुस्से के कारण वह पूर्णिमा और अमावस्या को चन्द्रमा और सूर्य को ग्रसता है। देवताओं को अमृत पिलाकर मोहिनी रूपधारी भगवान् अपने वास्तविक रूप में आ गए। देवों को प्रसन्न और असुरों को अप्रसन्न करके वे अपने धाम चले गए। भगवान् विष्णु के छल से व्याकुल असुरों ने देवताओं पर आक्रमण कर दिया। लेकिन अमृत के पीने से देवता बहुत शक्तिशाली हो गए थे। दोनों ओर से युद्ध होने लगा। दैत्यों ने समुद्रमंथन में अथक परिश्रम किया था लेकिन उन्हें अमृत नहीं मिला। इससे पहले भी वे अनेक बार देवताओं को हरा चुके थे और अब दोगुने उत्साह से आक्रमण करने लगे। इन्द्र ऐरावत पर चढ़कर देवताओं का नेतृत्व करने लगा। वह बलि से भिड़ गया। इसके बाद मित्र प्रहेति से, त्वष्टा शम्बर से, विश्वकर्मा मय से और सूर्य वाणासुर से लड़ने लगे। मय से आसुरी युद्ध भी प्रारम्भ कर दिया और माया ने चारों ओर भयंकर दृश्य उपस्थित किया। लेकिन जब देवताओं की कुछ न चली तब उन्होंने विष्णु का स्मरण किया और विष्णु ने प्रगट होकर दैत्यों का विनाश किया। माली और सुमाली दैत्यों का भी विष्णु ने अपने चक्र से सिर काट दिया और माल्यवान दैत्य का सिर काट दिया गया। विष्णु की उपस्थिति में अधिक बलशाली होकर इन्द्र पर गदा फेंकी तो उसका हाथी मूर्च्छित होकर गिर पड़ा। इन्द्र रथ पर सवार हो गया। फिर जम्ब ने उसके सारथी को भी व्याकुल कर दिया। फिर इन्द्र ने जम्ब का सिर काट डाला। जैसे-जैसे दैत्य क्रुद्ध होकर युद्ध करते थे, वैसे ही उनका विनाश हो जाता था। लेकिन नमूचि नाम का एक दैत्य जब लड़ने आया उस पर अस्त्र का कुछ भी प्रभाव नहीं हुआ, तब आकाशवाणी हुई कि किसी सूखी और गीली वस्तु से नहीं मरेगा। तभी एक जलफेन दिखाई दिया जो सूखा गीला दोनों था। उसके प्रयोग से इन्द्र ने नमूचि को मार डाला। ब्रह्माजी ने नारद को युद्ध बंद कराने के लिए भेजा। युद्ध तो बंद हो गया लेकिन इधर दूसरी ओर शुक्राचार्य ने अपनी संजीवनी बूटी से मरे हुए असुरों को फिर से जला दिया। दूसरी ओर शिवजी को जब यह समाचार मिला कि विष्णु ने मोहिनी का रूप धारण करके अमृत तो देवताओं को पिलाया और दैत्यों को छला तो शिव भी विष्णु के उस सम्मोहक रूप को देखने के लिए आतुर हो गए। उन्होंने पार्वतजी और अपने गणों के साथ विष्णुलोक में जाकर विष्णु की स्तुति की। भगवान् विष्णु ने उनका सत्कार किया और अपनी माया का विस्तार किया। तब शिवजी ने देखा कि सामने एक रमणीय उपवन है और उसमें एक सुंदर अलंकृत बाला गेंद खेल रही है। कामदेव को भस्म करने वाले शिव भी उसके रूप-सौंदर्य

से सम्मोहित हो गए। उसे पाने के लिए उसकी तरफ दौड़े। वह उनसे आंखमिचौली खेलने लगी और इधर-उधर लताओं की ओट में छिपने लगी। शिवजी भी कामातुर होकर उसके पीछे भागने लगे। बहुत समय तक भी जब वह उनके हाथ में नहीं आई तो उन्होंने तेजी से दौड़कर उस बाला के केश पकड़ लिए। वह फिर भी अपना हाथ छुड़ाकर भाग गई। किन्तु शिव इतना ज्यादा कामातुर हो चुके थे कि उनका तेज स्खलित हो गया। जहां-जहां इस तेज के अंश गिरे, वहीं-वहीं सुवर्ण और रजत की खानें पैदा हो गईं। विवेक के जाग्रत होने पर शिवजी भगवान् विष्णु की प्रार्थना करने लगे। तब विष्णु ने प्रगट होकर अपने चमत्कार का उन्हें आभास कराया और महादेवजी की भी प्रशंसा करने लगे कि उन्हें इस रूप में पश्चात्ताप हो रहा है। शिवजी भगवान् विष्णु के मोहिनी-रूप को देखकर बहुत प्रसन्न हुए और सपरिवार अपने घर लौट चले। रास्ते में शिवजी ने कहा कि हे पार्वती! एक बार जब मैं समाधि के बाद उठा था, तब तुमने मुझसे पूछा था कि मैं किसका ध्यान करता हूं। आज तुमने देख लिया। मैं इन्हीं पुराण-पुरुष श्री विष्णु का ध्यान करता हूं जिनकी कृपा से मेरे जैसा कामजित भी मोहित हो जाता है।

शुकदेवजी ने परीक्षित से कहा—अब मैं आपको फिर मन्वंतरों की कथा सुनाता हूं। इस समय सातवां मन्वंतर चल रहा है। सूर्य के श्राद्धदेव नाम के पुत्र सातवें मनु हैं। इस मन्वंतर में कश्यपजी की पत्नी अदिति के गर्भ के भगवान् वामन ने अवतार लिया। सातों मन्वंतरों की कथा सुनने के बाद शुकदेवजी ने परीक्षित को भगवान् विष्णु के अवतारों से युक्त भविष्य के मन्वतरों का विवरण बताया। उन्होंने कहा कि विवस्वान् नामक सूर्य की दो स्त्रियां संज्ञा और छाया थी। ये विश्वकर्मा की पुत्रियां थी। इनके अतिरिक्त विवस्वान के बड़वा नाम की अन्य स्त्री भी थी। संज्ञा के तीन संतानें यम और श्राद्धदेव पुत्र सावर्णि और शनैश्चर। बरषा के पुत्र अश्विनीकुमार थे। (यह सब सातवें स्कन्ध में आ चुका है।) आठवें मन्वंतर में सावर्णि मनु होंगे और उनके पुत्र निर्भीक आदि होंगे। इस मन्वंतर में देवगुह्य ब्राह्मण की सरस्वती नाम की स्त्री से सार्वभौम नाम से भगवान् का अवतार होगा जो इन्द्र से आसन छीनकर बलि को देंगे। यह वही बलि है जिसने भगवान् विष्णु के द्वारा तीन पग पृथ्वी मांगने पर सिद्ध इन्द्र पद को छोड़कर सारी धरती दे दी थी। भगवान् ने पहले इसे बांध लिया किन्तु फिर उसे सुतल लोक में स्थान दिया। आजकल वे वहीं के इन्द्र हैं। नौंवे मनु का नाम दक्ष सावर्णि होगा और उसके पुत्र भूत आदि होंगे। इसमें आयुष्मान की पत्नी अम्बुधारा ने भगवान् वृषभ नाम से अवतार लेंगे। उपश्लोक के पुत्र

ब्रह्म सावर्णि दसवें मनु होंगे। इस मन्वंतर में विश्व सृष्टा की पत्नी विषूची से भगवान् विश्वत्सेन के नाम से अवतार लेंगे। फिर धर्म सावर्णि ग्यारहवें मनु होंगे जिनके सत्य और धर्म आदि पुत्र उत्पन्न होंगे। इस मन्वंतर में अर्पण की पत्नी वैधृति के पुत्र धर्मसेतु के नाम से भगवान् अवतार लेंगे। बारहवें मन्वंतर में रुद्र सावर्णि मनु होंगे और उनके देववान नाम से अवतार लेंगे। इस मन्वंतर में देव सावर्णि तेरहवें मनु होंगे। इसमें भगवान् योगेश्वर नाम से अवतार लेंगे। चौदहवें मनु इन्द्र सावर्णि होंगे और उसके पुत्र उष्णा आदि होंगे। इस मन्वंतर में भगवान् बिताना से बृहद्भानु के रूप में अवतार लेकर कर्मकाण्ड का विस्तार करेंगे। इसके बाद शुकदेवजी बोले भूत और भविष्य के सभी मनु परम पुरुष भगवान् के अंतर्गत ही हैं।

परीक्षितजी ने हाथ जोड़कर पूछा कि भगवान् विष्णु ने बलि के द्वार पर जाकर उससे तीन पग धरती क्यों मांगी और धरती को पाने पर भी उन्होंने निरपराध बलि को क्यों बांधा? शुकदेवजी बोले राजा बलि अन्यन्त धर्मात्मा और शत्रु विजेता था। उसके गुरु शुक्राचार्य संजीवनी विद्या के प्रभाव से उसके मरे हुए सैनिकों को जीवित कर देते थे। इंद्र के द्वारा मारा गया बलि भी उन्हीं के द्वारा जीवित कर दिया गया था। इसीलिए वह अधिक शक्तिशाली हो गया। शुक्राचार्य ने भृगुवंशियों को भी संतुष्ट कर रखा था। इसलिए जब बलि ने स्वर्ग जीतने की इच्छा प्रगट की तो शुक्राचार्य ने और भृगुवंशियों ने विश्वजित युद्ध करके बलि को यज्ञ अग्नि से प्राप्त रथ, अश्व और सिंह के निशान से अंकित ध्वजा, धनुष और कवच-माला आदि दिए। इस दिव्य सामग्री से युक्त होकर पूर्ण विश्वास के साथ बलि ने स्वर्ग पर चढ़ाई कर दी। जैसे ही बलि ने अपने गुरु के द्वारा दिया गया शंख बजाया, वैसे ही देवताओं के हृदय धड़कने लगे। इन्द्र ने अपने गुरु के पास जाकर इसका उपाय पूछा। बृहस्पति ने कहा कि बलि को ब्राह्मणों का आशीर्वाद प्राप्त है। इसीलिए उसे पराजित नहीं किया जा सकता। उन्हें चाहिए कि वे स्वर्ग छोड़कर कहीं और चले जाएं। जब बलि ब्राह्मणों की शक्ति से क्षीण हो जाएगा तभी देवता फिर से स्वर्ग में आ सकेंगे। इंद्र ने अपने गुरु के कहने से स्वर्ग को खाली कर दिया। जब अदिति को अपने पुत्रों के स्वर्ग से निकल जाने की सूचना मिली तो वह बहुत व्याकुल हुई और शोकपूर्वक अपने दिन बिताने. लगी। कुछ दिनों के बाद कश्यपजी वहां आए और उन्होंने अपनी पति-पारायण पत्नी को व्याकुल देखकर उससे पूछा कि क्या कारण है? तब अदिति ने अत्यन्त दुःखी स्वर में अपने समर्थ पति भगवान् विष्णु को प्रसन्न करने का उपाय पूछा। कश्यपजी ने उसे सन्तान की इच्छा से

पूछने के कारण ब्रह्माजी द्वारा बताए गए पयोवत व्रत से परिचित कराया और कहा फाल्गुन मास के शुक्लपक्ष में बारह दिन केवल दूध पर निर्भर रहकर श्रद्धापूर्वक भगवान् विष्णु की आराधना करनी चाहिए। इस प्रकार विधिपूर्वक इस व्रत को करने से भगवान् विष्णु अत्यन्त प्रसन्न होकर अभीष्ट प्रदान करते हैं। अदिति ने इस व्रत का अनुष्ठान किया और भगवान् विष्णु उसके सामने प्रगट हुए तथा उससे कहा कि उनके यहां पुत्र रूप में उत्पन्न होकर दैत्यों का विनाश करेंगे। समय आने पर भगवान् ने वामन के रूप में अवतार लिया। तब वे एक बार बलि के यज्ञ भवन में जा पहुंचे। बलि ने उनका स्वागत किया और कुछ मांगने के लिए आग्रह किया। भगवान् ने उसकी उदारता की प्रशंसा की और तीन पैर धरती मांगी। बलि ब्राह्मण रूप में भगवान् की निरीहता पर विस्मय प्रगट करते हुए अपनी इच्छा की भूमि नापने का अनुरोध करने लगा। जैसे ही जल लेकर भूमिदान का संकल्प करने लगा वैसे ही शुक्राचार्य ने उसको रोका और सतर्क किया कि भगवान् विष्णु ही छलपूर्वक दैत्यों का नाश करने वाले हैं। किन्तु बलि ने इस वास्तविकता को जानकर भी इस बात को नहीं माना क्योंकि वह वचन दे चुका था। शुक्राचार्य ने क्रोधित होकर बलि को राज्य से पतित हो जाने का श्राप दे दिया। बलि ने इस श्राप को स्वीकार किया और वामनजी से धरती नाप लेने के लिए कहा। भगवान् ने अपने एक पैर में बलि के अधिकार की भूमि को और दूसरे पैर से स्वर्ग को नाप लिया तो वे तीसरे पैर की धरती मांगने लगे। दैत्यों ने इस छल को देखकर भगवान् पर आक्रमण कर दिया। भगवान् को पहले ही पता था। इसलिए उन्होंने नंद, सुनंद, जय, विजय, आदि अपने चौदह वीरों को तैयार रखा हुआ था। इस युद्ध में दैत्य लोग हताहत होने लगे। यह देखकर बलि ने दैत्यों को युद्ध से रोका और कहा कि यह सारा समय का खेल है। भगवान् की माया है। अतः आप लोग शांत हो जाइए। इधर भगवान् ने बलि से कहा कि वह तीसरे पैर की धरती दे या प्रतिज्ञा भंग के आरोप में नरक जाए। बलि ने अपना सिर भगवान् के आगे रखकर उस पर पैर रखने की प्रार्थना की तो वामन ने उसे वरुणापाश में बांध लिया। ब्रह्माजी ने बलि की उदारशीलता और दानवीरता की प्रशंसा करने की प्रार्थना की। तब वामन बोले, मैं जिस पर प्रसन्न होता हूं उसे कष्ट देकर उसकी परीक्षा लेता हूं। बलि अपनी परीक्षा में सफल हुआ है। इसलिए मैं इसे सुतल नामक लोक देता हूं। भगवान् वामन ने उसे वरुण-पाश से मुक्त किया और सुतल लोक जाने की अनुमति दी। इस रूप में उन्होंने देवों के स्वर्ग-लोक को कौशल से दैत्यों से छीनकर फिर से इन्द्र आदि देवताओं को दे दिया। देवता

लोग भगवान् विष्णु का गुणगान करते हुए अपने लोक को चले गए।

इसके उपरान्त परीक्षितजी को शुकदेवजी ने बताया कि सबसे घृणित समझी जाने वाली मत्स्य योनि में भगवान् ने जन्म क्यों धारण किया? उन्होंने कहा, पिछले कल्प में प्रलय के समय ब्रह्माजी के निद्रामग्न होने पर हयग्रीव ने वेदों को चुरा लिया था। उस समय वेदों की रक्षा के लिए हयग्रीव के वध के लिए भगवान् विष्णु ने मत्स्य रूप धारण किया था।

जल की राशि के जिस स्थान में भगवान् ने मत्स्य रूप धारण किया, वहां पर सत्यव्रत नाम का एक अत्यन्त धर्मात्मा राजा रहता था। एक दिन वह कृतमाला नदी में स्नान करके जल में खड़ा-खड़ा तर्पण कर रहा था। उसकी अंजलि में एक मछली आ गई और राजा ने अपनी रक्षा के लिए तथा पानी के जीवों के भोजन बनने के लिए जल में अपने को पुन: न फेंकने की प्रार्थना करने लगी। राजा उसे कमंडल में रखकर अपने आश्रम में ले आए। वह रातभर में बढ़ गई और कमंडल भी छोटा पड़ने लगा। फिर उसे मटके में रखा गया। फिर दूसरी रात मटका भी छोटा पड़ गया। फिर तीसरी रात उसे एक तालाब में रखा गया लेकिन वह सरोवर भी छोटा पड़ने लगा। फिर राजा ने उसे समुद्र में डालने का निश्चय किया किन्तु मछली ने शरणगत की रक्षा की दुहाई देते हुए उसे समुद्र में न फेंकने का अनुरोध किया। अब राजा का विवेक जाग्रत हुआ और उसने मछली से उसके वास्तविक स्वरूप को प्रगट करने का अनुरोध किया। तब भगवान् ने अपने भक्तों को बताया–आज से सातवें दिन प्रलय आने पर तुम मेरी भेजी नौका पर सवार हो जाना और मेरी सींग से वासुकि को लपेटकर उस नौका को बांधना और निश्ंचित होकर विचरण करना। यह कहकर मत्स्य भगवान् अंतर्धान हो गये।

सत्यव्रत प्रलय की सूचना पाकर भगवान् के ध्यान में तन्मय हो गया और प्रलय की प्रतीक्षा करने लगा। सातवें दिन प्रलय के बादलों में घुमड़-घुमड़कर पृथ्वी को जल से भर दिया। उसी समय भगवान् की भेजी नौका के आने पर सत्यव्रत (जैसाकि उसे कहा गया था) उस पर बैठकर भगवान् की पूजा करने लगा और भगवान् से तत्त्व-ज्ञान की प्रार्थना करने लगा। सत्यव्रत की प्रार्थना पर भगवान् ने उसे सांख्यभोग और कर्मयोग का आत्मज्ञान बताया और हयग्रीव को मारकर उससे वेदों को छीन लिया। भगवान् ने उन वेदों को फिर से ब्रह्माजी को समर्पित कर दिया। इसीलिए भगवान् ने मत्स्य का रूप धारण किया था।

नवम स्कन्ध

इस स्कन्ध में हम भगवान् श्रीकृष्ण की अनेक लीलाओं के पूर्व अनेक राजवंशों का वर्णन करेंगे

महर्षि शुकदेव जी ने महाराज परीक्षित की जिज्ञासा शांत करने के लिए मानव वंश का विवरण देते हुए कहा कि भगवान् नारायण की नाभि से एक स्वर्णमय कमल कोष उत्पन्न हुआ। उससे ब्रह्माजी ओर ब्रह्मा से मरीचि, मरीचि से कश्यप, कश्यप से विवस्वान् और फिर विवस्वान् से मनु का जन्म हुआ। मनु के पहले कोई सन्तान नहीं थी। यद्यपि बाद में उनके दस पुत्र उत्पन्न हुए–तो पहले वसिष्ठजी ने मनु की पत्नी श्रद्धा को पुत्री पैदा करने की इच्छा से उसे गर्भवती बनाया। समय आने पर कन्या उत्पन्न हुई लेकिन मनु ने पुत्री के स्थान पर पुत्र उत्पन्न करने की शिकायत की। तब वसिष्ठजी ने बताया कि यह उनकी पत्नी की इच्छा थी। बाद में इला नाम की कन्या को पुत्र बना दिया गया। भगवान् ने प्रसन्न होकर वसिष्ठ का मनोरथ पूरा किया और इला सुद्युम्न नाम का श्रेष्ठ पुरुष बन गई।

एक समय सुद्युम्न घूमते हुए शिव और पार्वती के विहार-स्थल पर पहुंच गया। सुद्युम्न और उसके साथी वहां पहुंचते ही स्त्री रूप हो गए। इसका कारण शुकदेवजी ने यह बताया कि एक समय कैलास की तलहटी में निर्वस्त्र पार्वती शिवजी की गोद में बैठी थीं तो वहां ऋषि लोग आएं। ऋषियों की दृष्टि पार्वती पर और पार्वती की दृष्टि ऋषियों पर पड़ी। ऋषि दुखी हुए तो पार्वती का मन व्याकुल हो गया। तब शिवजी ने यह विधान बनाया कि यहां आने वाला प्रत्येक व्यक्ति स्त्री हो जाएगा। सुद्युम्न और उनके साथी स्त्री-रूप में वहां रहने लगे। चन्द्रमा के पुत्र बुध सुद्युम्न पर अनुरक्त हुए और दोनों से पुरुरवा नाम का बालक उत्पन्न हुआ। वसिष्ठजी इस समाचार से दुःखी हुए तो उनके कहने पर शिवजी ने सुद्युम्न के लिए एक मास स्त्री और एक मास पुरुष रहने का विधान कर दिया। सुद्युम्न राज्य भी चलाता रहा और फिर बूढ़ा होने पर पुरुरवा को गद्दी

देकर वन में तप करने के लिए चला गया। वन में जाने के बाद मनु ने पुत्र-प्राप्ति के लिए तप किया। तो भगवान् विष्णु ने रूप-गुण-सम्पन्न उसे दस पुत्र प्रदान किए। इन दसों में पृषद्ध मन्द-बुद्धि का था अतः वसिष्ठ ने उसे गांवों की रक्षा का काम सौंप दिया और वह इस काम में लग गया। लेकिन एक दिन बरसाती रात में व्याघ्र गौशाला में घुम आया। पृषद्ध ने व्याघ्र को मारने के लिए खड्ग चलाया तो वह गाय पर लग गया। गाय कटकर गिर पड़ी और उसका खून बहने लगा। जब सबेरे पृषद्ध की इस बात का वसिष्ठ को पता चला कि उसने गौहत्या की है तो उसे उन्होंने श्राप दे दिया। शूद्र होने के श्राप को पाकर घूमता हुआ पृषद्ध एक वन में वहां भगवान् का भजन करने लगा। कुछ दिनों बाद जंगल की आग से जलकर मर गया। मनु का सबसे छोटा पुत्र कवि भी बारह वर्ष की अवस्था में त्यागी होकर वन में तप करने लगा। मनु के करुष पुत्र के कारुष नाम की जाति उत्पन्न हुई। धृष्ट से धार्ष्ट नाम के क्षत्रिय पैदा हुए। नृग का पुत्र सुमति, उसका भूतज्योति, उसका वसु, वसु का प्रतीक और प्रतीक की एक ओधवती पुत्री और एक ओधवान पुत्र उत्पन्न हुआ। ओधवती का विवाह सुदर्शन से हुआ। सुदर्शन ने नरिष्यंत से चित्रसेन>दक्ष>मीढ्वान>कूंर्च>इंद्रसेन>वीतिहोत्र>सत्यश्रवा>उच्चश्रवा>देवदत्त> अग्निवेश्य उत्पन्न हुआ। दिष्ट का पुत्र नाभाग>मलमंद>वत्सरुति>प्रांशु>प्रमिति> खनित्र>चाक्षुष, विषि शान्ति>रम्भ>खनिनेत्र>करन्ध नामक पुत्र उत्पन्न हुआ। आगे चलकर करन्ध का अवधिति और उसका पुत्र मरुत हुआ। जो महाप्रतापी और चक्रवर्ती सम्राट् बना। इस मरुत की वंशावली इस प्रकार है : मरुत>राज्यवर्धन>सुधृति>नर-केवल>बन्धुमान>वेगवान>बन्धु>तृणबिन्दु आदि। तृर्णबिंदु बड़ा हो गुणज्ञ और वीर था। इसके गुणों पर अनुरक्त होकर ही अलम्बुषा अप्सरा ने उसे अपना पति बनाया और इससे तृणबिन्दु ने तीन पुत्र और इड़विडा नामक कन्या उत्पन्न की। इस इड़विडा ने ही विश्रवा से विवाह करके कुबेर को जन्म दिया। इड़विडा के तीन पुत्रों-विशाल, शून्यबन्धु और धूम्रकेतु में विशाल का वंश इस प्रकार से चला-विशाल>शून्यबन्धु और धूम्राक्ष>संयम>कृशाव, देवोज, कृशाश्व सोमदत्त आदि। सोमदत्त बड़ा ही धर्मात्मा ओर विष्णु-भक्त था।

इसके बाद शुकदेवजी ने कहा कि वेद-वक्ता और ज्ञानी शर्याति अपनी सुकन्या नाम की पुत्री को लेकर वन में ऋषियों के दर्शन के लिए गए। वहां वे च्यवन ऋषि के आश्रम में पहुंचे। उस सुन्दर आश्रम में घूमती हुई सुकन्या को एक खोह में जुग़नू के समान चमकती हुई दो वस्तुएं दिखाई दीं। उसने

सहज भाव से उन्हें कांटे से छेद दिया। कांटा लगते ही ऋषि के नेत्रों से रक्त धारा बहने लगी क्योंकि वह च्यवन ऋषि थे जो समाधि में लीन थे। इस बात को जानकर राजा तथा उसके सैनिकों को घबराहट हुई। राजा ने इसका कारण जानना चाहा। तब सुकन्या ने सारी बात बता दी। फिर उसके अपराध के लिए क्षमा मांगी तथा ऋषि को प्रसन्न करने के लिए वह कन्या ही उनको दे दी। सुकन्या अपने पति की पूरी सेवा करने लगी लेकिन च्यवन बूढ़े होने के कारण पूरा सुख नहीं उठा पा रहे थे। इसलिए उन्होंने आश्रम में आए अश्विनी कुमारों से नव यौवन प्राप्त किया। च्यवन ऋषि ने अश्विनीकुमारों के लिए यज्ञ किया और देवराज इन्द्र के न चाहने पर भी उस यज्ञ का सोम दिया।

शर्याति के तीन पुत्र–उत्तानवर्हि, आनर्त और भूरिषेण हुए। आनर्त से रैवत उत्पन्न हुआ जिसने समुद्र के बीच द्वारिका बनाई। रैवत के सौ पुत्रों में सबसे बड़ा ककुद्ध था। एक बार रैवत अपनी रेवती नाम की कन्या को साथ लेकर ब्रह्म लोक वर की खोज में गया तो वहां ब्रह्माजी से उसे महाबली बलराम के अवतार की सूचना मिली और ब्रह्माजी और ब्रह्माजी के अनुसार ही रैवत अपनी कन्या को बलरामजी को सौंपकर बद्रिकाश्रम तप के लिए चले गए।

शुकदेवजी ने कहा कि अब आप मनु के पुत्र नभग के सबसे छोटे नाभाग की कथा सुनिए। नाभाग के गुरुकल में पढ़ने के लिए चले जाने पर उसके भाइयों ने सारा धन अपने आप में बांट लिया। नाभाग लौटकर अपने पिता के पास वन में गया। पिता ने उसे अंगिरा वंशो नरेश के यज्ञ की रक्षा के लिए भेजा और कहा–जब वे स्वर्ग जाएंगे तो सारी सम्पत्ति तुम्हें दे देंगे। नाभाग ने ऐसा ही किया और सम्पत्ति पर अपना अधिकार जमाया। नाभाग ने रुद्र के पास जाकर उसका सम्पत्ति पर अधिकार स्वीकार कर लिया जिससे प्रसन्न होकर शेष सम्पत्ति रुद्र ने नाभाग को ही दे दी।

नाभाग का पुत्र अम्बरीष बहुत ऐश्वर्यशाली और महाज्ञानी हुआ। एक समय भगवान् विष्णु को प्रसन्न करने के लिए उसने अपनी पत्नी सहित वर्षभर एकादशी का व्रत किया और कार्तिक मास में व्रत की समाप्ति पर मधुवन में जाकर तीन दिन तक बिना आहार के भगवान् विष्णु का अखण्ड पूजन किया। अम्बरीष व्रत का पारायण करने ही जा रहा था कि दुर्वासा ऋषि आए। अम्बरीष ने उनका आदर-सत्कार किया और भोजन का निमन्त्रण दिया। दुर्वासा नहाने के लिए चले गए। उन्हें लौटने में देर हो गई। इधर द्वादशी समाप्त होने को आ गई। राजा यदि भोजन करता है तो अतिथि-दोष लगता है और यदि नहीं करता है तो व्रत निष्फल हो जाता है। बहुत सोचने पर राजा ने जल पी

लिया क्योंकि जल भोजन है या नहीं, इस पर भी विवाद है। जब दुर्वासा आए तो उन्होंने अपनी ज्ञान-शक्ति से सब-कुछ जान लिया और क्रोध में भरकर एक जटा के एक बाल को धरती पर पटका जिससे एक कृत्या हुई और वह अम्बरीष पर टूट पड़ी लेकिन विष्णु ने जो चक्र भेजा उसने कृत्या का विनाश कर दिया और वह दुर्वासा की ओर बढ़ा। उससे डरकर दुर्वासा ब्रह्माजी और फिर वहां से भी निराश होकर शिवजी की शरण में गए। पर उनकी कोई रक्षा नहीं कर सका। अन्त में वे विष्णु की शरण में गए तो भगवान् ने भक्त को दु:ख देने के लिए उनको भला-बुरा कहा और अम्बरीष से क्षमा मांगने के लिए भी कहा। दुर्वासा अम्बरीष के पैर छूकर क्षमा मांगने उसके पास गए। जब उन्होंने पैर छुए तब अम्बरीष ने संकोचवश भगवान् विष्णु की ही वन्दना प्रारम्भ की और उनकी प्रार्थना पर चक्र शान्त हुआ। दुर्वासाजी ब्रह्मलोक चले गए और अम्बरीष राज्य करने लगे।

अम्बरीष के विरूप, केतुमान और शम्भू-आदि तीन पुत्र हुए। फिर विरूप के पृषदश्व और रथोवर पुत्र हुए। रथीवर की सन्तति न होने पर अंगिरा ऋषि ने अपने ब्रह्म तेज से उसकी पत्नी से कई पुत्र उत्पन्न किए। छींकने के समय उनकी नाक से इक्ष्वाकु नामक पुत्र उत्पन्न हुआ। इक्ष्वाकु के निमि और दण्डक आदि सौ पुत्र उत्पन्न हुए। एक बार यज्ञ में काम आने वाले मृग के मांस के लिए विकुक्षि को इक्ष्वाकु ने शिकार के लिए भेजा। रास्ते में उसने भूख के कारण थोड़ा-सा मांस खा लिया। जब राजा को यह पता चला तब उसने पुत्र को घर से निकाल दिया और स्वयं भी पुत्र के विरह को न सह पाने के कारण विरागी होकर वन में चला गया। पिता को वन में गया जानकर विकुक्षि वापस लौट आया और राजकाज देखने लगा। विकुक्षि का नाम शशाद प्रसिद्ध हुआ और उसके पुरंजय पुत्रों का नाम इन्द्रवाह और काकुत्स्थ पड़ा।

नाम-परिवर्तन के विषय में शुकदेवजी ने परीक्षितजी को बताया कि पहले देवासुर संग्राम में पराजित देवता इस राजा के पास आए। राजा ने इन्द्र के वाहन बनने पर ही सहायता देना स्वीकार किया। इन्द्र बैल बन गए और विकुक्षि उस पर बैठकर सब कार्य-सम्पन्न कर सका। इसकी सहायता से इन्द्र ने दैत्यों पर विजय पाई। इस तरह पुर को जीतने के कारण राजा का नाम पुरंजय और बैल के कन्धे पर बैठकर युद्ध करने के कारण काकुत्स्थ नाम पड़ा। इसी वंश में आगे चलकर युवनाश्व हुआ। युवनाश्व सौ स्त्रियों के होने पर भी सन्तान उत्पन्न न होने से विरक्त होकर वन को चला गया। वहां फिर उसने एक यज्ञ कराया और चौबीस घंटे बाद ही जल ग्रहण करने के नियम

को तोड़कर प्यास से पीड़ित राजा ने आधी रात में ही जल पी लिया। इस कारण समय आने पर युवनाश्व की दाहिनी कोख फटने से त्रसदस्यी उत्पन्न हुआ और इसे इन्द्र ने ही पाला। युवनाश्व के दूसरे पुत्र मान्धाता बड़े प्रतापी और चक्रवर्ती हुए। उन्होंने राजा शशिबिन्द की कन्या बिन्दुमति से विवाह किया और फिर उससे पुरुकुत्स, अम्बरीष और मुचकुन्द पुत्र उत्पन्न हुए। इनकी पचास बहनें महर्षि सौभरि को अपना पति मानती थीं। उन्होंने भी उन्हें उसी रूप में जाना। एक बार सौभरि ने यमुना में स्नान करते हुए मैथुन-रत मत्स्य और मछली को देखा। उनके मन में भी उसी प्रकार का सुख भोगने की इच्छा हुई। तब उन्होंने मान्धाता से जाकर एक कन्या मांगी। राजा ने उसको कहा जो उसको पसन्द करती हो ले जाए। सौभरि ने उनके मन की बात जान ली ओर अपनी योग-शक्ति से अपने शरीर को सुन्दर बना लिया। पचास की पचास लड़कियां उस पर मुग्ध हो गईं और सौभरि ने उनसे विवाह किया। इसके बाद उनसे पचास हजार पुत्र उत्पन्न किए। आग में आहुति के समान सौभरि काम-वासना समाप्त नहीं हुई। पर जब उनको ज्ञान हुआ तब वे तपस्या करने के लिए वन में चले गए और फिर कुछ समय बाद तपस्या करते-करते शरीर त्याग दिया। उनकी पत्नियों ने भी अपनी शरीर लीला उनके साथ समाप्त की। शुकदेवजी ने कहा कि मान्धाता के पुत्र कुरुकुत्स का बसदस्यु>अनृण्य> हर्यश्व>अरुण>निबन्धन>सत्यव्रत वंश चलते रहे। यह सत्यव्रत त्रिशंकु नाम से प्रसिद्ध हुआ। सत्यव्रत की किसी भूल के कारण उसे चांडाल बनना पड़ा। एक समय विश्वामित्र ने उन्हें शरीर सहित स्वर्ग में भेजा लेकिन देवताओं ने नीचे गिरा दिया। पर विश्वामित्र ने उसे बीच में ही रोके रखा। सत्यव्रत का पुत्र हरिश्चन्द्र हुआ जो महादानी के रूप में प्रसिद्ध हुआ। हरिश्चन्द्र ने सन्तान पाने के लिए नारदजी के कहने से वरुण देव की उपासना की लेकिन उन्हें इस शर्त पर पुत्र प्राप्त हुआ कि उसकी बलि चढ़ा दी जाएगी। यथासमय राजा के यहां पुत्र हुआ लेकिन वे प्रेम के कारण वरुणजी को टालते रहे। रोहिताश्व भी बड़ा होता गया। जब उसे इस बात का पता चला तो वह वन में भाग गया। प्रतिज्ञा पूरी न होने पर हरिश्चन्द्र को जलोदर रोग हो गया। वन में रोहित ने शुनःशेप नामक बालक को बलि के लिए उसके पिता से मांगा और अपने पिता के पास ले आया। हरिश्चन्द्र ने उनकी बलि देकर सत्य-धर्म की रक्षा की। रोहित की वंश-परम्परा में अंतिम पुत्र बाहुक हुआ लेकिन अपना राज्य छिन जाने पर वह वन में चला गया। उसके मरने पर उसकी पत्नी भी सती होने के लिए तैयार हो गई लेकिन उसे गर्भवती होने के कारण और्व ऋषि ने रोक दिया।

फिर उसकी सौतनों ने उसे विष खिला दिया लेकिन उसके गर्भ का कुछ नहीं बिगड़ा और उससे सगर नाम का पुत्र पैदा हुआ। सगर ने कुछ समय बाद एक बहुत बड़ा यज्ञ किया। उसके घोड़े को इन्द्र ने चुराया और कपिल मुनि के आश्रम में ले जाकर बांध दिया। सगर के साठ हजार पुत्रों ने घोड़े की खोज में पाताल खोद दिया और जहां उन्हें घोड़ा मिला, वहां समाधि में लीन कपिल मुनि को उन्होंने बहुत भला बुरा कहा। कपिल ने जैसे ही आंखें खोलीं उनकी आंखों से एक ज्वाला निकली और सगर के पुत्र जलकर भस्म हो गए। राजा ने अपने पोते अंशुमान को पुत्रों को ढूंढ़ने के लिए भेजा। अंशुमान उसी स्थान पर पहुंचा और कपिल मुनि की स्तुति करने लगा। कपिल ने उसे परामर्श दिया कि वह घोड़ा ले जाकर यज्ञ सम्पन्न करे और अपने मृत पितरों के उद्धार के लिए गंगाजल से तर्पण करे। सगर का यज्ञ पूरा हुआ और वह अंशुमान को राज्य सौंपकर वन में चला गया। अंशुमान ने कपिलजी के कथनानुसार गंगा को लाकर अपने पूर्वजों को तारना चाहा, पर उन्हें सफलता नहीं मिली। फिर उनके पुत्र दिलीप ने भी यह कार्य किया। उनके पुत्र भागीरथ के प्रयास करने पर गंगाजी आने के लिए तैयार हो गई। उनके प्रवाह को संभालने के लिए भगीरथ ने शिवजी को भी तैयार किया। इस तरह भगीरथ ही गंगा को लाकर अपने पितरों को तार पाया। भगीरथ की वंश परम्परा में पुत्र श्रुत>नाम>सिन्धुदीप, अयुतायु>ऋतुपर्ण>सुदास हुए। सुदास वशिष्ट के श्राप से राक्षस हो गया। इसी वंश-परम्परा में दीर्घबाहु के पुत्र रघु और रघु के अज उत्पन्न हुए। अज के दशरथ और दशरथ के राम, लक्ष्मण, भरत, शत्रुघ्न आदि चार पुत्र पैदा हुए। इन्हीं राम ने रावण को कुल सहित नष्ट किया था। राम ने जनक के धनुष-यज्ञ में शिव-धनुष को उठाकर तोड़ा और सीता से विवाह किया। परशुराम का अभिमान मर्दन किया तथा खरदूषण, मारीच आदि राक्षसों को मार डाला। लंका का राज्य विभीषण को सौंपा और फिर स्वयं अयोध्या का राज्य संभाला लिया। लेकिन एक दिन अपनी पत्नी की निन्दा का वचन सुनकर लोकरंजक राम ने सीता को त्याग दिया। बाद में सीता के वाल्मीकि के आश्रम में लव और कुश नाम के दो पुत्र पैदा हुए। सीता पति के वियोग में पाताल में समा गई और यथासमय राम भी देह त्याग करके अपने लोक को चले गये।

शुकदेवजी ने इसके बाद पुरुरवा के सोमवंश का वर्णन कह सुनाया। उन्होंने कहा कि ब्रह्माजी से अत्रि नाम के पुत्र उत्पन्न हुए और फिर अमृतमय चन्द्रमा अश्रुओं से उत्पन्न हुआ। चन्द्रमा ने देवगुरु बृहस्पति की पत्नी को छीन लिया और बृहस्पति के बार-बार कहने पर भी तारा को नहीं लौटाया। बृहस्पति

ने ब्रह्माजी की शरण ली। इस समय तक तारा गर्भवती हो चुकी थी यद्यपि उन्हें बृहस्पति को ब्रह्माजी ने दिलवा दिया था। तारा ने यथासमय एक सुन्दर बालक को जन्म दिया। चन्द्रमा और बृहस्पति इस बुध नामक बालक पर अपना अधिकार जमाने लगे। ब्रह्मा ने तारा से सत्य जानकर पुत्र चन्द्रमा को दिलवा दिया। इसी बुध और इला से पुरुरवा का जन्म हुआ।

एक बार पुरुरवा भी रूप और सौंदर्य पर आसक्त हो गए तथा विहार के लिए उत्सुक हो गए। उर्वशी ने इस शर्त पर उस वीर राजा के प्रति आत्म-समर्पण करना स्वीकार किया कि वह उसके पुत्रवत् पाले दो मेमनों की रक्षा करेगा तथा भोग-विलास के समय के अतिरिक्त कभी नग्न दिखाई नहीं देगा।

इधर इन्द्र ने स्वर्ग में उर्वशी को न पाकर दो गन्धर्वों को पुरुरवा के साथ प्रणय-सुख भोगते हुए देखा तो उन्होंने उसके दोनों मेमने उठा लिए। मेमनों की चीत्कार सुनकर उर्वशी दुःखी होकर पुरुरवा से उनकी रक्षा के लिए प्रार्थना करने लगी। राजा ने भी हड़बड़ी में तलवार उठाई और दस्युओं के पीछे भाग पड़ा। शीघ्रता में उसे अधोवस्त्र धारण करने का ध्यान ही नहीं रहा। गन्धर्वों ने मेमनों को छोड़ दिया परन्तु अपने प्रकाश से नग्न राजा के दर्शन उर्वशी को करा दिए। फलतः निर्धारित प्रतिज्ञा के अनुसार उर्वशी पुरुरवा को छोड़कर स्वर्गलोक को चली गई।

कुछ समय पश्चात् कुरुक्षेत्र में उर्वशी ने पुरुरवा से भेंट की और उससे अपने को पाने के लिए गन्धर्वों की स्तुति करने को कहा। गन्धर्वों ने राजा द्वारा स्तुति किए जाने पर उसे उर्वशी के बदले अग्निस्थली दी, जिसे फेंककर राजा उर्वशी के वियोग में ही सन्तप्त और व्याकुल रहने लगा।

इसके बाद उर्वशी और पुरुरवा के छह पुत्र हुए—आयु, श्रुतायु, सत्यायु, रथ, विजय और जय। इनमें विजय का पुत्र भीम, भीम का कांचन और उसके होत्रक और जह्नु ने गंगाजी को उठाकर एक ही चुल्लू में पी लिया था। इसी जह्नु का पुत्र पुरु>बलाक>अजक>कुश>कुशाम्बु>गाधि उत्पन्न हुआ। गाधि की सत्यवती नामक कन्या का विवाह ऋचीक ऋषि से हुआ। एक सत्यवती और उसकी माता को सन्तान की इच्छा हुई। ऋषि ने पत्नी के लिए ब्राह्मण मन्त्रों और सास के लिए क्षत्रिय मन्त्रों से अभिमंत्रित चरु पकाया। जब वे स्नान को गए तो मां ने चरु को उत्तम समझकर उससे बदला लिया। इसके फलस्वरूप सत्यवती के गर्भ से यमदग्नि और उसकी माता के गर्भ से विश्वामित्र उत्पन्न हुए। यमदग्नि ने रेणुका से विवाह करके उसके गर्भ से अंशुमान आदि कई

तेजस्वी पुत्र उत्पन्न किए जिनमें कनिष्ठ का नाम परशुराम था।

परशुराम भी भगवान् के अवतार थे। उन्होंने हैहय राजाओं का नाश किया क्योंकि वे निरंकुश हो गए थे। हैहय देश का राजा कार्तवीर्य ऋषि दत्तात्रेय की कृपा से बहुत शक्तिशाली हो गया था। उसने नर्मदा की धारा को रोक दिया था और रावण द्वारा विरोध करने पर उसे बंदर की तरह नचाया था। यह कार्तवीर्य एक बार जमदग्नि के आश्रम में पहुंचा। वहां ऋषि ने सारे सैनिकों सहित अतिथ्य सत्कार किया और भोजन कराया।

राजा को ऋषि की कामधेनु के प्रति ईर्ष्या हो गई और वह बलपूर्वक उस गाय को अपने साथ ले गया। जब परशुराम अपने घर आए तो उन्हें सारी बात का पता चला और वह गाय छुड़ाने के लिए गए तथा राजा का वध करके गाय वापस ले गये। सहस्त्रबाहु ने अपने पिता की हत्या का बदला लेने के लिए युद्ध किया और एकान्त में यमदग्नि का सिर काट डाला। यह पता चलने पर परशुराम ने उन सब क्षत्रियों का वध किया और इक्कीस बार पृथ्वी को क्षत्रियों से रहित कर दिया।

राजा गाधि के पुत्र विश्वामित्र ने तप करके ब्राह्मणत्व प्राप्त किया ओर वे ब्रह्मर्षि बन गए। उनके सौ पुत्र थे। फिर भी उन्होंने शुनःशेप को अपना पुत्र बनाकर अपने पुत्रों से उसे बड़ा भाई मानने का आदेश दिया। जिन पुत्रों ने उसका आदेश नहीं माना उसे म्लेच्छ बना दिया। शेष को फलने-फूलने का वर दिया।

राजा परीक्षित ने शुकदेवजी से प्रश्न किया कि क्षत्रिय राजा ययाति ने ब्राह्मण की पुत्री देवयानी से कैसे विवाह किया? इसका उत्तर देते हुए शुकदेवजी ने कहा कि ययाति तीव्र बुद्धि के कारण अपने पिता का उत्तराधिकारी बना था। एक समय शुक्राचार्य की कन्या देवयानी और वृषपर्वा की कन्या शर्मिष्ठा दोनों बाग की शोभा देखती हुई एक तालाब के किनारे आई ओर अपने वस्त्र उतारकर उसमें नहाने लगीं। दूर से पार्वती और शिवजी उधर आ रहे थे। उन्हें देखकर जल्दी में वे कपड़े पहनने लगीं। देवयानी ने गलती से शर्मिष्ठा के कपड़े पहन लिए। शर्मिष्ठा ने उसे भला-बुरा कहा। देवयानी ने भी वैसा ही उत्तर दिया। तब शर्मिष्ठा ने उसे निर्वस्त्र करके कुएं में फेंक दिया और अपने घर चली आई। उधर घूमते हुए निकले राजा ययाति ने प्यास के कारण जब कुएं में झांका तो एक सुन्दर स्त्री को वहां लटका हुआ पाया। तब उन्होंने अपना एक वस्त्र भी उसके शरीर पर डाल दिया और अपने दुपट्टे से उसका हाथ पकड़कर बाहर निकाल दिया। देवयानी ने अपना परिचय दिया और उसे अपना पति बनाने की इच्छा व्यक्त की। राजा ने क्षत्रिय और ब्राह्मण

के विवाह की विपरीत व्यवहार के रूप में चित्रित किया तो देवयानी ने इसे ईश्वर की इच्छा बताया और उसके पीछे कच के श्राप की कहानी सुनाई। ययाति ने शुक्राचार्य की स्वीकृति मिलने पर देवयानी से विवाह स्वीकार कर लिया और अपने नगर को चला गया।

घर आकर देवयानी ने शर्मिष्ठा के अत्याचार की कहानी सुनाई तो शुक्राचार्य क्रोधित हुए। जब विशपर्वा को गुरु के क्रोध का पता चला तो उसने उनसे क्षमा याचना की पर शुक्राचार्य ने सारा निर्णय देवयानी पर छोड़ दिया। देवयानी ने इस शर्त पर क्षमादान दिया कि शर्मिष्ठा उसकी सेविका बनकर रहे। पिता ने देवयानी की बात मान ली कि दासी के रूप में वह उसके साथ रहे लेकिन कोई सम्बन्ध न बनाए। एक दिन ऋतु के बाद शर्मिष्ठा के कहने पर ययाति ने उससे प्रेम-क्रीड़ा की और तीन पुत्र उत्पन्न किए। देवयानी यह जानकर क्रुद्ध हो गई और पिता के पास जाकर रोने लगी। शुक्राचार्य ने ययाति को बूढ़े हो जाने का श्राप दे दिया लेकिन अपनी पुत्री के विलास का ध्यान रखकर पुत्र को बुढ़ापा सौंपने ओर उससे यौवन लेकर जीवन चलाने का संशोधन कर दिया। ययाति ने अपना बुढ़ापा अपने छोटे पुत्र पुरु को सौंप दिया और सुखभोग करने लगा। बहुत समय तक सुख भोग करने के बाद ययाति में विवेक जागा तो उसने अपने पुत्र को उसका यौवन लौटा दिया और वृद्ध होकर विरक्त भाव से वन में चला गया तथा तप करते हुए शरीर का त्याग किया। इसके बाद शुकदेवजी ने दुष्यन्त की कथा सुनाते हुए कहा कि दुष्यन्त पुरु की वंश-परम्परा में उत्पन्न हुआ। एक दिन घूमता हुआ कण्व ऋषि के आश्रम में चला गया। यहां उसे शकुन्तला दिखाई दी। राजा उसके सौन्दर्य पर मुग्ध हो गया। ऋषि के आश्रम में न होने के कारण शकुन्तला ने ही राजा का स्वागत किया और उसने विश्वामित्र तथा मेनका की पुत्री के रूप में अपना परिचय दिया। राजा ने उससे गन्धर्व-विवाह किया और फिर अपने नगर को लौट आया तथा राज-काज में व्यस्त होकर शकुन्तला को भूल गया। शकुन्तला ने समय आने पर एक तेजस्वी बालक को जन्म दिया। भरत नाम का यह बालक अपने बचपन में शेर के बच्चों को पकड़कर उनसे खेलता था। जब वह बड़ा हो गया तो शकुन्तला उसे लेकर दुष्यन्त के पास आई लेकिन दुष्यन्त ने उसे ग्रहण नहीं किया। लेकिन तभी आकाशवाणी हुई और उसने उसे अपनी पत्नी मानकर पुत्र के साथ स्वीकार कर लिया।

दुष्यन्त का बेटा भरत उसके बाद उत्तराधिकारी हुआ। वह बहुत प्रतापी ओर तेजवान था। उसने दिग्विजय करके ब्राह्मणों के शत्रु हूण, यवन, कंक,

खस, शंक आदि जाति के योद्धाओं को मार डाला और असुरों के द्वारा छीनी गई देवागनाएं भी देवताओं को लौटा दीं। भरत की पत्नियों ने अपने पुत्रों को राजा भरत की अनुरूप न होने से मार डाला। अत: भरत सन्तान रहित रह गए। उनकी इस चिन्ता को हटाने के लिए वायु ने बृहस्पति द्वारा अपनी भ्रातृजाया ममता के गर्भ से उत्पन्न माता-पिता द्वारा उपेक्षित और अपने द्वारा पालित भरद्वाज नामक का पुत्र लाकर उसे दे दिया। इससे भरत वंश की रक्षा हुई।

इस भरतवंश में रन्तिदेव उत्पन्न हुए और वे सदा दीन-दुखियों की सेवा और सहायता के लिए तैयार रहते थे। एक बार तो उन्हें पचास दिन भूखा-प्यासा रहना पड़ा। पचासवें दिन जब वे सबके साथ भोजन करने बैठ रहे थे तो ब्राह्मण ने आकर भोजन की मांग की। इस पर रन्तिदेव ने उन्हें अपना भोजन खिला दिया। शेष भोजन खाने को जैसे ही वे विचार कर रहे थे कि एक शूद्र वहां भूख मिटाने के लिए आया। राजा ने वह भोजन भी शूद्र को दे दिया और जब वह पानी पीकर पेट भरना चाहते थे तो एक चाण्डाल ने आकर पानी की मांग की। उन्होंने वह पानी उसे दे दिया। रन्तिदेव की सच्ची भक्ति से प्रभावित होकर तीनों देवता भगवान् विष्णु, ब्रह्मा ओर महेश बहुत प्रसन्न हुए और उनसे कुछ मांगने के लिए कहा। लेकिन उन्होंने कुछ नहीं मांगा और अपने को त्रिमूर्ति में विलीन कर दिया। भरतवंश में आगे चलकर द्रुपद, कुरु तथा शान्तनु उत्पन्न हुए। शान्तनु ने सत्यवती से दो पुत्र चित्रांगद और विचित्रवीर्य उत्पन्न किए। इन दोनों की पत्नियों ने वेदव्यास ने धृतराष्ट्र और पाण्डु को व एक दासी के उदर से विदुर को जन्म दिया। धृतराष्ट्र ने गान्धारी से दुर्योधनादि सौ पुत्र तथा एक दु:शला नाम की एक कन्या उत्पन्न की। कर्दम ऋषि के शाप के कारण पाण्डु सन्तानोत्पत्ति में असमर्थ थे। अत: उसके वंश को चलाने के लिए यम, वायु और इन्द्र ने क्रमश: युधिष्ठिर, भीम और अर्जुन को कुन्ती के गर्भ से उत्पन्न किया। इसी प्रकार पाण्डु की दूसरी पत्नी माद्री ने अश्विनीकुमारों ने नकुल और सहदेव को उत्पन्न किया। युधिष्ठिर आदि पांचों पाण्डवों ने कई सन्तानों को जन्म दिया। अर्जुन ने सुभद्रा के गर्भ से अभिमन्यु को और अभिमन्यु ने उत्तरा के गर्भ से आपको उत्पन्न किया।

इसके बाद शुकदेवजी ने परीक्षितजी को बताया कि आपके पुत्रों में से जन्मेजय आपकी मृत्यु के कारण रूप सर्पों के विनाश के लिए सर्प यज्ञ करेगा और उसका बेटा शतानीक>सहस्रानीक>अश्वमेधज>असीमकृष्ण>निमिचक्र> चित्ररथ>कविरथ>दृष्टिमान्>सुषेष>सुनीथ होगा। इस वंश का अंतिम राजा क्षोभक होगा जो कलि के प्रारम्भ में समाप्त हो जाएगा।

शुकदेवजी ने आगे कहा कि ययाति के अन्य चार पुत्रों का वंश भी फला-फूला। इनमें इन्द्र के तीन पुत्र थे समान्तर, चक्षु और परोक्ष। समानर की पुत्र परम्परा में चित्ररथ उत्पन्न हुआ जिसने नि:संतान होने के कारण दशरथ की पुत्री शान्ता को गोद लिया और श्रृंगी ऋषि के साथ उसका विवाह किया। इसके बाद चित्ररथ पुत्रवान हुआ और उसका वंश आगे बढ़ा। इसी परम्परा में अधिरथ हुआ जिसने मंजूषा से निकालकर कर्ण को पुत्र के रूप में पाला।

ययाति के पुत्र यदु का वंश परम पवित्र है क्योंकि इस वंश में स्वयं भगवान् परब्रह्म ने कृष्ण के रूप में अवतार लिया। जब-जब संसार में धर्म की हानि होती है और पाप की वृद्धि होती है तो भगवान् हरि अवतार धारण करते हैं। भगवान् कृष्ण मथुरा में वसुदेवजी के घर अवतीर्ण हुए और वहां रहकर गोपी-ग्वाल बालों को प्रसन्न किया। वह पहले गोकुल रहे, फिर मथुरा के बाद द्वारिका में रहकर उन्होंने शत्रुओं का विनाश किया और अनेक स्त्रियों से विवाह करके अनेक पुत्र उत्पन्न किए। महाभारत के युद्ध में उन्होंने अर्जुन को गीता का ज्ञान दिया और मित्र उद्धव को आत्मसत्व का उपदेश देकर परम धाम चले गए।

शुकदेवजी ने कहा कि श्रीकृष्ण का पावन चरित्र सुनने-सुनाने से और उनका कीर्तन करने से जीव के पापों का नाश होता है और उसके पुण्य बढ़ते हैं। वह जीव को सद्‌गति देने वाला है।

दशम स्कन्ध

(पूर्वाद्ध)

सारी कथाएं सुनने के बाद परीक्षित ने अपने कुल देवता और सोलह कलाओं से परिपूर्ण भगवान् श्रीकृष्ण के पावन चरित्र को सुनाने की शुकदेवजी से प्रार्थना की। इस पर शुकदेवजी ने श्रीकृष्ण के रूप में भगवान् विष्णु के अवतार लेने की कथा को सुनाया। शुकदेवजी ने कहा कि पृथ्वी जब अनेक राक्षसों के अत्याचारों से दुःखी हो गई तो ब्रह्माजी के पास गई। ब्रह्माजी उसे शिवजी के पास ले गए। शिव उस समय भगवान् विष्णु के ध्यान में रत थे। ब्रह्मा और पृथ्वी भी भगवान् का स्मरण करने लगे। स्मरण करते समय सुने हुए भगवान् के वचन पृथ्वी को बताते हुए ब्रह्माजी ने कहा कि वसुदेव की पत्नी देवकी के गर्भ से विष्णु शीघ्र ही श्रीकृष्ण के रूप में अवतार लेंगे। श्रीहरि के अंश शेषजी भी श्रीकृष्ण के बड़े भाई के रूप में जन्म लेंगे। पाण्डुनंदन यदुवंशियों में शूरसेन नाम के तेजस्वी राजा ने अपनी पत्नी मरिष्या से दस पुत्र और पांच कन्याएं उत्पन्न की। इनमें सबसे बड़े पुत्र का नाम वसुदेव था। वसुदेव का विवाह राजा देवक की पुत्री देवकी से हुआ था। देवकी के गर्भ से आठवें पुत्र के रूप में भगवान् श्रीकृष्ण ने जन्म लिया। कृष्ण माता देवकी कंस की चचेरी बहन थी। जब देवकी का विवाह हो रहा था तब एक भविष्यवाणी हुई थी, जिसमें कहा गया था कि देवकी के गर्भ से उत्पन्न आठवीं संतान कंस का काल होगी। इस कारण देवकी की सभी संतानों को मारने के लिए, कंस ने देवकी और वसुदेव को विवाह बाद जेल में बंद कर दिया था। वहीं जेल में देवकी की आठवीं संतान के रूप में भगवान् श्रीकृष्ण ने जन्म लिया।

कंस के वंश का परिचय देते हुए शुकदेवजी बोले कि वृष्णीवंशी आहुक राजा के बेटे उग्रसेन थे। उनकी पत्नी बहुत सुंदर थी। उसका नाम पवनरेखा था। एक दिन वह उपवन में विहार कर रही थी तो सखियों से अलग हो गई। वहां पर एक दैत्य घूमता हुआ आ गया। इस दैत्य का नाम द्रुमलिम था। दैत्य ने रानी को देखकर उससे भोग-विलास करना चाहा क्योंकि वह उसके रूप पर मुग्ध

हो गया था। बलपूर्वक भोग से आनंद न मिल पाने के कारण उसने माया से उग्रसेन का रूप बनाकर काम-भावना बुझाने की प्रार्थना की। रानी ने पहले तो उसको दिन में रोका लेकिन कई बार कहने से उनकी इच्छा पूरी की। सहवास के उपरांत राक्षस अपने वास्तविक रूप में आ गया, जिस देखकर वह रानी बहुत घबराई और उसने उसको भला-बुरा कहा। तब राक्षस ने कहा कि तेरे समान रूपवती स्त्री को अपुत्रवती जानकर मैंने तुझसे सहवास किया है। मैं अपने से उत्पन्न इस पुत्र को अपने सारे पुण्य समर्पित करता हूं। तुम इसे ईश्वर का विधान समझो और अपने गर्भ की रक्षा करके पुत्रवती बनो। पवनरेखा ने भी इसे ईश्वर का विधान मानकर धैर्य धारण कर लिया। जब पवनरेखा कुंजों से बाहर आई तो उसने अपनी सखियों को चिंतित रूप में देखा। सखियों ने जब रानी से श्रृंगार के उतरने, मुख के पीला पड़ने तथा दुखी मन होने का कारण पूछा तो उसने उत्तर दिया कि यहां एक यवन आया था जिसे देखकर मैं मूर्च्छित हो गई थीं। सखियों ने ईश्वर को धन्यवाद दिया और रानी को रथ पर बिठा कर नगर में लौट आईं। समय आने पर रानी के पुत्र उत्पन्न हुआ। ब्राह्मणों ने उस बालक की कुण्डली देखकर उसकी आततायी, लोक पीड़क तथा पिता के राज्य को हथियाने वाला बताया। ब्राह्मणों ने यह भी बताया कि इसके अत्याचारों से धरती कांप जाएगी और भगवान् विष्णु को उसका वध करने के लिए अवतार लेना पड़ेगा। धर्मात्मा उग्रसेन ने ईश्वर का विधान मानकर बालक का पालन-पोषण किया।

बालक का नाम कंस रखा गया और वह प्रारम्भ से ही उग्र और उद्धत होता गया। वह पिता के समझाने से भी नहीं मानता था। आठ वर्ष की अवस्था में ही उसने मगध नरेश राजा जरासंध पर चढ़ाई कर दी और उसे द्वन्द्व युद्ध में पछाड़ दिया। जरासंध ने पराजित होने के बाद अपनी दोनों कन्याएं उस बलवान कंस को सौंप दीं। कुछ समय बाद एक दिन राजा उग्रसेन राम की भक्ति कर रहे थे तो कंस ने उन्हें राम की भक्ति छोड़कर शिव की भक्ति करने के लिए कहा। उग्रसेन ने कहा कि मैं राम और शिव में कोई अंतर नहीं मानता। इस पर कंस ने अपने पिता उग्रसेन को लात मारकर सिंहासन से नीचे गिरा दिया और स्वयं सिंहासन पर बैठ गया। सिंहासन पर बैठने के बाद उसने अपने राज्य में हवन, जप, तप आदि का निषेध करा दिया और यह भी घोषणा करा दी कि जो व्यक्ति इस आदेश का पालन नहीं करेगा, उसे दंड दिया जाएगा। जब कंस ने पृथ्वी के अनेक राजाओं को जीत लिया तो उसके मन में यह भी आया कि इन्द्र पर विजय प्राप्त की जाए। उसे इन्द्र नहीं मिला और

मंत्रियों के द्वारा इन्द्र पर अधिकार करने के लिए अश्वमेध यज्ञ की योजना भी उसे अच्छी नहीं लगी। उसके लगातार बढ़ते हुए कर्मों के कारण उसके वध के लिए श्रीकृष्ण का अवतार शुरू हुआ था।

शूरसेन राजा ने मथुरा नगर को बसाया और अपने जीवन काल में सभी यदुवंशियों का एक स्थान पर एकत्रित कर लिया। जब शूरसेन का बेटा वसुदेव देवकी को विवाह करके ला रहा था तो उसका सम्मान करने के लिए कंस स्वयं रथ का संचालन करने लगा। लेकिन इसी समय एक भविष्यवाणी हुई जिसमें कहा गया कि देवकी का आठवां बेटा तुम्हारा काल होगा। इस आकाशवाणी को सुनते ही कंस तलवार से देवकी की हत्या करने के लिए तैयार हुआ तो वसुदेव ने उसे बहुत रोका और समझाया कि स्त्री वध का पाप सिर पर न ले। लेकिन कंस नहीं माना तो वसुदेव ने उससे कहा कि वह प्रत्येक संतान को जन्म लेते ही कंस को समर्पित कर देगा। इस शर्त को सुनकर कंस ने देवकी को छोड़ दिया। बाद में वसुदेव ने इस प्रतिज्ञा का पालन किया और सबसे पहला पुत्र कीर्तिमान ले जाकर कंस को सौंप दिया। लेकिन कंस ने यह कहकर उस पुत्र को लौटा दिया कि यह तो तुम्हारा पहला पुत्र है। उसे तो केवल आठवें पुत्र की आवश्यकता है। इस तरह वह वसुदेव को सारी संतान लौटाता रहा। एक समय नारदजी कंस के पास आए तो उन्होंने कहा कि तुम यदुवंशियों पर बहुत अंकुश रखो। यह सुनकर कंस ने अन्य यदुवंशियों को तो पीड़ा देना शुरू कर दी और वसुदेव तथा देवकी को जेल में डाल दिया। सातवीं संतान के रूप में भगवान् की योगमाया से देवकी के पेट का गर्भ रोहिणी के गर्भ में स्थापित हुआ, जिससे बलराम की उत्पत्ति हुई। जब देवकी के यहां आठवीं संतान के रूप में भगवान् श्रीकृष्ण ने अवतार लिया तो कारागार के ताले अपने आप खुल गए और सभी पहरेदार गहरी नींद में सो गए। तब वसुदेवजी नवजात बालक को लेकर उसे किसी प्रकार यमुना पार कराके गोकुल में नन्दजी के घर ले गए। वहां नींद में सोई हुई यशोदा की गोदी में बालक को लिटा दिया और उसके पास लेटी छोटी बालिका को उठा लिया और वापस आकर उस बालिका को देवकी की गोद में डाल दिया। भगवान् की माया के कारण प्रसव-पीड़ा से अचेत यशोदा को इस परिवर्तन के रहस्य का कोई पता नहीं चला। इधर दूसरी और बच्ची के रोने की आवाज सुनकर जेल के पहरेदारों ने दरवाजें बंद करके महाराजा कंस को देवकी के यहां लड़की के जन्म की सूचना दी। इस सूचना के सुनते ही कंस अपने आप कारागार में आया और उसने देवकी की गोदी से बच्ची को छीनकर बाहर

पत्थर पर पटक-पटककर मार डाला। लेकिन वह कन्या अष्टभुजी देवी का रूप धारण करके बोली कि तेरा वध करने वाला तो जन्म लेकर गोकुल में पल रहा है। जब कंस ने यह सुना तो उसने वसुदेव और देवकी को बंदीगृह से मुक्त कर दिया।

कंस ने यह जानकर कि गोकुल में उसको वध करने वाला बालक जन्म ले चुका है, पर पता नहीं वह बालक कौन है। इसलिए पूतना नाम की राक्षसी को गोकुल के लगभग सभी बच्चों का वध करने के लिए भेजा। वह राक्षसी गोकुल पहुंची और उसने एक सुंदर रमणी का वेश बनाया और नन्द के घर में प्रवेश कर गई। उसने भगवान् कृष्ण को गोदी में उठाया और अपना विष से भरा स्तन उसके मुंह में डालकर पिलाने लगी। श्रीकृष्ण ने अपने दोंनों हाथों से उस राक्षसी के स्तनों को ऐसा दबाया कि वह दम घुटने के कारण प्राणहीन हो गई। जब थोड़ी देर बाद माता यशोदा वहां आई तो पूतना की छाती पर खेलते हुए कृष्ण को उठाया और दूध पिलाकर सुला दिया। जब श्रीकृष्ण सत्ताईस दिन के ही थे तो नन्द ने अनेक ब्राह्मणों को अपने घर में बुलाया। घर के सभी बड़े व्यक्ति ब्राह्मणों की सेवा में तल्लीन हो गए और उनका ध्यान कृष्ण की ओर नहीं रहा। भगवान् श्रीकृष्ण बालक के रूप में अकेले ही पालने में भूखे पड़े रहे। तभी एक राक्षस पालने में बैठ गया। श्रीकृष्ण ने उसे इतनी जोर से लात मारी कि वह तो मर ही गया पालना भी चूर-चूर हो गया। शोर सुनकर बहुत से लोग वहां भागकर आए और उन्होंने देखा कि कृष्ण तो कुशलपूर्वक हैं, लेकिन एक राक्षस वहां पर मरा पड़ा है।

श्रीकृष्ण जब पांच महीने के थे, तब कंस ने तृणावर्त नाम के राक्षस को श्रीकृष्ण के वध के लिए भेजा। राक्षस वहां गया और वह श्रीकृष्ण को लेकर आकाश में उड़ गया। तब पांच महीने के श्रीकृष्ण ने उस राक्षस का वध कर दिया और अपने माता-पिता तथा गोपियों की चिंता का निवारण किया। नन्द के कहने पर वसुदेव के पुरोहित गर्ग मुनि ने बड़े पुत्र का नाम बलदाऊ, रेवती रमण और बलवीर आदि रख दिए तथा श्रीकृष्ण का कृष्ण, श्याम, मुरली मनोहर आदि नाम रखे। बड़े होकर कृष्ण अनेक प्रकार की बाल-लालाएं करने लगे। इनमें प्रमुख, गोपियों के घर में प्रवेश करके उन गायों का दूध पी लेना तथा दूध पीने के लिए बछड़ों को छोड़ देना है। इसके साथ श्रीकृष्ण गोपियों के घर में रखा हुआ दूध-मक्खन उठाकर अपने साथी ग्वाल-बालों के साथ बांट कर खा लेते थे। रोज-रोज गोपियां श्रीकृष्ण को मक्खन चुराते हुए पकड़ लेती थीं, लेकिन उनके रूप-सौंदर्य पर, सरल मुस्कराहट पर मुग्ध होकर कुछ

नहीं कह पाती थीं और केवल हंसकर रह जाती थीं। लेकिन श्रीकृष्ण की शिकायत यशोदा से जरूर करती थीं। यशोदा जब उनसे पूछती थीं तो वह अपनी बातों से एकदम मना कर दिया करते थे। एक दिन जब यशोदा को शिकायत मिली कि कृष्ण ने मिट्टी खाई है तो यशोदा ने कृष्ण को मुंह खोलने के लिए कहा। यशोदा ने उन्हें धमकी दी और विवश किया तो श्रीकृष्ण ने अपना मुंह खोला लेकिन यशोदा उस मुंह से चौदह भुवनों को देखकर आंश्चर्यचकित रह गई।

एक बार यशोदा दही मथ रही थी तो कृष्ण ने उन्हें बुलाया। लेकिन वह दही मथने की आवाज में श्रीकृष्ण की आवाज नहीं सुन पाईं। इस पर श्रीकृष्ण नाराज होकर मां के पास आए और उससे लड़ने लगे। यशोदा ने श्रीकृष्ण को पुचकार कर अपनी गोदी में बैठाया और रोटी-मक्खन खिलाने लगी। थोड़ी देर में ही रसोई में उबलता हुआ दूध देखकर यशोदा कृष्ण को वहीं छोड़कर रसोईघर में चली गई तो भगवान् श्रीकृष्ण ने अपने साथी ग्वाल-बालों को बुलाया और दही और मक्खन चुरा लिया तथा थोड़ा-सा इधर-उधर फैला दिया और बहुत सारे बर्तन भी तोड़ डाले। इसके बाद वह चले गए। यशोदा जब लौटकर आईं तो वह एक छड़ी लेकर पीछे भागीं। बड़ी कठिनता से उन्होंने श्रीकृष्ण को पकड़ा और पकड़े जाने पर जब श्रीकृष्ण रोने लगे तो माता के मन में भी दया हो आई और उसने छड़ी तो फेंक दी, लेकिन श्रीकृष्ण को रस्सी से बांधने के लिए घर ले आईं। जब कृष्ण घर आए और यशोदा उन्हें बांधने लगी तो उन्होंने देखा कि हर रस्सी छोटी पड़ रही है। वह थककर निराश हो गईं तो फिर श्रीकृष्ण ने अपने आप ही बंधना चाहा।

जब श्रीकृष्ण ऊखल में बंधे हुए थे तो उन्हें अपने परम भक्त नारद के श्राप के कुबेर पुत्रों नल, कूबर और मणिग्रीव जो यमल और अर्जुन वृक्ष के रूप में पड़े थे–याद आ गई। कुबेर ने ये दोनों पुत्र भगवान् शिव की पूजा किया करते थे। लेकिन शिवजी से प्राप्त ऐश्वर्य और धन के कारण इन्हें बहुत घमंड हो गया था और फिर शिवजी की पूजा को छोड़कर ये रात-दिन स्त्रियों के साथ विलास में मग्न रहते थे। जब ये दोनों एक बार स्त्रियों के साथ विलास कर रहे थे तो वहां पर नारदजी आए। नारदजी को देखकर स्त्रियों को तो लज्जा की अनूभूति हुई, लेकिन ये दोनों बिना संकोच के निमग्न रहे। ऐसे निर्लज्जों को नारदजी ने जड़ वृक्ष बन जाने का श्राप दिया और फिर उनके प्रार्थना करने पर नारदजी ने कहा कि भगवान् श्रीकृष्ण तुम्हारा उद्धार करेंगे। इस बात की याद आने पर भगवान् श्रीकृष्ण ने उनका श्राप दूर करने के लिए

ऊखल को घसीट कर यमल और अर्जुन पेड़ों के बीच में फंसा दिया। इसके बाद उन्होंने ऊखल को जोर से खींचा तो दोनों वृक्ष गिर गए और नल कबर तथा मणिग्रीव अपने वास्तविक रूप में सामने आ गए। फिर वे श्रीकृष्ण स्तुति करके अपने धाम को चले गए।

कंस का उपद्रव और अत्याचार दिन-पर-दिन बढ़ रहा था। इसी कारण बड़े-बूढ़ों के परामर्श से नंद गोकुल में अपने साथियों को छोड़कर वृन्दावन में आकर बस गए। वृन्दावन में आकर श्रीकृष्ण ने जिद करके बलराम के साथ बछड़ों को चराने की अनुमति प्राप्त कर ली। फिर वह इस कार्य को करने लगे। लेकिन एक दिन कंस ने वत्सासुर राक्षस को बछड़े के वेश में कृष्ण को मारने के लिए भेजा। वह बछड़े का रूप धारण करके अन्य बछड़ों से मिल गया। उसे देखकर बाकी सारे बछड़े बहुत व्याकुल होने लगे। श्रीकृष्ण ने उस राक्षस की चोंच को पकड़कर उसे चीर-फाड़ दिया और उसका वध कर दिया। जब ये सारी बातें ग्वाल-बालों ने नन्द और यशोदा को बताई तो वह अपने बालक की शक्ति पर बलइयां लेने लगीं।

इसी तरह एक बार कंस ने भगवान् श्रीकृष्ण का वध करने के लिए अघासुर राक्षस को भेजा। उसने अपनी योगमाया से अजगर का वेश बनाया और अपना मुंह फैला लिया। गौ चराने के लिए श्रीकृष्ण और ग्वाल-बाल उसे पर्वत कन्दरा समझकर खेल-खेल में उसमें प्रवेश कर गए और जैसे ही ग्वाल-बाल श्रीकृष्ण के साथ उसमें घुसे, वैसे ही अजगर ने अपना मुंह बंद करके उन्हें निगल लेना चाहा। तब श्रीकृष्ण ने अपने शरीर का इतना विस्तार किया कि अजगर का दम घुट गया और बाकी सब ग्वाल-बाल कुशलपूर्वक उसके पेट से बाहर आ गए।

ब्रह्माजी ने एक बार श्रीकृष्ण की परीक्षा ली। उन्होंने उनकी गायें और बछड़े चुरा लिए। जब श्रीकृष्ण उन्हें ढूंढ़ने निकले तो ब्रह्मा ने सभी ग्वाल-बालों का भी हरण कर लिया। श्रीकृष्ण ने ध्यान लगाया और उन्हें वास्तविकता का पता चला। उन्होंने तुरन्त नये गाय-बछड़े और ग्वाल-बालों की सृष्टि कर दी। किसी को यह भी पता नहीं चला कि ये पशु प्रतिकृति रूप में थे। एक वर्ष के बाद ब्रह्माजी ने सेवकों के द्वारा, श्रीकृष्ण की वंशी सुनने के बाद, बहुत रोकने पर भी जब सभी गाएं श्रीकृष्ण के पास दौड़कर आईं तो ब्रह्मा ने भी अपनी शक्ति से अधिक श्रीकृष्ण की शक्ति को स्वीकार किया और अपनी सीमा मानी। उन्होंने श्रीकृष्ण की पूजा की और श्रीकृष्ण ने अपने द्वारा बनाई गई बछड़ों और गायों की सृष्टि को अदृश्य कर दिया। एक दिन अपने साथियों

के साथ गौएं चराते हुए श्रीकृष्ण ने साथियों से सुना कि पास में ही एक बहुत मीठे फल के वृक्षों से भरा हुआ ताल का वन है और उन वृक्षों के अमृत फल कोई नहीं खा सकता। वे वैसे ही नष्ट हो जाते हैं। कारण यह है कि धेनुक नाम की महाबली राक्षस आतंक फैलाए हुए है। अपने साथियों की इच्छा जानकर श्रीकृष्ण बलराम के साथ उस वन में गए और धेनुक तथा उसके परिवार वालों का नाश किया। इस तरह अपने साथियों की मीठे फल खाने की इच्छा पूरी की। एक दिन श्रीकृष्ण ने देखा कि कालिय नाग यहां आकर रहने लगा है और उसके जहर का प्रसार यमुना के सारे जल में हो गया है, जिससे नदी का जल विषमय हो गया है। तब श्रीकृष्ण ने नाग का नाश करने के लिए साथियों के साथ खेलते-खेलते अपनी गेंद कालिय नाग की दह में फेंक दी और फिर उसे खोजने के लिए उसमें कूद पड़े। जब यह समाचार फैला तो यशोदा तथा अन्य स्त्रियां यमुना के किनारे आकर रोने लगी। इधर कालिय नाग ने श्रीकृष्ण के चारों तरफ अपने को लपेट लिया। लेकिन जैसे ही कृष्ण ने अपने शरीर का विस्तार किया तो सांप का बंधन ढीला हुआ और चरमराने लगा और श्रीकृष्ण उसके सिर पर चढ़कर नाचने-कूदने लगे। इससे वह और भी व्याकुल हो गया। तब भगवान् श्रीकृष्ण ने उससे कहा कि वह इस प्रदेश को छोड़कर कहीं और जाकर रहने लगे। नाग ने कृष्ण के इस आदेश का पालन किया और उनकी स्तुति करके यमुना को छोड़कर दूसरी जगह चला गया।

एक बार आधी रात के समय सब लोग सो रहे थे कि अचानक चारों तरफ आग लग गई और उस आग में गोप-गोपियां अपने बछड़ों, गायों सहित घिर गईं। उन्होंने श्रीकृष्ण के नाम की रट प्रारंभ कर दी। नन्द और यशोदा सहित गोकुल वासियों की दीन पुकार को सुनकर कृष्ण ने उस अग्नि को पी लिया और सारे ब्रज वासियों की रक्षा की। श्रीकृष्ण और बलराम एक समय मिलकर अपने साथियों सहित घोड़ा चड्या नामक खेल खेल रहे थे। इस खेल में हारा हुआ व्यक्ति घोड़ा बनता है और जीता हुआ सवार। खेल-खेल में कंस के द्वारा भेजा गया प्रलंबासुर राक्षस भी गोप का रूप धारण करके उनके साथियों में मिल गया। श्रीकृष्ण ने उसे पहचान लिया और बलरामजी को बता दिया। श्रीकृष्ण के दल में मिला हुआ वह राक्षस हार गया—क्योंकि बलराम का दल जीत गया था—तब वह बलराम को अपनी पीठ पर बिठाकर जल्दी से बहुत दूर भागा। बलराम के साथियों ने उसका पीछा किया लेकिन वे उसकी गति के साथ न जा सके। उसने बलराम को अकेले में मारना चाहा था। लेकिन

जैसे ही वह बलराम को मारने के लिए अपने वास्तविक रूप में आया त्योंही बलराम ने उसके प्रहारों को सहते हुए उसकी अपने मुक्कों से ऐसी पिटाई की कि वह मर गया। इस तरह इस राक्षस का वध करने के कारण सबने बलरामजी का अभिनन्दन किया और फिर खेल खेलने लगे।

ग्वाल-बाल खेल में तल्लीन थे तो उनके न देखने से सभी गौएं पास के कुंजवन में चली गईं। कुछ देर बार श्रीकृष्ण ग्वाल-बालों के लेकर कुंजवन में पहुंचे और गौओं को ढूंढ़ने लगे। तब चारों तरफ से अग्नि प्रगट होने से पशु और मनुष्य आग में घिर गए और बचाव के लिए श्रीकृष्ण से प्रार्थना करने लगे। प्रार्थना करने के बाद श्रीकृष्ण ने उन्हें अपनी आंख बंद करने के लिए कहा। जब उन्होंने थोड़ी देर बाद आंख खोली तो देखा कि वे सब-के-सब कुंज वन में हैं और गायें उनके पास कुंजवन में ही हैं। इस प्रकार श्रीकृष्ण के ब्रह्मस्वरूप में उनका विश्वास बढ़ता गया।

ब्रजकुमारियों के मन में भावना का विकास इस तरह होता गया कि उन्होंने श्रीकृष्ण को ही पति के रूप में वरण करना आरंभ कर दिया और उन्हें पाने के लिए अगहन महीने में कात्यायिनी व्रत धारण करने लगीं। एक दिन वे सभी गोपियां नदी के किनारे जाकर अपने वस्त्र उतारकर जल में स्नान करने लगीं। श्रीकृष्ण अपने मित्रों सहित उधर आए और उन्होंने गोपियों के इस कार्य का वरुण देवता का अपमान समझा। श्रीकृष्ण ने गोपियों को शिक्षा देने के लिए उनके वस्त्र उठा लिए और पास ही कदम्ब के पेड़ पर चढ़कर बैठ गए। गोपियों को जब श्रीकृष्ण के इस कार्य का पता लगा तो वे जल में खड़ी होकर ही अपने वस्त्रों के लिए प्रार्थना करने लगीं। श्रीकृष्ण ने उनसे कहा कि वे अपने हाथों से अपने गुप्तांगों ढककर बाहर आएं। गोपियों ने ऐसा ही किया। फिर श्रीकृष्ण ने उन्हें पूरी तरह शिक्षित करने के लिए प्रायश्चित्त रूप में हाथों को मस्तक पर ले जाकर जोड़ने के लिए कहा। गोपियों ने संकोच से भरे हुए ऐसा ही किया। संकोच करती हुई गोपियों से उन्होंने आगे आने के लिए कहा और वैसा करने के बाद ही श्रीकृष्ण ने उनके वस्त्र लौटाए। गोपियां श्रीकृष्ण के रूप-सौंदर्य पर मुग्ध थीं, इसीलिए उन्होंने उनकी बात का बुरा नहीं माना। उन्होंने श्रीकृष्ण के वस्त्र हरण का सामान्य रूप में लिया। वे कृष्ण में अनुरक्त थीं और उन्हें पति रूप में पाना चांहती थी। उनकी इच्छा पूरी तरह करते हुए भगवान् श्रीकृष्ण ने उनके साथ रासलीला की।

एक बार श्रीकृष्ण वन में गायों को चराते हुए अपने साथियों के साथ घूम रहे थे। उनके साथियों को मीठे फल और मिठाई खाने की इच्छा हुई। इस बीच

में ही श्रीकृष्ण को ब्राह्मणी स्त्रियों का ध्यान आया और उन्होंने सभी ग्वाल-बालों को आंग्य रस-यज्ञ में लगी सुन्दर मिष्ठान तैयार करती हुई ब्राह्मणियों के पास भेजा। जब गोप-ग्वाले वहां उनके पास गए तो उन्होंने भगवान् श्रीकृष्ण का नाम लिया। जैसे ही उन्होंने भगवान् का नाम लिया वैसे ही ब्राह्मणियां प्रसन्न हो उठीं और उन्होंने अनेक प्रकार की मिठाई थालियों में सजाईं तथा श्रीकृष्ण के सामने लाकर उपस्थित की। श्रीकृष्ण ने भी उन मिठाइयों का भोग लगाकर उन्हें प्रसन्न किया और वे कृष्ण की कृपा से फूली न समाईं और इस प्रकार अपने घर लौट आईं। श्रीकृष्ण की कृपा से ही या उनकी माया से ब्राह्मणियों के पतियों ने उनके इस कर्म में दोष नहीं देखा और उनके साथ बैठकर यज्ञ पूरा किया। शुकदेवजी बोले-हे परीक्षित! एक बार ब्रजवासियों ने पहले की तरह से ही इन्द्र की पूजा की और तरह-तरह के खाद्य पदार्थ तैयार किए। जब कृष्ण को यह पता लगा तो उन्होंने कहा-इन्द्र की पूजा करने से कोई लाभ नहीं। उनके यह कहने पर कि इन्द्र तो दीन-हीन और दुर्बल है हम उनकी पूजा क्यों करें और यदि हमें पूजा ही करनी है तो हम गोवर्धन पर्वत की करें क्योंकि यह पर्वत हमें धन-धान्य प्रदान करता है और हमारी गौओं के पालन-पोषण के लिए भी सामग्री देता है। कृष्ण के वचनों को सुनकर ब्रजवासियों ने गोवर्धन की पूजा आरम्भ कर दी और श्रीकृष्ण ने अपने विराट् रूप से पूजा की सारी सामग्री का भोग लगाया। कृष्ण ने ब्रजवासियों को गिरिराज की महिमा को बताया और प्रत्यक्ष दर्शन दिए। इन्द्र ने जब अपना अपमान इस प्रकार अनुभव किया और पूजा प्राप्त नहीं की तो वह ब्रजवासियों से नाराज हो गया। उसने बादलों को आदेश दिया कि ब्रजभूमि पर अति वृष्टि करें। अति वर्षा से प्रलय का दृश्य उपस्थित हो गया। चारों तरफ पानी-ही-पानी दिखाई देने लगा। ब्रज के निवासी घबरा गए। कोलाहल मचा और हर ओर त्राहि-त्राहि होने लगी। ब्रज के निवासियों को दुखी जानकर कृष्ण ने गोवर्धन पर्वत को उठा लिया और सारे ब्रजवासियों को उसके नीचे आश्रय दिया और इस तरह इन्द्र के गुस्से से उनकी रक्षा की। बहुत कोशिश करने पर भी इन्द्र ब्रजवासियों का कुछ भी नहीं बिगाड़ सका। इस तरह से कृष्ण ने अनेक अलौकिक लीलाएं की और उन लीलाओं के कारण वे परम ब्रह्म समझे जाने लगे। इन्द्र अपनी पराजय से खिन्न होकर ब्रह्माजी के पास गया पर उसे विष्णु की वास्तविकता का पता चलने के बाद पश्चात्ताप हुआ। उसने फिर श्रीकृष्ण की स्तुति की और अपने लोक में चला गया।

कार्तिक महीने की पूर्णमासी की रात को श्रीकृष्ण ने अपनी प्रतिज्ञा के

अनुसार गोपियों के साथ रासलीला रचाई। इस कार्यक्रम के अंतर्गत वे यमुना किनारे आकर बांसुरी बजाने लगे। जब गोपियों ने बांसुरी का स्वर सुना तो अपना घर, परिवार, पति पुत्रादि को छोड़कर और उनके मना करने पर भी कृष्ण के साथ लीला में भाग लेने के लिए आधी रात को वहां पहुंच गईं। उधर श्रीकृष्ण ने घर-परिवार और पतियों को छोड़कर आने वाली गोपियों को कहा कि यह उन्होंने अच्छा कार्य नहीं किया है। उन्हें वापस घर लौट जाना चाहिए। लेकिन गोपियां नहीं मानी और पछाड़ खाकर वहीं पर मूर्च्छित हो गई। उनकी आंखों से आंसुओं की धारा बहने लगी। जब श्रीकृष्ण ने यह देखा तो इन्हें गोपियों की सत्यनिष्ठा पर विश्वास हो गया और फिर उन्होंने उनके साथ गाते, बजाते और नाचते हुए रासलीला की। आनन्दमग्नता की इस अवस्था में सब आत्मविस्मृत हो गए। श्रीकृष्ण ने देखा कि गोपियां उन्हें पति रूप में देख रही हैं तो उन्हें उनकी यह वासना अच्छी नहीं लगी। तब वे राधा को लेकर किसी दूसरी ओर अंतर्धान हो गए। कृष्ण को अपने पास न देखकर गोपियां बहुत व्याकुल हुई और उन्हें ढूंढ़ने लगी। यहां तक कि वे जड़-चेतन से श्रीकृष्ण का पता पूछकर इधर-उधर बेचैन होकर भटकने लगीं। दूसरी ओर श्रीकृष्ण राधा को लेकर बहुत दूर चले आए तो राधा ने यह समझा कि श्रीकृष्ण उनके वश में हैं और उन्होंने चलने में अपनी कमजोरी प्रगट की। फिर कृष्ण को कधे पर बैठाकर चलने के लिए कहा। श्रीकृष्ण की स्वीकृति पाने पर जैसे ही राधा हाथ बढ़ाकर चढ़ने लगी वैसे ही श्रीकृष्ण उसे दिखाई नहीं दिए और राधा व्याकुल होकर श्रीकृष्ण को ढूंढ़ने लगी। गोपियां भी श्रीकृष्ण को ढूंढ़ती हुई वहीं आ पहुंची और राधा को देखकर उनके मन में सुख पैदा हुआ। लेकिन राधा स्वयं श्रीकृष्ण के वियोग में तड़प रही थीं। गोपियां और राधा, श्रीकृष्ण को कही भी न पाकर उनके रूप और गुण का स्मरण करती हुई रोने लगीं। जब बहुत देर तक भी श्रीकृष्ण उनको नहीं मिले और उन्हें उनका कोई पता भी न चला तो उन्होंने अपने प्राणों को त्याग देना ही उचित समझा। गोपियों की दशा देखकर श्रीकृष्ण उनके सामने प्रगट हुए और उनके साथ रास रचाया। गोपियां श्रीकृष्ण के रास-भाव से संतुष्ट और प्रसन्न हुईं और कृष्ण ने भी जितनी गोपियां थीं, उतने ही रूप बनाकर उन्हें संतुष्ट किया।

प्रश्न यह उठा कि भगवान् जिस प्रकार यह भोग-विलास रूपी निन्दित कार्य किया। इस पर शुकदेवजी ने उन्हें उत्तर दिया कि जो व्यक्ति समर्थ होता है उसे कोई दोष नहीं लगता। इससे भगवान् श्रीकृष्ण की धर्मस्थापना और अवतार की महत्ता को कोई दोष नहीं लगता। आग में भी सभी प्रकार की चीजें

पड़कर भस्म हो जाती हैं और अग्नि को कोई दोष नहीं लगता। ऐसे ही जो समर्थ व्यक्ति हैं, उन्हें भले-बुरे से परे मानना चाहिए। लेकिन छोटों को उनका आचरण नहीं करना चाहिए। जैसे कोई व्यक्ति शिवजी के द्वारा किए विषपान का अनुकरण करने लगे तो क्या वह मृत्यु से बच पाएगा। अतः महान लोगों के दोष ग्रहण न करके, केवल उनके गुण ग्रहण करने चाहिए क्योंकि दोष की अपनी-अपनी सामर्थ्य होती है।

एक बार ब्रज के निवासी देवकी नामक वन की यात्रा के लिए गए। वहां एक भयानक अजगर ने नन्दजी को पकड़कर खा लेना चाहा। नन्द के अनेक साथी जलती हुई लकड़ियों से उस अजगर को मारने लगे, लेकिन अजगर के ऊपर उनकी मार को कोई प्रभाव न पड़ा। इससे वे सब-के-सब व्याकुल हो गए और श्रीकृष्ण को पुकारने लगे। श्रीकृष्ण ने वहां आकर अजगर के ऊपर अपने पैरों से प्रहार किया तो उस प्रहार के साथ ही सर्प की देह छोड़कर वह विद्याधर बन गया। उसने भगवान् श्रीकृष्ण की स्तुति करते हुए और आभार प्रगट करते हुए बताया कि उसका नाम सुदर्शन है। कभी पहले उसने अपने रूप-सौन्दर्य पर अभिमान करते हुए ऋषि अंगिरा का उपहास कर दिया था जिस पर नाराज होकर ऋषि ने उसे सर्प योनि में डाल दिया था और फिर कहा था कि आपके चरण प्रहार से उसकी मुक्ति होगी। बहुत पहले समय की बात है कि कुबेर के दूत शंखचूड़ ने गोपियों को पथभ्रष्ट करने की चेष्टा की। गोपियों ने अपनी रक्षा के लिए भगवान् श्रीकृष्ण की पुकार की। श्रीकृष्ण ने गोपियों को शंखचूड़ के बंधन से मुक्त किया और उस दुष्ट का वध किया। उसके माथे में एक मणि थी। वह मणि श्रीकृष्ण ने बलरामजी को दे दी।

एक दिन की बात है कि सन्ध्या के समय गौ चराने के बाद लौटते समय वृषभासुर नाम का एक बहुत भयंकर राक्षस वृषभ का रूप बनाकर गौओं के बीच में आकर उनसे मिल गया। उसे देखकर ग्वाल-बाल और गौएं बहुत भयभीत हुईं। भगवान् श्रीकृष्ण ने उसे पकड़कर बहुत जोर से झटका दिया, जिससे वह राक्षस पछाड़ खाकर धरती पर गिर पड़ा और मर गया। लेकिन यह वृषभ गौ जाति का था। इसलिए राधा ने गौ जाति के वृषभ की हत्या के पाप से मुक्ति पान के लिए श्रीकृष्ण को सभी तीर्थों में स्नान करने के लिए कहा। इस पर श्रीकृष्ण ने गोवर्धन में ही एक कुंड खुदवाया और सारे तीर्थों का आह्वान किया। फिर उन्होंने उस जल में स्नान किया। उसके बाद वह गौ हत्या के दोष से मुक्त हो गए। इस कुंड का नाम राधाकुंड है।

नारदजी ने कंस को जिस तरह से देवकी के पुत्र कृष्ण के विरोध

भड़काया उसके विरोध में कंस ने कृष्ण और बलराम की हत्या के प्रयासों में तेजी कर दी थी। उसने सबसे पहले वसुदेव और देवकी को फिर से बन्दी बना लिया और केशी दैत्य को उनकी हत्या के लिए भेजा। केशी ने घोड़े का रूप बनाया और वह वृन्दावन पहुंचा। भगवान् श्रीकृष्ण उसे देखकर उससे युद्धरत हो गए। कृष्ण ने अपना हाथ उसके मुंह में डाल दिया और उसके प्राणों का अंत कर दिया। जब केशी के वध का समाचार कंस तक पहुंचा तो उनके दैत्य यह सुनकर कृष्ण के पास आने से डरने लगे। फिर भी कंस ने व्योमासुर को बहुत अधिक लालच देकर कृष्ण के वध के लिए भेजा। व्योमासुर ने बच्चे का रूप बनाया और श्रीकृष्ण से अपने को खेल में शामिल करने का अनुरोध किया। श्रीकृष्ण ने उसकी वास्तविकता जान ली थी। फिर भी उसे अवसर दिया। खेल-खेल में जब वह श्रीकृष्ण पर झपट्टा मारकर उन्हें अपना ग्रास बनाने की इच्छा करने लगा तो कृष्ण ने उसे लात-घूसों से मारकर समाप्त कर दिया। इस तरह दैत्य का भी अन्त हुआ। इसके बाद कंस ने हारकर मथुरा में ही कृष्ण को बुलाकर उनका वध करने की योजना बनाई। उसने अपनी योजना में बलराम को भी बुलाना सम्मिलित किया। पहले उसने यज्ञ के आयोजन की घोषणा की और घोषणा के बाद अक्रूरजी को कृष्ण और बलराम को बुलाने के लिए वृन्दावन भेजा। अक्रूरजी कंस के इस षंड्यंत्र में सम्मिलित नहीं होना चाहते थे। फिर भी उन्होंने श्रीकृष्ण के दर्शन की इच्छा से जाना स्वीकार कर लिया। वृन्दावन जाकर अक्रूरजी ने कृष्ण को कंस की सारी योजना बताई। कृष्ण और बलराम ने यह बात सुनी और अक्रूरजी के साथ निश्चिन्त होकर मथुरा के लिए चल पड़े। इससे अक्रूर को श्रीकृष्ण के सर्वव्यापक रूप के दर्शन करने के अवसर मिले और उन्हें यह आभास हो गया कि कृष्ण कोई साधारण पुरुष नहीं हैं। वह सर्वव्यापी और परमब्रह्म के ही अवतार हैं। अक्रूरजी के साथ कृष्ण और बलराम जब मथुरा पहुंचे तो नगर के सारे लोग उनके दर्शनों से कृतकृत्य हो गए। एक स्थान पर श्रीकृष्ण को कंस का धोबी कंस के कपड़े ले जाता हुआ मिला। कृष्ण ने उससे वस्त्र मांगे तो उस दुष्ट धोबी ने उनकी आज्ञा का उल्लंघन किया। तब श्रीकृष्ण ने उसके प्राणों का हरण कर लिया और फिर कृष्ण तथा बलराम दोनों ने अपनी इच्छा के अनुसार अच्छे-अच्छे वस्त्र धारण कर लिए। श्रीकृष्ण सौम्य व्यक्तियों के लिए उदार और दुष्ट व्यक्तियों के लिए काल के समान थे। इसी रूप में उन्होंने कंस की कुब्जा दासी तक से भी जिसका नाम त्रिवक्रा था, प्रेमपूर्वक व्यवहार किया और उसके घर भी गए। उन्होंने सुदामा माली के सुन्दर व्यवहार पर प्रसन्न

होकर उसके यहां अतिथि होना भी स्वीकार किया। वह कुब्जा के घर भी गए और उसका कुबड़ापन दूर किया। श्रीकृष्ण नगर में घूमते हुए उस स्थान भी गए जहां धनुष रखा था। उन्होंने बहुत सरलता से धनुष तोड़ दिया और जो धनुष के रक्षक थे, उनके हस्तक्षेप करने पर उन्हें भी मार गिराया। यह सारा समाचार जब कंस के पास पहुंचा तो कंस रातभर सो नहीं पाया।

दूसरे दिन श्रीकृष्ण नगर में मल्ल युद्ध देखने के लिए गए तो कंस ने अपनी योजना के अनुरूप कुवलयापीड़ हाथी को रंगशाला के दरवाजे पर ही खड़ा कर रखा था। जब महावत ने उस हाथी को श्रीकृष्ण पर आक्रमण करने की प्रेरणा दी तो उसी अवसर पर श्रीकृष्ण ने महावत से रास्ता देने के लिए कहा, लेकिन महावत ने अपने हाथी को और भी अधिक उत्तेजित किया। इस पर श्रीकृष्ण सब कुछ समझ गए और हाथी के साथ युद्ध करने के लिए तैयार हो गए। उन्होंने बहुत और लंबे संघर्ष के बाद हाथी का वध कर दिया। श्रीकृष्ण और बलराम इसके कुछ देर बाद रंगशाला में चले गए और मल्लयुद्ध देखने लगे। सारे स्त्री-पुरुष उनको देखकर हर्षित हो रहे थे और उनकी ही प्रशंसा कर रहे थे। कुछ समय के बाद चाणूर ने उन्हें मल्लयुद्ध के लिए निर्मंत्रित किया। कृष्णजी ने कहा कि द्वन्द्व युद्ध, युद्ध समान वय वालों में ही होना चाहिए। इसलिए उनका द्वन्द्व युद्ध उचित नहीं है। तब चाणूर बोला-तेजस्वी लोगों की आयु नहीं देखी जाती। जिसके यह कहने के कारण कृष्ण चाणूर से बलराम मुष्टिक से मल्लयुद्ध करने लगे। यद्यपि चाणूर और मुष्टिक के सामने श्रीकृष्ण और बलराम बच्चे थे फिर भी उन्होंने अपनी लीला दिखाई। वहां बैठे हुए स्त्री-पुरुष सभी इन बच्चों की जीवन-रक्षा के लिए आतुर हो उठे, लेकिन उन्हें प्रसन्न करते हुए थोड़ी देर में चाणूर की दोनों भुजाएं पकड़ीं और घुमाकर उसे पृथ्वी पर पटक दिया और इसी तरह बलराम ने अपने प्रहार से मुष्टिक को मार गिराया। इन दोनों पहलवानों के साथ आए हुए जितने भी पहलवान थे उन सबको इन दोनों ने समाप्त कर दिया।

यह सब देखकर कंस भाइयों सहित उठा और कृष्ण और बलराम पर झपट पड़ा, लेकिन बलराम ने अपना परिध उठाकर कंस के कंक, न्यग्रोध आदि आठ भाइयों को मार डाला और श्रीकृष्ण ने भी कंस को मृत्यु को ग्रास बना दिया। फिर उन्होंने कंस की लाश को उठाकर यमुना के किनारे लाकर विश्राम किया। इसीलिए इस स्थान का नाम विश्राम घाट पड़ गया। श्रीकृष्ण और बलराम ने अपने माता-पिता को कारागर से मुक्त किया और कंस की विधवा स्त्रियों को धैर्य बंधाया। कंस के वध के बाद उसके आतंक से छिपे

हुए वे सभी राजा जो अपना देश छोड़कर भाग गए थे, तथा अन्य भयभीत सामन्त लोग, श्रीकृष्ण का आश्वासन पाकर अपने-अपने स्थान को लौट गए। भगवान् कृष्ण ने विचार करके कहा-''हम यदुवंशियों को ययाति के श्राप के कारण राजदण्ड ग्रहण करना उचित नहीं है।'' सबने इस बात को स्वीकार किया और फिर कंस के पिता उग्रसेन को राजा बना दिया। कृष्ण और बलराम ने नन्दजी के पास आकर अपने पालन-पोषण के लिए आभार प्रगट किया और जितने भी कष्ट उन्होंने सहे थे, उनके प्रति आभार मानते हुए सदा उनकी रक्षा करने का आश्वासन दिया। इसके बाद दोनों भाई यज्ञोपवीत के उपरान्त विद्या प्राप्त करने के लिए संदीपन गुरु के आश्रम में आए। उन्होंने बहुत जल्दी ही वेद और वेदान्तों का पारायण कर लिया। जब संदीपन को दक्षिणा देने वाली बात आई तब गुरु ने इनसे उस पुत्र का जीवनदान मांगा जो समुद्र में डूब गया था। गुरु के आदेश का पालन करने के लिए श्रीकृष्ण प्रभास क्षेत्र में आएं वहां समुद्र तट पर आकर समुद्र से अपने गुरुपुत्र की मांग करने लगे। तब समुद्र उनके सामने उपस्थित हुआ और बोला कि बालक का शंखरूपधारी दैत्य ने हरण कर लिया है। कृष्ण ने उस दैत्य का संहार कर दिया फिर भी उन्हें उनके गुरु का बालक नहीं मिला। तब भगवान् कृष्ण यमपुरी गए और गुरु के पुत्र को लाकर उन्हें सौंप दिया और फिर वापस अपने घर लौट आए।

एक समय भगवान् श्रीकृष्ण ने गोपियों के प्रेम का स्मरण करते हुए और उनके प्रेम की आतुरता तथा विरह-अनुभूति और निष्ठा को समझते हुए और वहां न जाने की विवशता को जानकर, अपने मित्र उद्धव को गोपियों को ज्ञान देने के लिए भेजा। उद्धव ने कृष्ण का संदेश लेकर गोकुल की ओर प्रयाण किया। वे रथ पर बैठकर जब वृन्दावन पहुंचे तो नन्द ने उनका श्रीकृष्ण के जैसा ही स्वागत किया। उन्हें बहुत अच्छे आसन पर बिठाया और अच्छा भोजन कराया तथा एक पूरी रात श्रीकृष्ण की चर्चा में ही व्यतीत कर दी। सवेरा होने पर जब गोपियों ने नन्द के घर के सामने एक सोने के रथ को खड़ा पाया तो उन्हें बहुत उत्सुकता हुई। इसी कारण सभी गोपियां वहां आईं। उन्होंने देखा कि उनके प्रिय के अभिन्न मित्र उद्धव वहां आए हुए हैं। उसे लेकर वे एकान्त स्थल की ओर चली गईं और वहां उनका समुचित सम्मान करके श्रीकृष्ण की कुशल-क्षेम पूछने लगीं। उन्होंने कृष्ण को निष्ठुर प्रेमी बताया। लेकिन इसी बीच उनके बीच में एक भ्रमर भी आ गया। गोपियों ने उस भ्रमर को श्रीकृष्ण का दूत समझा और व्यंग्य करते हुए, उससे बोली-हे कपटी मित्र! तू चरणों का स्पर्श मत कर, क्योंकि तेरे अंगों से तेरे किसी अन्य स्त्री के सम्भोग की

प्रतीति हो रही है। जैसे तू हमारे पास आया है वैसे ही तो तू मथुरा की अन्य स्त्रियों के पास भी तो गया होगा? तू जिस प्रकार पुष्पों की सुगन्ध लेकर उन्हें छोड़ देता है, वैसे ही तेरे स्वामी ने हमें अपने अधरों का अमृत पिलाकर छोड़ दिया है। हमें तो आश्चर्य है कि ऐसे चंचल प्रेमी पर लक्ष्मी कैसे विश्वास कर लेती हैं? हमने श्रीकृष्ण के लिए अपने पति-पुत्र और घर-परिवार को छोड़ा, वह निर्मम जब हमें छोड़ गया तो अब हम उसके दूत का क्या करें? हमने तो श्रीकृष्ण पर विश्वास करके पहले ही बहुत दुःख उठाया है, अब फिर उस कपटी के कपटी दूत की बातों में कभी नहीं आएंगी।

उद्धव ने गोपियों की अभिव्यक्ति में भगवान् कृष्ण के प्रति उनकी एकनिष्ठ भक्ति का वास्तविक अनुभव किया और इस अगाध निष्ठा को देखकर गोपियों की प्रशंसा की। उन्होंने कहा कि तुमने जो नवधा भक्ति को भी पीछे छोड़ दिया। तुम अब भगवान् कृष्ण का संदेश सुनो। उन्होंने कहा कि जिस प्रकार सब नदियों का वेग समुद्र में जाकर लीन हो जाता है, उसी प्रकार सारे कर्मों का फल मन को वश में करना है। यही मन का निग्रह है। मन वश में होते ही सारी प्रकृति ब्रह्ममय दिखाई देने लगती है। इस अनुभव से संयोग और वियोग की स्थिति का प्रश्न ही पैदा नहीं होता। गोपियों को यह बात उचित नहीं लगी, लेकिन उन्होंने सब-कुछ सुन लिया और फिर उद्धव से उन्होंने कहा कि हमारे द्वारा श्रीकृष्ण को भूलना असंभव है। उद्धव ने गोपियों का यह उत्कट प्रेम बहुत गहराई से अनुभव किया और वे स्वयं भक्ति-भाव में नतमस्तक हो गए। उद्धव ने कृष्ण के पास आकर कहा—मैं आपसे अधिक क्या कहूं, वृन्दावन के जड़-चेतन सभी आपके दर्शन के बिना महादुःखी हैं। गोपियों तो केवल अवधि की आशा से ही जीवित हैं। आप ऐसे सच्चे भक्तों के वियोग को किस प्रकार सहन करते हैं। श्रीकृष्णजी ने उद्धवजी को गले से लगा लिया और गोपियों के प्रेम का स्मरण कर द्रवित हो उठे।

भगवान् श्रीकृष्ण एक दिन अपनी प्रेमिका कुब्जा को दिए गए वचन के अनुसार उसके घर गए। कृष्ण को अपने घर देखकर कुब्जा ने अनेक प्रकार से उनकी पूजा की और उन्हें प्रसन्न किया। तब भगवान् ने उसकी इच्छा से उसके साथ रमण करते हुए उसे तृप्त किया और फिर इसी तरह अक्रूरजी को प्रसन्न करने के लिए एक दिन उनके घर भी गए। अक्रूरजी ने भी भक्ति-सहित भगवान् की बहुत अभ्यर्थना की और उनके अपने पास आने के कारण, अपने को धन्य समझा। भगवान् कृष्ण के आदेश अक्रूरजी हस्तिनापुर गए और वहां पाण्डवों के प्रति धृतराष्ट्र के उपेक्षापूर्ण व्यवहार को देखो। उन्हें कुंती ने कहा

कि भगवान् कृष्ण उसके पुत्रों सहायता करें। अक्रूर ने कुंती तथा धृतराष्ट्र से श्रीकृष्ण का भजन करने के लिए कहा। कुंती कृष्ण का ध्यान और भजन करने लगी, लेकिन धृतराष्ट्र अक्रूर की बात को मानते हुए भी अपने पुत्रों के मोह को छोड़ने में असमर्थ हुए। बाद में अक्रूर हस्तिनापुर से मथुरा लौट आए और उन्होंने हस्तिनापुर का सारा वृतांत कृष्ण से कह सुनाया।

(उत्तरार्द्ध)

जरासंध के अत्याचारों से प्रजा बहुत दु:खी हो गई थी। यादवों के प्रति तो उसके मन में गहरा द्वेष भरा हुआ था। इसीलिए भगवान् कृष्ण ने अनेक यादवों को मथुरा से ले जाकर द्वारिका में बसाया। लेकिन फिर भी कुछ यादव मथुरा में ही रहे। कंस की मृत्यु के बाद अस्ति और प्राप्ति दोनों पत्नियां जरासंध के पास गईं और उसके सामने अपने वैधव्य दु:ख का कई तरह से क्रंदन किया। जरासंध ने देश-विदेश के अनेक राजाओं को बुलाकर यादवों की राजधानी मथुरा पर आक्रमण करने की योजना बनाई। तेईस अक्षौहिणी सेना लेकर मथुरा को घेर लिया। भगवान् श्रीकृष्ण ने सोचा कि एक साथ इतने दुष्टों को मारने का अवसर और कब मिलेगा। उन्होंने पृथ्वी का भार हरण करने के लिए ही तो अवतार लिया था। उन्होंने बलराम के साथ अपनी यादव सेना एकत्रित की और जरासंध पर धावा बोल दिया। अभी पहले उन्होंने उनकी सेना के विनाश का निश्चय किया। इस कारण उन्होंने जरासंध के कहे गए अनेक अपशब्दों को अनसुना कर दिया और उसकी सेना को मारने पर तुल गए। उन्होंने भयंकर युद्ध में सारी सेना का विनाश कर दिया। जरासंध बहुत दु:खी हुआ और उसने वन की ओर प्रस्थान किया। लेकिन रास्ते में उसे अनेक मित्र राजा मिले। उन्होंने फिर से सेना इकट्ठी की और मथुरा पर आक्रमण कर दिया। लेकिन कृष्ण ने उसे पुन: असफल कर दिया। इस तरह वह सत्रह बार पराजित हुआ। अठारहवीं बार उसने नारदजी के भेजे हुए कालयवन के तीन करोड़ म्लेच्छों की सेना लेकर मथुरा को घेर लिया।

श्रीकृष्ण ने कालयवन को कंस के समान ही माना और उससे यादवों की रक्षा के लिए एक बहुत बड़ा दुर्ग बनाया। उन्होंने सारे सुख की व्यवस्था करके यादवों को तो दुर्ग में भेज दिया और अपने आप कमलों की माला पहनकर बिना कोई अस्त्र लिए नगरी के बाहर आ गए। कालयवन ने श्रीकृष्ण को पहचान लिया। वह उनके पीछे-पीछे भागा। श्रीकृष्ण आगे-आगे और कालयवन

पीछे-पीछे। काफी दूर चलने के बाद भी वह श्रीकृष्ण को पकड़ नहीं सका। श्रीकृष्ण धीरे-धीरे एक पर्वत कन्दरा के पास आ गए और उसे वहां अंदर ले गए। उस कंदरा में पीला वस्त्र पहने हुए मुचकुन्द सो रहे थे। उन्हें यह वरदान प्राप्त था कि उन्हें गहन समाधि का सुख मिलेगा और जो उसमें बाधा डालेगा वह भस्म हो जाएगा। कालयवन ने उन्हें ही श्रीकृष्ण समझा और ढोंग दूर करने के लिए अपनी आवाज से उनकी निद्रा भंग कर दी। मुचकुन्द ने उठकर अपनी आंखों को मलते हुए जैसे ही कालयवन को देखा और अपने भाग्य की सराहना की। श्रीकृष्ण के चरणों में गिरकर सत्य और निष्ठा से उनका स्तवन किया, फिर उनका आदेश पाकर बद्रिकाश्रम में तप करने चले गए। भगवान् श्रीकृष्ण अपने बड़े भाई बलराम को लेकर वापस मथुरा आ गए और वहां उन्होंने कालयवन के सैनिक दल को समाप्त कर दिया। सैनिकों के समाप्त होने पर जब यादव सेना उनका सारा सामान द्वारिकापुरी ले जा रही थी तो जरासंध ने उनका पीछा किया और फिर अपना अधिकार कर लिया। श्रीकृष्णजी लीला-कौतुक के कारण सामान्य मनुष्य की तरह रथ को छोड़कर वहां से भाग निकले। जरासंध ने उनका पीछा किया और सारे पर्वत प्रदेश को आग लगा दी। उसने समझ लिया कि श्रीकृष्ण जल गए हैं। लेकिन श्रीकृष्ण बैलों के झुंड से निकलकर द्वारिकापुरी पहुंच गए।

शुकदेवजी ने रुक्मिणी-हरण का वृत्तान्त सुनाते हुए परीक्षितजी से कहा-विदर्भ देश के राजा भीष्मक के पांच पुत्र और रुक्मिणी नाम की एक सुमुखी कन्या थी। रुक्मिणी ने मन ही मन भगवान् श्रीकृष्ण को अपना पति बनाने का संकल्प किया। इधर श्रीकृष्ण ने भी उस रूपवती से विवाह करने का निश्चय किया, परन्तु रुक्म ने श्रीकृष्ण के साथ शत्रुता के कारण अपनी बहन का विवाह शिशुपाल के साथ करने का निश्चय किया। विवाह की सारी तैयारियां हो रही थीं। वहां दन्तवक्र विदूरक और शाल्व मित्रों सहित जरासंध भी आया हुआ था। उनको पता चला कि रुक्मिणी श्रीकृष्ण के प्रति अनुरक्त है तो वे भी इस बात के प्रति सतर्क हो गए और किसी भी संकट का सामना करने के लिए उद्यत हो गए। भगवान् श्रीकृष्ण अपने रथ पर जब विदर्भ पहुंचे तो भीष्मक ने उनके रहने आदि की व्यवस्था की। उधर रुक्मिणी को श्रीकृष्णजी के आने का समाचार मिल गया और वह बहुत ही प्रसन्न हुई। विवाह के एक दिन पूर्व जब अपनी अनेक दासियों और सैनिकों से सुरक्षित रुक्मिणी पूजा के लिए गई तो कृष्ण ने वहीं पर सैनिकों के देखते-देखते रुक्मिणी का हरण कर लिया। जब शिशुपाल और जरासंध आदि को यह

समाचार मिला तो उन्होंने मिलकर श्रीकृष्ण का पीछा किया, लेकिन यादव सेना ने उन्हें आगे नहीं बढ़ने दिया। रुक्म ने सोचा कि वह श्रीकृष्ण को बहिन के हरण का दंड अवश्य देगा और जब तक ऐसा नहीं करेगा, तब तक कुण्डिनपुर में प्रवेश नहीं करेगा। उसने श्रीकृष्ण का पीछा किया और उन्हें पकड़ लिया। उसने उन पर प्रहार भी किया। वह खड्ग और ढाल लेकर उन पर झपटा। श्रीकृष्ण उसका वध करने जा रहे थे पर रुक्मिणी के अनुरोध पर उन्होंने उसे मृत्यु को समर्पित नहीं किया और उसकी दाढ़ी-मूंछ मूंड़कर ही छोड़ दिया। वहीं उसने भगवान् की आज्ञा से एक नगर बसाया और रहने लगा। इस प्रकार वह बच भी गया और कुण्डिनपुर उसके न जाने के प्रण की रक्षा भी हो गई। भगवान् कृष्ण ने द्वारिकापुरी जाकर रुक्मिणी से विधिवत् विवाह कर लिया।

शुकदेव ने बताया कि एक दिन नारायण के ध्यान में मग्न होकर शिवजी काम द्वारा सताए जाने पर पार्वती को बुलाकर उसके साथ कामक्रीड़ा करने लगे। जल्दी ही उन्हें अपने वास्तविक स्वरूप का बोध हुआ और उन्होंने कामदेव को क्रोध की अग्नि से भस्म कर दिया। यही कामदेव का रूप भगवान् कृष्ण के यहां उनके पुत्र (प्रद्युम्न) के रूप में अवतरित हुआ। प्रद्युम्न अभी दस दिन का ही था कि शम्बर नामक एक राक्षस ने उसे उठाकर समुद्र में फेंक दिया और एक मगरमच्छ उसको निगल गया। एक दिन एक मछुवारे ने एक बहुत बड़े मच्छ को जाल में फंसा हुआ देखा और उसे शम्बर को दे दिया। शम्बर ने उसे पेट से फाड़ा और देखा कि उसमें एक बालक है। उस बालक को उसने अपनी दासी मायावती को जो काम की विधवा पत्नी रति थी, सौंप दिया। नारदजी वहां आए और उन्होंने मायावती को यह रहस्य बता दिया। जब उसे वास्तवकिता का पता लगा तो वह प्रसन्न हुई और उसके भरण-पोषण में लग गई। साथ ही अपने पति को पुनः प्राप्त करने के लिए उचित अवसर की प्रतीक्षा करने लगी। जैसे ही बालक बड़ा हुआ तो उसने अनुभव किया कि मायावती माता होते हुए भी उसके प्रति कामुकता का भाव रखती है। प्रद्युम्न ने जब अपनी माता से इसका कारण पूछा तो रति ने उसे सारी घटना सुना दी और समझा दिया तथा शम्बर से भी सावधान रहने के लिए कह दिया। मायावती ने प्रद्युम्न को महामाया विद्या भी सिखाई और जब वह इस विद्या में प्रवीण हो गया तो उसने शम्बर से युद्ध किया। अपनी महामाया विद्या से उसे पराजित कर दिया। कुछ समय के बाद शम्बर को मारा गया।

प्रद्युम्न को लेकर मायावती द्वारिका में आई। लोगों ने प्रद्युम्न को कृष्ण

समझा। रति ने रुक्मिणी का सारी बात बताई और वे सभी प्रद्युम्न का पुनः प्राप्त करने की प्रसन्नता में निमग्न हो गए। इसके बाद श्रीकृष्ण ने सत्यभामा का हरण किया। सूर्य के उपासक सत्राजित के पास स्यमन्तक मणि थी, जिसका प्रकाश बहुत तेजमय था। उग्रसेन ने श्रीकृष्ण के लिए उस मणि की मांग की। सत्राजित ने उसे देने से इन्कार कर दिया। एक बार सत्राजित का छोटा भाई प्रसेन उस मणि को लेकर वन में शिकार के लिए गया और एक सिंह के द्वारा मारा गया। वह हत्यारा सिंह जब मणि लेकर जा रहा था तो जामवंत नाम के रीछ ने सिंह से मणि छीनकर उसे मार डाला और मणि अपने बच्चों को खेलने के लिए दे दी। जब प्रसेन घर नहीं लौटा तो सत्राजित ने चारों ओर यह खबर फैलवा दी कि श्रीकृष्ण ने ही उस मणि को लेने के लिए मेरे भाई का हरण किया है। प्रातःकाल होते ही श्रीकृष्ण प्रसेन को ढूंढ़ने के लिए निकले। कुछ देर बाद प्रसेन और घोड़े की लाश को सामने देखा तो अनुमान लगाया कि पास में ही किसी ने उसकी हत्या की होगी। फिर उन्होंने पर्वत के ऊपर एक मरे हुए सिंह को भी देखा। वहीं पास जामवंत रीछ का निवास था। उसके बच्चे मणि से खेल रहे थे। श्रीकृष्ण ने मणि लेनी चाही तो बच्चे रोने लगे। फलतः जामवंत और कृष्ण का युद्ध और जामवंत पराजित हो गया। श्रीकृष्ण ने मणि सत्राजित को दे दी और मिथ्या दोष के मुक्त हो गए।

शुकदेवजी ने इसके बाद महाराजा परीक्षित को बताया कि जब भगवान् कृष्ण का यह समाचार मिला कि दुर्योधन ने पाण्डवों को लाक्षागृह में भेज दिया है तो वे बलराम को लेकर हस्तिनापुर आए। वहां उन्होंने भीष्म, विदुर, द्रोण, आदि के साथ पाण्डवों आदि के साथ लाक्षागृह में जल जाने का दुःख प्रकट किया। लेकिन इधर पाण्डव लाक्षागृह से बचकर राजा द्रुपद के यहां पहुंचे। वहां द्रौपदी स्वयंवर की चहल-पहल थी। उन्होंने द्रौपदी को जीता। जब यह समाचार श्रीकृष्ण को मिला तो सात्यकि को लेकर पाण्डवों के पास इन्द्रप्रस्थ पहुंचे। पाण्डवों ने उनके आगमन पर हर्ष अभिव्यक्त किया और उनका स्वागत किया।

एक बार इन्द्र ने भगवान् कृष्ण की सेवा में उपस्थित होकर भौमासुर द्वारा वरुण के क्षण हरण का अपने मणि पर्वत का स्थान हरण का तथा अपनी माता के कुण्डल हरण का वृत्तांत कहकर सहायता के लिए मांग की। भगवान् ने सत्यभामा को साथ लेकर उस दैत्य पर चढ़ाई कर दी। भगवान् कृष्ण ने उस दैत्यँ और उसकी पूरी सेना को अपने चक्र से समाप्त किया। उस दैत्य के मरते ही चारों ओर सन्तोष और चैन का वातावरण व्याप्त हो गया। भौमासुर का पुत्र

भगदत्त भगवान की शरण में आ गया और उनसे अभय मांगा। वह उन्हें प्रसन्न करके अपने महल में ले गया। वहां श्रीकृष्ण ने भौमासुर के द्वारा विभिन्न राजाओं से छीनी गई सोलह हजार एक सौ साठ कन्याएं देखीं और उन्हें मुक्त कराकर अपने साथ ले आये। उन कन्याओं की उत्कट अभिलाषा देखकर उनसे विवाह किया और उतने रूपों में उन्हें गृहस्थ के सुख से सन्तुष्ट किया।

एक दिन भगवान् श्रीकृष्ण सुखपूर्वक शैय्या पर विराजमान थे और रुक्मिणी उनके पास बैठी हुई उनकी सेवा कर रही थीं कि भगवान् को रुक्मिणी के साथ हास्य-विनोद करने की सूझी। श्रीकृष्ण ने रुक्मिणी से कहा कि जब तुम्हारे परिवार के लोग मुझसे शत्रुता करते थे और लोकपालों के समान ऐश्वर्यशाली बलवान सामन्त तुम्हें पाने के लिए लालायित थे तो तुमने क्या सोचकर मेरे साथ विवाह किया। जहां तक मेरा विचार है कि भय से मथुरा छोड़कर समुद्र के मध्य में अकारण शरण लेने वाला मैं तुम्हारे योग्य कदापि नहीं हूं? श्रीकृष्ण की बातों को सुनकर रुक्मिणी के मुख का रंग उड़ गया। उसका शरीर कृश और पीतवर्ण हो गया। वह यह सब्र सहन न कर पाने के कारण धड़ाम से पृथ्वी पर गिर पड़ी और अचेत हो गई। अब श्रीकृष्ण उसे संज्ञा में लाने और मनाने का उद्यम करने लगे। सचेत होने पर रुक्मिणी लज्जामय हास्य और सुन्दर स्नेहयुक्त कटाक्षों से श्रीकृष्ण को देखती हुई बोली—हे कमलनयन! वास्तविकता यही है कि मैं आपके योग्य नहीं हूं। आप जैसे सकल कामनाओं से परिपूर्ण परब्रह्म को पतिरूप में पाकर मैं ही धन्य और कृतकृत्य हुई हूं।

शुकदेवजी ने राजा परीक्षितजी से कहा कि श्रीकृष्ण की आठ पटरानियों से दस-दस पुत्र उत्पन्न हुए। प्रद्युम्न का विवाह रुक्म की पुत्री रुक्मावती से हुआ। पहले तो रुक्त श्रीकृष्ण से विरोध करता था, लेकिन जब उसकी पुत्री ने स्वयंवर में प्रद्युम्न का वरण किया तो उसने बहिन और पुत्री को प्रसन्न रखने के लिए इस संबंध को स्वीकार कर लिया। इस तरह संबंधों मधुरता के बाद भी अनिरुद्ध के विवाह कर लिया। इस तरह संबंधों में मधुरता के बाद भी अनिरुद्ध के विवाह में जब रुक्म ने कलिंग आदि देशों के राजाओं के भंड़काने पर बलराम का अपमान किया तो उसने तुरन्त ही अपने परिध से रुक्म का सिर काट डाला। इसके बाद परीक्षितजी ने पूछा कि बाणासुर की पुत्री ऊषा और अनिरुद्ध के विवाह के अवसर पर युद्ध कैसे हुआ तो शुकदेवजी बोले कि महाराज बलि के सौ पुत्रों में बड़े का नाम बाणासुर था। उसने शिवजी को प्रसन्न करके उनसे अपनी पुरी का रक्षक बनने का वरदान मांग लिया था।

उसकी पुत्री ऊषा ने स्वप्न में अनिरुद्ध को देखा और उसकी हो गई। जागने पर उसे न पाकर वह आकुल-व्याकुल होने लगी और अपनी सखी चित्रलेखा को अपनी व्याकुलता का कारण बताया। सखी अपनी योग शक्ति से अनिरुद्ध का पता लगाकर उसे पलंग सहित द्वारिका में शोणितपुर ले आई। ऊषा अपने प्रेमी को पाकर हर्षित हो उठी और उसके साथ रमण करने लगी। धीरे-धीरे इस बाण का बाणासुर को भी पता चला। बाणासुर की आज्ञा से कुछ सैनिक राजप्रसाद में आए। लेकिन अनिरुद्ध ने उन्हें मार दिया। बाणासुर ने अनिरुद्ध को नागपाश में बांध लिया। इस पर ऊषा दु:खी, होकर क्रन्दन लगी। तीन-चार महीने पता न चलने पर अनिरुद्ध के परिवार वाले चिंतत हुए और नारदजी से सत्य जानकर यादव सेना ने कृष्ण के नेतृत्व में बाणासुर पर आक्रमण कर दिया। शिवजी और श्रीकृष्ण में तथा कार्तिकेय और प्रद्युम्न में युद्ध हुआ। इस युद्ध में श्रीकृष्ण व्याकुल नहीं हुए और उधर कार्तिकेय घबरा गए। श्रीकृष्ण बाणासुर को मारने के लिए जैसे ही उठे कि बाण की माता कोटरा नग्न होकर श्रीकृष्ण के सामने आ गई। जैसे ही श्रीकृष्ण ने लज्जावश अपना अपना मुंह फेरा, वैसे ही बाणासुर छिप गया। श्रीकृष्ण ने बाणासुर की ढूंढ़ा पर शिवजी ने कृष्ण की स्तुति करते हुए उनसे अपने भक्त के लिए अभयदान मांगा। अभयदान मिलने पर बाणासुर ने अनिरुद्ध को बंधन मुक्त किया और अपनी पुत्री का विवाह कर दिया।

एक बार चारु, प्रद्युम्न और भानु यादव कुमार बिहार के लिए गए। वहां उन्होंने प्यास लगने पर एक कुंड के पास जाकर एक पर्वताकार गिरगिट देखा। जब उन्होंने आकर भगवान् श्रीकृष्ण से इस बात की चर्चा की तो भगवान् ने उसे बाएं हाथ में पकड़कर बाहर निकाल दिया। उनका स्पर्श पाते ही वह सुंदर पुरुष रूप में आ गया और अपनी कथा सुनाने लगा। उसने बताया कि पुराने जन्म में मैं इक्ष्वाकु का पुत्र नृग था। मैं मुंहमांगा दान दिया करता था। एक बार किसी उत्तम ब्राह्मण की गाय गलती से मेरी गौशाला में आ गई। मैंने उसे भी ब्राह्मण को दान में दे दिया। जब वह उसको लेकर जा रहा था तो दूसरा ब्राह्मण में रास्ते में मिला। गाय पर अपना-अपना अधिकार बताते दोनों मेरे पास आए। मैंने उनसे विनती की कि इस गाय को छोड़कर तुम कुछ भी ले लो, पर वे नहीं माने और गाय छोड़कर चले गए। जब मैं यमराज के पास गया तो यमराज ने पूछा कि पहले पाप का फल भोगना चाहोगे या पुण्य कर्मों का। मैंने पहले पाप का फल भोगा जो गिरगिट के रूप में यहां था। अब भगवान् के हाथों में उद्धार हुआ है और मैं अब अपने पुण्य का फल भोगूंगा।

शुकदेवजी ने राजा परीक्षित से कहा कि दुर्योधन की पुत्री लक्ष्मणा का विवाह साम्ब के साथ हुआ था। लक्ष्मणा का स्वयंवर आयोजित किया गया। उस स्वयंवर में श्रीकृष्ण और जाम्बुवती से उत्पन्न साम्ब भी पहुंचा। उसने जै-माला हाथ में लिए लक्ष्मणा का सबके देखते-देखते हरण कर लिया। कौरवों ने उसका पीछा किया। पहले तो वे पराजित हुए, लेकिन फिर साम्ब को पकड़कर घर ले आए। इस समाचार से कौरवों के प्रति यादव-क्षुब्ध हो गए और बलरामजी अकेले हस्तिनापुर गए। पहले उन्होंने समझाने की कोशिश की किंतु कौरव नहीं माने। पर बाद में उनके लौटकर आने नाराज होने के डर से साम्ब को मुक्त करके उसका विवाह कर दिया।

एक बार नारदजी ने यह जानना चाहा कि श्रीकृष्ण सौलह हजार एक सौ आठ रानियों के साथ कैसे विहार करते हैं? अत: पहले वह रुक्मिणी, फिर सत्यभामा, फिर अन्य रानियों के यहां गए और उन्होंने हर स्थान पर प्रत्येक रानी के साथ कृष्ण को कहीं-न-कहीं कुछ करते हुए देखा। वह श्रीकृष्ण की महिमा समझकर वापस आ गए।

एक बार भगवान् श्रीकृष्ण अपनी सभा में बैठे थे कि एक अज्ञात व्यक्ति वहां आया। उसने भगवान् श्रीकृष्ण से प्रार्थना की कि वह जरासंध की कैद में पड़े बीस हजार आठ सौ राजाओं को मुक्त कराएं। ये राजा गिरिव्रज दुर्ग में रखे हुए हैं। जरासंध सत्रह बार हारकर और केवल एक बार जीतकर बहुत उद्धत हो गया। दूत के यह कहते-ही-कहते नारदजी भी वहां आए और बोले कि युधिष्ठिर राजसूय यज्ञ करके आपको पूजना चाहते हैं। श्रीकृष्ण ने उद्धव से पूछा तो वे बोले कि राजसूय यज्ञ संपूर्ण दिशाओं की विजय से पूरा होगा और इसी प्रक्रिया में जरासंध भी मारा जाएगा। इस तरह आपके जाने से जरासंध का वध, शरणागत राजाओं की रक्षा और युधिष्ठिर की इच्छा पूर्ति हो जाएगी। भगवान् हस्तिनापुर पहुंच गए। राजसूय यज्ञ की घोषणा हो गई। सभी राजा वहां आए लेकिन पूर्व दिशा का राजा जरासंध नहीं आया। तब उसे जीतने के लिए श्रीकृष्ण अर्जुन और भीम को लेकर ब्राह्मण वेष में वहां पहुंचे और उससे मनोरथ पूरा करने का आग्रह करने लगे। जरासंध ने जैसे ही मनोरथ पूरा करने की प्रतिज्ञा की वैसे ही ये तीनों अपने वेष में आ गए। जरासंध से उन्होंने द्वन्द्व युद्ध स्वीकार किया। श्रीकृष्ण के संकेत से भीम ने जरासंध के पैर-पर-पैर रखकर उसे चीर दिया। फिर सारे राजाओं को मुक्त किया और उसके पुत्र सहदेव को राजा के पद पर प्रतिष्ठित किया। युधिष्ठिर ने अपना यज्ञ प्रारम्भ किया तो अग्र पूजा के प्रश्न पर श्रीकृष्ण की श्रेष्ठता को समझकर उन्हीं की

पूजा का निश्चय किया। अन्य राजाओं ने इसका समर्थन किया, लेकिन शिशुपाल ने इसका विरोध किया। उसने श्रीकृष्ण को अनेक गालियां दीं। जब बात बढ़ी तो श्रीकृष्ण ने अपने चक्र से उसका सिर काट डाला। युधिष्ठिर का यज्ञ सम्पन्न हुआ, लेकिन दुर्योधन, युधिष्ठिर और श्रीकृष्ण की मित्रता को देखकर जलने लगा। इस राजसूय यज्ञ में दुर्योधन को कोषाध्यक्ष बनाया गया था। उसने बहुत जी खोलकर खर्च किया। इससे राजाओं के मन में युधिष्ठिर का वैभव दुगुना-चौगुना होकर प्रभाव जमा गया। उन्मुक्त व्यय से सारी व्यवस्था बहुत अच्छी हो गई। दूसरी ओर दुर्योधन ने अपनी बढ़ती हुई ईर्ष्या के कारण मय दानव के द्वारा बनाए गए युधिष्ठिर के भवन को देखने की इच्छा की। मय ने ऐसा कर रखा था कि अंधकार में प्रकाश का और जल में थल का आभास हो। भवन देखते-देखते जल को स्थल समझकर दुर्योधन गिरा और भीग गया। इस पर युधिष्ठिर तो शांत रहे लेकिन अन्य लोग कृष्ण के संकेत पर हंसने लगे।

रुक्मिणी के विवाह में आए हुए राजाओं को यद्यपि श्रीकृष्ण ने जीत लिया था, लेकिन उन राजाओं ने भी यादव-वंश के नाश करने की प्रतिज्ञा कर ली थी। शिशुपाल ने मित्र शाम्ब ने अपनी तपस्या से शिवजी को प्रसन्न करके शत्रुजित विमान प्राप्त कर लिया था। उसने इस विमान पर सवार होकर द्वारिका पर आक्रमण कर दिया और भयंकर उत्पात मचाने लगा। प्रद्युम्न के सेनापतित्व में शुकसारण, अक्रूर आदि योद्धा युद्ध करने लगे। अनेक विध युद्ध हुआ और अंत में श्रीकृष्ण ने अपनी गदा से प्रहार किया तो उसे मार डाला। फिर उसके छोटे भाई विदुरथ की जीवन लीला भी समाप्त कर दी।

महाभारत के युद्ध की संभावना देखकर बलरामजी ने किसी का भी पक्ष न लेने के निर्णय से तीर्थयात्रा का कार्यक्रम बना लिया। तीर्थ यात्रा करते-करते बलरामजी नैमिषारण्य पहुंचे। वहां वेदव्यास के शिष्य रोमहर्षण उस समय तक भी अपने स्थान पर बैठे रहे जबकि अन्य सभी ऋषियों ने बलरामजी का स्वांगत किया। इस पर बलरामजी ने क्रोध में भरकर उनका वध कर दिया। लेकिन अन्य ऋषियों ने उन पर ब्रह्महत्या का दोष लगाया और उसकी निवृत्ति का उपाय, वल्वल दानव का विनाश करने तथा एक वर्ष तक नियम पालन करते हुए तीर्थों पर घूमना बताया। ऋषियों ने बलरामजी को तीर्थों का महत्त्व भी बताया। सबसे पहले पुष्कर तीर्थ में नहाने से और दान करने से अश्वमेध यज्ञ का फल मिलता है। इसके बाद कण्व-मुनि के आश्रम में आना चाहिए। इसका नाम धर्मारण्य है। यहां ययाति नामक तीर्थ है। इसके बाद महाकाल

नामक तीर्थ है। फिर यहां से भद्रवत तीर्थ मे जाकर पार्वती-महादेव का दर्शन करना चाहिए। इसके दर्शन से यात्री को हजार गोदान का फल मिलता है। फिर नर्मदा पर आकर पितरों का तपर्ण करना चाहिए। यहां आने से अग्निष्टोम यज्ञ का लाभ मिलता है। फिर चंबल नदी के तट पर यात्री को जाना चाहिए। यहां रतिदेव ने यज्ञ किया था। इसके बाद हिमाचल में वशिष्ठ मुनि के आश्रम होता हुआ प्रभास क्षेत्र में आए, फिर वहां से सरस्वती और समुद्र के संगत की तरफ बढ़े। यहां से चलकर फिर वरदान तीर्थ आता है। यहां विष्णु ने दुर्वासा को वरदान दिया था। यहां आकर द्वारिका पुरी को जाए। वहां पिण्डारक तीर्थ में नहाने से सोना प्राप्त होता है। यहां से फिर दमी तीर्थ जाए। वहां शिव का पूजन करने से व्यक्ति मुक्त हो जाता है। फिर पंचनद तीर्थ, काश्मीर और वहां से सप्तचक्र, रुद्रतीर्थ, भगवानतीर्थ तथा देविका तीर्थों में जाना चाहिए। वहां के विख्यात शूलपाणि महादेव की पूजा करने से मोक्ष की प्राप्ति होती है। यहां से चलकर रुद्रकोटि तीर्थ में आकर शिवपूजन करने से कुल का उद्धार हो जाता है। यहां से यात्री को सरस्वती संगम पर स्नान करने से कुरुक्षेत्र जाना चाहिए। कुरुक्षेत्र में जाने से मनुष्य अश्वमेध और राजसूय यज्ञ के फल का भागी होता है। यहां से चलकर यात्री गंगाहृद में और वहां से बद्रिकाश्रम जाए। यहां स्थान-दान करने से ब्रह्मलोक की प्राप्ति होती है।

इन तीर्थों की यात्रा करता हुआ यात्री उत्तर नागतीर्थ पर जाए और शाकम्भरी देवी का पूजन करे। वहां सरयू नदी पर स्थित गोप्तांग तीर्थ की यात्रा करता हुआ, यात्री काशीपुरी पहुंचे। वहां गंगा-गोमती तीर्थ, योनिद्वार तीर्थ, माहेश्वर तीर्थ, कन्यासंवेद्य तीर्थ गौरीशिखर, कौशलादि तीर्थों में जाए। वहां से चलकर चम्पा में दण्डतीर्थ, रामतीर्थ और उसके आगे कर्ण तीर्थ के दर्शन करे।

ऋषियों से आज्ञा लेकर बलराम भी गोमती गण्डकी विपाशा आदि नदियों में स्नान करते हुए और मन्दिरों को देखते हुए और कौरवों-पाण्डवों के युद्ध के स्थल पर तब पहुंचे, जब दुर्योधन के साथ भीम का गदा युद्ध चल रहा था। उन्होंने दोनों को रोकना चाहा, लेकिन सब व्यर्थ गया। फिर वे द्वारिका चले आए और तीर्थों की यात्रा करने के लिए चल दिए।

इसके उपरान्त शुकदेवजी ने कहा कि हे राजन्! सुदामा का चरित्र सुनो। श्रीकृष्ण के गुरु भाई सुदामा द्रविड़ देश में रहते थे। वे धनहीन और दरिद्र थे। अपनी दरिद्रता से तंग आकर उसकी पत्नी ने एक दिन श्रीकृष्ण से सहायता मांगने को उनसे अनुरोध किया। सुदामा यद्यपि यह नहीं चाहते थे, लेकिन अपनी दीनदशा को देखकर और अपनी पत्नी की इच्छा के कारण मना भी

नहीं कर सके। थोड़े-से चावल एक पुराने धुले हुए वस्त्र में बांधकर भेंट स्वरूप देने के लिए उनकी पत्नी ने सुदामा को कृष्ण से मिलने के लिए रवाना कर दिया। सुदामा द्वारिकापुरी पहुंच संकोच में पड़ गए। द्वारपाल से श्रीकृष्ण ने अपने बाल सखा सुदामा का नाम जैसे ही सुना, वे नंगे पैर बाहर आए बांहों में भरकर मिले। उन्होंने अपने महल में ले जाकर सुदामा के चरण धोए और बचपन की अनेकों बातचीत करने लगे। थोड़े समय बाद उन्होंने भाभी की भेंट मांगी। सुदामा संकोच करने पर उन्होंने स्वयं वह पोटली छीनकर दो मुट्ठी चावल खा लिए। जैसे ही श्रीकृष्ण तीसरी मुट्ठी भरकर चावल खाने लगे वैसे ही रुक्मिणी ने उन्हें रोक दिया और कहा कि आप पहले ही इन्हें दो लोक दे चुके हैं अब तीसरा लोक भी दे देंगे तो कहां रहेंगे। श्रीकृष्ण फिर सुदामा को मन्दिर में लाए। वहां अपने हाथ से भोजन कराया और अच्छे बिस्तर पर सुलाया। कुछ दिनों बाद सुदामा ने चलने की आज्ञा मांगी तो भगवान् श्रीकृष्ण ने उन्हें भीगी हुई आंखों से बिदाई दी। रास्ते में सुदामा इस बात पर विचार करने लगे कि उन्होंने श्रीकृष्ण से कुछ नहीं मांगा। यह अच्छा ही किया। लेकिन जब वे घर पहुंचे तो अपनी टूटी-फूटी झोंपड़ी के स्थान पर सुन्दर भवन देखकर आश्चर्यचकित हो गए। तभी अत्यन्त सुन्दर वस्त्र और अलंकारों से युक्त उनकी ब्राह्मणी ने आकर उन्हें सारा रहस्य बताया और भवन में ले गई। दोनों ही पति-पत्नी भगवान् श्रीकृष्ण की मित्र-वत्सलता का गुणगान करने लगे।

भगवान् श्रीकृष्ण की कुरुक्षेत्र यात्रा वृत्तांत सुनाते हुए शुकदेवजी बोले कि एक समय सूर्य ग्रहण को निकट जानकर श्रीकृष्ण ने सभी यादवों को कुरुक्षेत्र में जाकर नहाने और दान देने का परामर्श दिया।

यमदग्नि के तीन पुत्रों में परशुराम बहुत तेजस्वी थे। यमदग्नि वैरागी होकर पत्नी सहित त्रिकूट पर्वत पर यज्ञ-तप करते थे। एक बार उनकी पत्नी रेणुका ने अपनी बहन सहस्त्रार्जुन की रानी को घर पर भोजन के लिए बुलाया लेकिन यह जानकर कि निमन्त्रण सेना को भी देना पड़ेगा, वह उदास हो आई। लेकिन यमदग्नि ने उदास पत्नी के मन की बात जानकर उसकी बहिन-बहनोई को सेना सहित निमन्त्रित किया। खिलाने की व्यवस्था के लिए वे इन्द्र से कामधेनु मांग लाए। जब दूसरे दिन सहस्त्रार्जुन भोजन करके तृप्त हो गया तो उसने इस व्यवस्था का कारण पूछा और कामधेनु को इसका कारण मानकर उनसे वह गाय मांगी पर न मिलने पर उसे छीनकर चल दिया और मुनि का भी वध कर दिया। इस समाचार को सुनकर परशुराम वहां आए और फिर सहस्त्रार्जुन का वध करके वापस आकर अपने पिता को अन्तिम संस्कार किया

और रुद्र-यज्ञ किया। तभी से यह स्थान कुरुक्षेत्र के नाम से प्रसिद्ध है।

एक बार द्रौपदी ने श्रीकृष्ण की आठों पटरानियों से पूछा कि उन्होंने भगवान् श्रीकृष्ण को ही पति के रूप में कैसे वरण किया? प्रत्येक ने अपनी-अपनी कथा बताई। रुक्मिणी बोली कि मेरा विवाह शिशुपाल के साथ करने के लिए कृतसंकल्प होकर शासक शस्त्र धारे खड़े थे पर मेरी प्रार्थना पर भगवान् ने मेरा हरण करके मुझसे विवाह किया। सत्यभामा ने कहा कि मेरे पिता ने चाचा के वध का मिथ्या आरोप श्रीकृष्ण पर लगाया और इससे भगवान् ने जामवन्त से युद्ध करके मणि ला दी। इस पर लज्जित होकर मेरे पिता ने मेरा विवाह श्रीकृष्ण से कर दिया। जाम्बुवती ने कहा कि मेरे पिता ने भगवान् श्रीकृष्ण को जाने बिना उनसे युद्ध किया और पराजित होकर मेरा विवाह कर दिया। कालिन्दी ने इसका कारण अपनी तपस्या को बताया। मित्रविन्दा ने कहा कि स्वयंवर में गीदड़ राजाओं को हराकर भगवान् ने मुझे प्राप्त किया। सत्या बोली कि एक साथ सात सांडों को पराजित करने की शर्त पूरी करके मेरे साथ विवाह किया। सुभद्रा ने कहा कि मेरा मन भगवान् में लीन देखकर ही पिता ने मुझे सौंपा। लक्ष्मण ने कहा कि निर्धारित मत्स्य भेद की शर्त को पूरा करके कृष्ण ने मेरा पाणिग्रहण किया।

इसके बाद शुकदेवजी ने कहा कि एक दिन ऋषियों की सभा में वसुदेव ने नारदजी से कर्म बन्धन में छूटने का उपाय पूछा तो उन्होंने राजा को कुरुक्षेत्र में यज्ञ-रूप भगवान् विष्णु की पूजा बताया। फिर वसुदेव ने विधिपूर्वक यज्ञ किया और सूर्यग्रहण के बाद स्नान करके नन्द और अन्य लोग कुछ समय वहां रहकर वापिस अपने धाम को लौट आए। एक बार देवकी ने अपने छह पुत्रों के कंस के द्वारा मारे जाने पर शोक करते हुए उन्हें वापस लाने की बात कहीं तो श्री कृष्ण एकदम पाताल लोक में गए और वहां महाराजा बलि सम्मानित होकर उनसे बोले कि मरीचि ऋषि के छह जवान पुत्रों को अपने सामने हंसने पर प्रजापति ने असुर होने का श्राप दिया था और फिर मेरे दर्शनों से मुक्त होने की बात कही थी। ये छह देवकी के पुत्र बने। वह उन्हें पाना चाहती है। भगवान् ने वहां से पुत्र लेकर देवकी का सौंप दिए। देवकी की पुत्री सुभद्रा अब विवाह योग्य हुई तो श्रीकृष्ण ने अर्जुन के नाम का प्रस्ताव रखा। किन्तु बलरामजी इस बात पर सहमत न थे। अतः बलरामजी नाराज होकर वहां से चले आए। अर्जुन का जब कृष्ण के विचार का पता चला तो वह संन्यासी के रूप में द्वारिका में आकर रहने लगे। उनकी तेजस्विता से मुग्ध होकर बलरामजी उसे अपने घर लाए। वहां अर्जुन और सुभद्रा में परस्पर प्रेम हो गया।

वे दोनों एक-दूसरे के वियोग में तड़पने लगे तो शिवरात्री के दिन जब सुभद्रा शिव पूजन के लिए घर से गई तो अर्जुन ने उसका हरण कर लिया। बलराम को जब यह पता चला तो उन्होंने अर्जुन का पीछा किया। पर श्रीकृष्ण ने उन्हें समझा-बुझाकर शांत कर दिया। उधर अर्जुन ने हस्तिनापुर पहुंचकर विधिवत् विवाह किया।

एक बार कश्यप के पुत्र वृकासुर ने नारदजी से पूछा कि ब्रह्मा, विष्णु और महादेव में से शीघ्र वर देने वाला कौन है? नारदजी ने शिवजी को शीघ्र ही प्रसन्न होने वाला बताया तो वृकासुर उनकी प्रसन्नता के लिए घोर तपस्या और आराधना करने लगा। शिवजी प्रसन्न होकर प्रकट हुए और उसकी इच्छानुसार उसे यह वर दे दिया कि जिसके सिर पर भी वह हाथ रखेगा वह भस्म हो जाएगा।

यह वर प्राप्त कर वृकासुर उद्धत हो गया और स्वयं भूत-भावन शिवजी के सिर पर हाथ रखकर उन्हें भस्म करने को उद्धत हो गया। इतने में भगवान् विष्णु ने ब्राह्मण रूप में आकर उसे विवाद में भटकाया और उससे इस नंगे बावले बाबा की बात पर विश्वास न करने को कहा। बात-बात में भगवान् ने उसे अपनी शपथ खाने के लिए ही सिर पर हाथ रखने को कहा। वृकासुर दैत्य ने सहज अभ्यासवश ज्योंही अपने सिर पर हाथ रखा त्योंही वह जलकर भस्म हो गया।

एक बार ऋषियों की सभा में यह प्रश्न उठ खड़ा हुआ कि शिव, ब्रह्मा और विष्णु में सर्वश्रेष्ठ कौन है? ऋषियों ने निर्णय के लिए भृगजी को भेजा। भृगुजी सर्वप्रथम ब्रह्माजी के पास आए और उन्हें बिना प्रणाम किए ही बैठ गए। इस पर ब्रह्माजी को क्रोध आया, परन्तु पुत्र जानकर वे उसे दबा गए। इसके उपरान्त वे शिवजी के पास गए। शिवजी ज्योंही भृगुजी का आलिंगन करने के लिए आगे बढ़े, त्योंही भृगुजी ने चिता की भस्म वाले शरीर को दूर रखने को कहा। इस पर शिवजी त्रिशूल से उन्हें मारने दौड़े। पार्वतीजी द्वारा अनुनय-विनय करने पर ही शिवजी का क्रोध शांत हुआ। इसके पश्चात् भृगुजी विष्णुजी के पास गए और जाकर सोते हुए विष्णु की छाती पर लात दे मारी। विष्णुजी ने जागते ही ऋषि के चरण छूकर कहा कि कहीं आपके कोमल चरण को चोट तो नहीं पहुंची। विष्णु की इस सहनशीलता पर मुग्ध होकर भृगुजी ने ऋषियों की सभा में आकर सारा वृत्तांत सुनाते हुए विष्णुजी को ही सर्वश्रेष्ठ देवता घोषित किया।

एक बार द्वारिका में एक ब्राह्मण के आठ बेटे मर गए, उसने अपने पुत्रों

की मृत्यु का कारण राजा की पाप मूलकता बताई और उग्रसेन की निंदा प्रारंभ कर दी। उसने अर्जुन को भी अपनी व्यथा सुनाई। अर्जुन ने उसके भावी पुत्र की रक्षा का वचन दिया और वचन पूरा न कर पाने की स्थिति में जलकर मरने की शपथ खाई। यथासमय बालक होने पर अर्जुन द्वारा व्यूह-रचना के बाद भी यह बच्चा अदृश्य हो गया। अर्जुन ने उसे ढूंढ़ने के लिए काफी प्रयास किया और आकाश-पाताल एक कर दिया। अन्ततः सफल न होने पर आग में जलने की योजना अर्जुन बना ही रहा था कि श्रीकृष्ण उसे विष्णु लोक ले गए। वहां के ऐश्वर्य को देखकर अर्जुन विस्मित हो गया और उनकी स्तुति करने लगा। तब विष्णु ने अर्जुन और श्रीकृष्ण को बालक दिखाते हुए कहा कि तुम दोनों ही मेरे अंश हो और मैंने तुम्हें देखने की इच्छा से ही बालक को अदृश्य किया था। तुम जाओ और पृथ्वी का भार हरण करके फिर से मुझमें विलीन हो जाओ। अर्जुन ने उस ब्राह्मण पुत्र को लेकर उसके पिता को दे दिया और अपना प्रण पूरा किया।

एकादश स्कन्ध

प्रस्तुत स्कंध मूल रूप में यदु वंश के संहार की कथा है।

जब भगवान् विष्णु के लोक से श्रीकृष्ण और अर्जुन द्वारिका लौट आए तो पृथ्वी का भार दूर करने का विचार करने लगे। सर्वप्रथम उन्होंने अन्यायी सेनाओं से दबी हुई पृथ्वी के उद्धार का विचार किया। कौरवों और पांडवों के बालक बड़े हुए तो दुर्योधन ने, सिंहासन पर बैठे अपने पिता धृतराष्ट्र से पांडवों को इन्द्रप्रस्थ का प्रदेश दिलाया और उसको भी अपने अधिकार में करने के लिए उन्हें जुआ खेलने के लिए बुलाया। युधिष्ठिर ने उसे स्वीकार कर लिया और वह शकुनि की चालाकी से पराजित हुए। उन्हें राजपाट और स्त्री भी दांव पर लगानी पड़ी और वनवास भोगना पड़ा। जब वनवास से पांडव आए तब दुर्योधन ने उन्हें थोड़ा-सा स्थान अर्थात् एक इंच धरती भी देना स्वीकार नहीं किया।

महाभारत के बाद यादव वंश के लोग भी कुमार्गगामी हो गए थे। वे जुआ खेलने, शराब पीने, अन्य स्त्रियों का सेवन करने आदि दुष्टतापूर्ण कर्मों में लग गए। इसलिए भगवान् ने अपनी जाति का मोह छोड़कर उनका विनाश करना चाहा। एक बार ऋषि दुर्वासा भगवान् कृष्ण से मिलने आए तो सांभ और प्रद्युम्न आदि ऋषि का उपहास करने के लिए सांभ के पेट में कपड़ों की गठरी लपेटकर और स्त्री का वेष बनाकर दुर्वासाजी से पूछने लगे कि इसके पुत्र होगा या पुत्री। दुर्वासा सब कुछ जान गए थे, इसलिए उन्होंने गुस्से से कहा कि इसके एक मूसल पैदा होगा जो यादव वंश के विनाश का कारण होगा। समय आने पर सांभ के गुदा द्वार से एक लौह मसूल पैदा हुआ जिसे रगड़वाकर चूरा बनाकर समुद्र में फिंकवा दिया गया। लेकिन वह किनारे पर आकर कुशों के साथ मिलकर विकसित हो गया। एक दिन दुराचारी यादव समुद्र के किनारे शराब पीकर लड़ने-झगड़ने लगे तो क्रोध में आकर उन्हीं कुशों को तोड़कर उनसे एक-दूसरे की हत्या करने लगे। इस तरह यादव वंश नष्ट हो गया और द्वारिका पुरी समुद्र में डूब गई और भगवान् अपने धाम को चले गए।

भगवान् कृष्ण द्वारा सुरक्षित द्वारिका में एक बार नारदजी आए थे और

वसुदेवजी ने उनका सम्मान किया था। तब उन्होंने पूछा कि मेरे तप से मैंने भगवान् को पुत्र रूप में पा तो लिया है और इस तरह उनकी सेवा का अवसर भी मिल गया है। लेकिन मुझे मोक्ष-प्राप्ति का उपाय बताइए। तब नारदजी ने उनसे कहा कि योगीराज ऋषभ के सौ पुत्रों में भरत, तप के लिए वन में गए थे और उसके नौ दूसरे बेटे नौ खंडों के शासक बन गए और बाकी नौ योगेश्वर बनकर नग्न वेश में घूमने लगे और वास्तविक सत्ता का प्रचार करने लगे। एक बार नौ योगेश्वर राजा निमि के यहां पहुंचे। वहां पर ऋषि लोग पहले ही काफी कुछ ब्रह्मचर्चा कर रहे थे, लेकिन इन योगेश्वरों के पहुंचने पर इनसे राजा ने नौ प्रश्न पूछे। इन्हीं का उत्तर मैं आपको बताता हूं, जिसमें आपके प्रश्नों का उत्तर मिल जाएगा।

निमि–हे प्रभु! इस अनिश्चित और क्षणभंगुर जीवन के कल्याण का स्वरूप और साधन क्या है?

प्रथम योगेश्वर (कवि)–हे राजन्! मेरे विचार में इस संसार में परम कल्याण का साधन भगवान् के चरणों में नित्य और निरन्तर उपासना है और भागवत धर्म जो अज्ञानी पुरुषों के लिए भी भगवान् प्राप्ति को सुलभ बना देता है–इसका अवलम्बन करना चाहिए। सरल भागवत धर्म, मन, इन्द्रिय, बुद्धि, अहंकार तथा अन्य संस्कारों को और सब कर्मों को भगवान् को समर्पित करना चाहिए। भक्त तो केवल परीक्षा के लिए ही दरिद्र होता है, जिससे कि वह कुपथ पर नहीं जाता। मन को वश में करने के बाद भक्त भगवान् को पा लेता है और भगवान् ही उसका धर्म है।

निमि–भगवान् भक्त के लक्षण, व्यवहार और आचार के विषय में बतलाने की कृपा करें।

द्वितीय योगेश्वर (हरि)–हे राजन्, भगवान् के भक्त का लक्षण तो प्रत्येक प्राणी में ईश्वर और ईश्वर को प्राणी मात्र में देखना है। समान दृष्टि वाला व्यक्ति उत्तम कोटि का भक्त होता है और जो दुर्जनों की उपेक्षा करके सज्जनों से स्नेह करता है वह बीच की कोटि का है और जो भगवान् में तो अनुराग रखता है, लेकिन भगवान् के भक्तों का आदर नहीं करता, वह सामान्य कोटि का भक्त होता है। संसार के व्यापक ऐश्वर्य को जो भगवान् के भजन के सामने तुच्छ मानता है वह अपने धर्म का पालन करता है। यही उसका आचार और व्यवहार है।

निमि–माया का स्वरूप क्या है और उसमें भक्त कैसे आसक्त नहीं होता?

तृतीय योगेश्वर (अन्तरिक्ष)–माया का स्वरूप भगवान् के स्वरूप की

तरह ही अनिर्वनीय है अत: कामों में ही उसका निरूपण होता है। आदि पुरुष परमात्मा जिस शक्ति से विषय भोग मोक्ष की सिद्धि के लिए पंच तत्त्वों के द्वारा बनाए गए देव, मनुष्य आदि की सृष्टि करते हैं और भूतों के कारण बनते हैं वह शक्ति ही माया है। देह अभिमानी जीव भगवान् के द्वारा प्रकाशित इन्द्रियों से विषय भोग करता है और इस शरीर को निज स्वरूप मानकर उसमें आसक्त हो जाता है। यह जीव सकाम भावना से शुभ और अशुभ कर्म करते हुए, सुख-दुख झेलते हुए संसार में भटकता है। जो भगवान् का भक्त होता है वह इस माया की वास्तविकता का जानकर उसमें नहीं फंसता। माया तो परम तत्त्व की दासी है। अत: उसके भक्तों को कुछ नहीं कहती।

निमि–शरीर में आत्मबुद्धि से निमग्न व्यक्तियों के लिए माया से निवृत्त होने का उपाय क्या है?

चतुर्थ योगेश्वर (प्रबुद्ध)–माया से उद्धार के लिए पहले तो धनधाम और स्त्री, पुत्र के सुख पर विचारना चाहिए कि ये सुख हैं भी या नहीं और फिर यह सोचना चाहिए और सरल भाव से भागवत धर्म की क्रिया की शिक्षा लेनी चाहिए। माया से मुक्ति के लिए वैराग्य आवश्यक है क्योंकि भौतिक पदार्थों में विराग से मन भगवान् के भजन में लगता है। इस प्रकार निरन्तर भगवत कथा सुनने से और कीर्तन से भौतिक संसार के प्रति उदासीनता पैदा होती है।

निमि–परब्रह्म परमात्मा का स्वरूप क्या है?

पंचम योगेश्वर (पिप्पलायन)–संसार की उत्पत्ति और स्थिति तथा प्रलय का निमित्त तथा उपादान कारण दोनों ही हैं और जो बनने-बनाने वाला है, कारण रहित, स्वप्न, जागृति और सुषुप्ति में उनके साक्षी रूप में विद्यमान रहता है और समाधि में भी एक रस होता है और जिससे शरीर, इन्द्रिय, प्राण, अन्त:करण अपना काम करते हैं, वही परम सत्य परब्रह्म है।

यह ब्रह्म वेदों के द्वारा भी नेति-नेति कहकर व्याख्यायित किया गया है, वस्तुत: जो कुछ भी दिखाई देता है, सत्य-असत्य है, कार्य-कारण है। उसके परे जो भी है वह ब्रह्म है। मन-बुद्धि-प्राण से अतीत, देशकाल और वस्तु से अविनाशी और वह केवल उपलब्धि (ज्ञान) रूप है।

निमि–मनुष्य को शुद्ध करने वाले कर्मयोग का ज्ञान देने की कृपा कीजिए और यह भी बताइए कि सनक आदि ऋषियों ने मेरे प्रश्नों का उत्तर क्यों नहीं दिया?

षष्ठ योगेश्वर (आविर्होत्र)–कर्म-अकर्म और विकर्म-ज्ञान का आधार वेद है। उनके तात्पर्य का निश्चय करना जानना अपौरुषेय होने के कारण सरल

नहीं है। आपकी अपरिपक्व अवस्था को देखकर ही उस समय उन्होंने उत्तर नहीं दिया। वेद परोक्षवादात्मक शब्द अर्थ से भिन्न तात्पर्य अर्थ वाले कही जाती हैं। शास्त्रों में श्रेष्ठ कर्मों में प्रवृत्त करने के लिए ही स्वर्ग आदि की बात कही जाती है। अज्ञानी लोग इस बात को नहीं जानते और वेदों को द्वारा कहे गए कर्मों का त्यागकर देते हैं। तो ऐसे कर्मों का आचरण न करने से विकर्म रूप अधर्म होता है और फिर मृत्यु के बाद पुनः जन्म मिलता है। वस्तुतः कर्मों की निवृत्ति और ज्ञान सिद्धि वेदोक्त कर्म करने और उन्हें भगवान् को समर्पित करने से ही होती है। वैदिक और तांत्रिक दो पद्धतियां हैं, जिनसे भगवान् की आराधना की जाती है। हमारे वेदों में स्वर्ग आदि का वर्णन कर्म की रुचि के लिए है। यही सच्चा कर्मयोग है।

निमि–भगवान् की कृत, क्रियमाण तथा करिष्य लीलाओं का वर्णन कीजिए, जिससे उन्होंने भक्तों पर अनुग्रह किया और अवतार लिया।

सप्तम योगेश्वर (द्रमिल)–भगवान् के अनन्त गुणों और लीलाओं की गिनती असम्भव है। अपने आपमें सृष्ट पंच भूतों से बना विराट शरीर ब्रह्माण्ड में आदि देव नारायण के रूप में प्रविष्ट अंतर्यामी ही पुरुष कहलाता है यह भगवान् का पहला अवसर है। यह पुरुष रजस्, सत् तथा तमोगुण के अंश से ब्रह्मा, विष्णु और शिव बनकर जगत् की उत्पत्ति, पालन और विनाश करना है और फिर नर नारायण के रूप में अवतार लेता है। भगवान् विष्णु ने सम्पूर्ण जगत् के कल्याण के लिए अनेक कला अवतारों में जन्म लिया है। इन्होंने हंस, दत्तात्रेय, सनक, सनंदन, सनातन और सनतकुमार तथा ऋषभजी के रूप में अवतार लेकर आत्म साक्षात्कार के साधनों का उपदेश दिया है। हयग्रीव के रूप में वेदों का उद्धार, कूर्म अवतार के रूप में अमृत मंथन का कार्य सम्पन्न कराया। इन्होंने हाथी को ग्राह से छुड़ाया, इन्द्रा की ब्रह्महत्या से रक्षा की, वामन के रूप में देवताओं का भाग वापस किया और राम के रूप में दुराचारी रावण का नाश किया। यही भगवान् यदु वंश में जन्म लेकर तरह-तरह की लीलाएं करेंगे।

निमि–अजितेन्द्रिय और भगवान् से विमुख अशांत काम की क्या गति होती है।

अष्टम योगेश्वर (चमस)–जो व्यक्ति अपने वर्णाश्रम का पालन नहीं करता वह मनुष्य योनि से गिर जाता है। धन, वैभव, विद्या, दान, सौन्दर्य, बल और कर्म के अभिमानी व्यक्ति ही भगवान् से विमुख होते हैं और वैसे ही सांसारिक वैभव भी उन्हें छोड़ देते हैं। जो लोग अज्ञान को ज्ञान मानते हैं उन्हें

कभी शांति नहीं मिलती और न उनके कर्म शांत होते हैं।

निमि–किस समय, किस रंग का और कौन-सा आकार भगवान् ग्रहण करते हैं और भगवान् की उपासना मनुष्य किस प्रकार करते हैं?

नवम योगीश्वर (करभाजन)–सतयुग में श्रीहरि का रंग श्वेत होता है। चार भुजाएं, सिर पर जटा, शरीर पर वल्कल, यज्ञोपवीत मृगाजिन, रुद्राक्ष की माला और हाथ में दण्ड और कमण्डलु धारण करते हैं।

और इस युग में मनुष्य इन्द्रियों को वश में करते हुए, हंस, सुपर्ण, वैकुण्ठ अव्यक्त और परमात्मा आदि नामों से भगवान् का गुणगान करते हैं। त्रेता युग में उनका रंग लाल होता है, भुजाएं चार, केश स्वर्णिम होते हैं और कोटि में त्रिमेखल होती है। हाथों में यज्ञ पात्र आदि होते हैं, इस समय लोग यिष्णु, सर्वदेव, जयन्त आदि नामों से उनका लीला गान करते हैं। द्वापर में श्री विग्रह का रंग श्याम होता है, वस्त्र पीले, और वे शंख, चक्र, गदा आदि आयुध ग्रहण करते हैं और वैदिक तथा तांत्रिक विधि से लोग भगवान् की पूजा करते हैं।

हे राजन्, कलियुग की महिमा सबसे अधिक है क्योंकि इस युग में केवल कीर्तन से ही परमार्थ और स्वार्थ सिद्ध होते हैं और इस युग में मनुष्य को मानसिक पाप का फल नहीं भोगना पड़ता। इसलिए भक्ति के द्वारा सहज ही उद्धार हो जाता है। जब नारदजी से यह तत्त्वज्ञान वसुदेव और देवकी ने सुना तो उनका मोह टूट गया और उन्होंने नारदजी के प्रति आभार प्रकट किया। उन्होंने भगवान् कृष्ण को, जो उनके पुत्र के रूप मैं पैदा हुए–परब्रह्म के रूप में देखा तो उनका उद्धार हो गया।

उद्धवजी ने कहा कि कुछ ऐसा सरल उपाय बताइए कि जिससे जीव विषयों से मुक्त हो सकें। तब भगवान् श्रीकृष्ण ने कहा कि विचारवान व्यक्ति अपनी आत्मा के गुरु रूप से विषयों से मुक्त हो सकता है। उन्होंने दत्तात्रेय का आख्यान सुनाया, कि एक बार अवधूत के वेष में घूमते हुए यदु ने दत्तात्रेयजी से पूछा कि आप किस प्रकार कर्मों का त्याग कर सके और कैसे आप स्त्री, पुत्र, धन आदि से मुक्त हो सके और आंत्मा में आनन्द का अनुभव कर सके? इस पर उन्होंने उत्तर दिया कि मैं अपनी बुद्धि से ही ज्ञान प्राप्त करके मुक्त रहता हूं। पृथ्वी, वायु, आकाश, चन्द्रमा, अग्नि, हाथी, पतंग, अजगर, कबूतर, मछली, वेश्या, पक्षी, बालक, कुमारी कन्या, सर्प, मकड़ी आदि महानुभावों से मैंने शिक्षा ग्रहण की है, और इस प्रकार है–

धैर्य और क्षमा पृथ्वी से, सन्तुष्टि और यश की प्राप्ति वायु से, मद प्रतीत में अखंडता आकाश से तथा पान से सहज स्वभाव और मधुर पवित्र आचरण

तथा दोष को जलाना और चमक आग से, ह्रास तथा वृद्धि से प्रभावित न रहने की शक्ति चन्द्रमा से, और प्राप्त का विर्सजन करने का भाव सूर्य से, और आसक्ति के त्याग का कपोत से, और प्रारब्ध से ही पाकर सन्तुष्ट रहने की भावना अजगर से, गम्भीरता समुद्र से, रूप सौंदर्य की ज्वाला में पड़कर आत्मदाह न करना पतंग से, संग्रह करने की मधुमक्खी से, स्त्री के स्पर्श से दूर रहने की हाथी से, और मोह न करने की मृग से, और जीव के स्वार्थ का त्याग मछली से वैराग्य का भाव पिंगला वैश्या से, प्राप्त को त्यागकर सुख मांगने की भावना कुरर पक्षी से, एकाकीपन में सुखी रहना कुमारी कन्या से, निश्चिन्तता बालक से, वैराग्य द्वारा मन को वश में करना व्याध से, अकेले विचरण सांप से और अपनी सृष्टि में स्वयं विहार करना मकड़ी से, और तद्रूप हो जाने की शिक्षा भृंगी कीट से प्राप्त की है। इन सारी शिक्षाओं के अतिरिक्त मैंने अपने शरीर से भी शिक्षा प्राप्त की है। मैं शरीर को कभी भी अपना नहीं समझता हूं और मैं उससे अलग होकर ही विचरण करता हूं। हे राजन्, केवल गुरु सम्पूर्ण ज्ञान नहीं देता, उसके लिए बहुत कुछ अपने आप भी सोचना और समझना पड़ता है।

भगवान् श्रीकृष्ण ने उद्धव को यह संवाद सुनाया और इसे सुनकर उद्धव को सन्तोष हुआ तब फिर भगवान् बोले कि जीव एक ही है और मेरा ही स्वरूप है। जब वह आत्मज्ञान पा लेता है तो मुक्त होता है और जब आत्मज्ञान नहीं पाता तो बद्ध होता है। इसलिए यह बंधन भी अनादि है, जीव ईश्वर बद्ध और मुक्त होने के भेद से एक ही शरीर में नियंत्रित होकर और नियंता होकर रहता है। इसमें यह समझो कि शरीर एक वृक्ष है, उसमें हृदय घौंसला है और इस घौंसले में जीव और ईश्वर दो पक्षी रहते हैं और वे दोनों चेतन तथा समान हैं और मित्र भी। इनके निवास का कारण केवल लीला ही है, जीव के वृक्ष के फल खाने से परिणाम स्वरूप सुख-दुख भोगता है लेकिन ईश्वर उन्हें न भोगकर केवल साक्षी मात्र रहता है। न भोगने वाला ईश्वर वास्तविक स्वरूप को जानता है और उसके सुख-दुख में नहीं पड़ता, इसीलिए जीव अविद्या युक्त होने के कारण बंधा है और ईश्वर नित्य मुक्त है। ज्ञान से अन्न पुरुष भी मुक्त ही हैं क्योंकि वे सूक्ष्म और स्थूल शरीरों में रहने पर भी कोई विशेष संबंध नहीं रखते क्योंकि वे अपने कर्त्ता नहीं मानते इसलिए कर्म फल से नहीं बंधते। व्यवहार में उनकी समान मृत्यु होती हैं और आत्मानंद में लीन रहते हैं।

श्रीकृष्ण कहते हैं कि मेरी कथाओं का सुनना और बिना किसी आसक्ति के काम करना परम ब्रह्मं में लीन होने का एक उपाय है। इस तरह करने से

अविनाशी पुरुष के प्रति बहुत अधिक प्रेम और भक्ति प्राप्त होती है। भक्ति से मन संतुष्ट होता है और भक्त शुद्ध अन्तःकरण से अपने वास्तविक रूप को पाता है। इसके बाद भगवान् श्रीकृष्ण ने बताया कि कृपया-वैर न करना, सुख-दुख में समानता, पवित्रता, संयम, स्थिरता, अभिमान न होना, इन्द्रियों का जीतना, उद्यम करना, समान दृष्टि और समर्पण ये सब संत के लक्षण हैं। संत हमेशा मेरे रूप में खोया रहता है। ऐसे संत भक्तों का सत्संग करने से सब प्रकार की आसक्तियां नष्ट हो जाती हैं। सत्संग से जीवन का बहुत कल्याण होता है जो तप और ज्ञान तथा विद्या से भी नहीं होता। सत्संग से ही मेरी प्राप्ति होती है और मेरी भक्ति से शुद्ध होकर जीव मुझमें ही विलीन हो जाता है।

इसके बाद उद्धवजी ने पूछा कि शुभ कल्याण के अनेक उपायों में कौन-से उत्तम हैं तब कृष्णजी बोले कि वेदों को ठीक तरह से न समझने के कारण लोगों ने अनेक तरह के साधनों की कल्पना की है। दान, व्रत, यज्ञ और अनेक कर्मों का फल तो काम भोग और यश तथा स्वर्ग की प्राप्ति है, इनसे ब्रह्म नहीं मिलता और इन साधनों के प्रारंभ और अंत में दुःख मूलक हैं। लेकिन सारी इच्छाओं को भूलकर मुझमें मन लगाने से परम आनंद मिलता है और जिस तरह आग लकड़ी को भस्म कर देती है उसी तरह मेरी भक्ति पाप भावनाओं को भस्म कर देती है। जो उत्तम योगी होता है वह इस तत्त्व को जानता है।

इस तरह भगवान् की विभूतियों की गणना नहीं हो सकती। किंतु ये सारी विभूतियां परमेश्वर की होने पर भी असत्य हैं और सत्य तो केवल मैं ही हूं। मैं परमात्मा हूं, मन तथा वाणी से और इन्द्रियों को वश में करके बुद्धि के द्वारा जानने योग्य केवल मैं ही हूं।

इसके बाद अपनी बात कहकर भगवान् श्रीकृष्ण ने उद्धवजी से कहा कि सत्तयुग में एक ही वर्ण हंस था। उस युग का नाम कृत्यकृत्य पड़ा क्योंकि प्रजा अपने स्वभाव से ही कृत्यकृत्य हो जाती थी। लोग मेरी हंस रूपी मूर्ति की प्रतिष्ठा और पूजा करते थे। त्रेता में ऋग्वेद, यजु और शाम तथा चारों वर्ण मेरे ही अलग-अलग रूप में उत्पन्न हुए और मेरे शरीर के जन्म-स्थानों के कारण ही वे अलग-अलग आश्रम और धर्मों में निर्धारित हुए। ब्रह्मचारी को सदैव रुद्राक्ष की माला, कमण्डलु, दण्ड और यज्ञोपवीत अपने पास रखना चाहिए। बाल नहीं रखने चाहिए, भोजन के समय बोलना नहीं चाहिए और अन्न जो भिक्षा में मिलता है, गुरु को समर्पित करके, फिर उनसे लेकर खाना चाहिए। स्त्री-संग पूर्णतया वर्जित है।

गृहस्थ आश्रम में नियमपूर्वक यज्ञ करने चाहिए और जो अपने अधीन हो उनका पालन करना चाहिए। कुटुम्ब आदि में अधिक आसक्त न होकर अपनी उपासना द्वारा मुझे प्राप्त करने का प्रयत्न करना चाहिए। वानप्रस्थी को चाहिए कि स्त्री को पुत्र के पास छोड़कर कन्दमूल फल खाकर निर्वाह करे।

यह कहकर भगवान् श्रीकृष्ण ने विज्ञानमय ज्ञान को समझाने की कृपा की। उन्होंने कहा कि महाभारत के युद्ध के बाद युधिष्ठिर ने भी यही सवाल भीष्म से किया था। उस समय जो उत्तर उन्होंने दिया था वही मैं तुम्हें बताता हूं। उन्होंने कहा था कि विचारवान व्यक्ति जगत् के समान इस संसार में कृत कर्मों के फलस्वरूप मिलने वाले सुखों को नाशवान समझकर अलग हो जाता है। यह नियमों का पालन करता है और आपूत काम होकर मोक्ष पा लेता है। वह अनासक्ति से ईश्वरता भी पा लेता है। मोक्ष-प्राप्ति के तीन ही उपाय हैं—ज्ञान, कर्म और भक्ति। कर्म फल में अधिक रुचि न रखते हुए ज्ञान योगी महत्त्वपूर्ण होता है और जो कर्मों से चित्त नहीं हटा पाते उनके लिए कर्म योग महत्त्वपूर्ण होता है और इसके बाद मेरे चरणों में प्रेम रखने वाले भक्ति योग की सिद्धि प्राप्त करते हैं। जब तक वैराग्य उत्पन्न नहीं होता तब तक मेरी कथा में रुचि नहीं होती और जब तक यह न हो तब तक कर्म करते रहना चाहिए। क्योंकि निहित कर्म न करने से नरक मिलता है।

जब भी कभी किसी वस्तु में गुणों का आरोप करते हैं तो उसमें आसक्ति हो जाती है। आसक्ति होने से उसे अपने पास रखने की कामना जागती है और कामना की पूर्ति न होने पर कलह पैदा होता है। कलह से क्रोध होता है और क्रोध से अच्छे-बुरे का ज्ञान नहीं रहता। ठीक निर्णय की शक्ति चली जाती है और इस चेतना के लुप्त होने से वह पशु बन जाता है। इस तरह वह न स्वार्थी बन पाता है और न परमार्थ प्राप्त करता है। उद्धवजी ने विभिन्न ऋषियों के द्वारा तत्त्वों की संख्या के विषय में पूछा तो श्रीकृष्णजी ने कहा कि मेरी शक्तियों, वृत्तियों और उनके गुणों का रहस्य न समझकर ही यह मतभेद होता है। लेकिन जब इन्द्रियां अपने वश में हो जाती हैं तो यह सारा भेद भी दूर हो जाता है और सारे संकट मिट जाते हैं। भगवान् श्रीकृष्णजी ने कहा कि हे उद्धव! तत्त्वों का एक-दूसरे में प्रवेश होने से ही कहने वाला उनकी वास्तविक संख्या के अनुसार कार्य-कारण को मिला देता है। तत्त्वों की 26 संख्या मानने वाले अज्ञानी लोग आत्मज्ञान के लिए ईश्वर की अलग कल्पना करते हैं तो 25 तत्त्व मानने वाले जीव और ब्रह्म में भेद नहीं करते और प्रकृति के तीन अलग गुण मानकर यह संख्या 28 हो जाती है। लेकिन इनमें

कोई विशेष भेद नहीं, भेद केवल प्रकृति, शरीर और पुरुष आत्मा में है। प्रकृति विकारी है, जन्ममरण में बंधी है और आत्मा अविकारी है, जन्म-मरण से परे है। फिर उद्धवजी ने प्रश्न किया कि अजन्मा आत्मा कैसे जन्म-मरण में फंसता है? तब श्रीकृष्ण बोले कि मानव मन कर्म संस्कारों का पुंज है और उन्हीं के अनुसार पांचों इन्द्रियों भोग में लगी हैं। इसे ही लिंग शरीर कहते हैं और यही कर्म के अनुसार एक से दूसरे में जाता है। आत्मा इस लिंग शरीर से अलग है। जब वह अपने को लिंग शरीर मात्र ही समझ लेता है, उसका अहंकार कर लेता है तो लगता है कि आवागमन हो रहा है। लेकिन जिस प्रकार नदी का जल चंचल होने पर पेड़ को प्रतिबिम्ब चलता नजर आता है—उसी तरह आत्मा रूप संसार की स्थिति है। इसके उपरान्त भगवान् ने एक ब्राह्मण की कथा सुनाई जिसका शरीर अनेक वर्षों के परिश्रम से सुख-दुख में व्याप्त रहा और उसका धन नष्ट हो गया तब उसमें एकदम वैराग्य उत्पन्न हुआ। उसके अहंकार की ग्रंथि खुल गई और वह अवधूत बनकर विचरने लगा। वह अपने अपमान को भी पूर्व जन्म का फल मानकर प्रसन्न होता था। उसने समझ लिया था कि यह सब भ्रम मात्र है। मन को वश में करने से सारे कष्ट दूर हो जाते हैं, इसके बाद भगवान् श्रीकृष्ण ने महामुनि कपिल द्वारा भेद बुद्धि विनाशक, साख्य शास्त्र मर्म रूप में समझाया। वह बोले कि सत्तयुग में भेद रहित ज्ञान रूप ब्रह्म ही था। वह दृष्टा था और माया के साथ मिलकर दृश्य हो गया और इस दृश्य का नाम प्रकृति और दृष्टा का नाम ब्रह्म पड़ा। फिर दृष्टा की प्रेरणा से प्रकृति के क्षोभ से तीन गुण उत्पन्न हुए। सत्तयुग से महत्त्व उत्पन्न हुआ, फिर उससे सत्व, रज, तम, अहंकार उत्पन्न हुआ और जड़ चेतन की ग्रंथि बन गया। तम अहंकार से पांच तत्त्व राजा से दस इन्द्रियों की और सत्य से दिशाओं तथा चन्द्र की उत्पत्ति हुई और फिर मेरी प्रेरणा से ब्रह्माण्ड उत्पन्न हुआ। फिर मेरा विराट रूप अण्ड निकला। वह अण्ड जल में पड़ा रहा और मैं लीला करने के लिए उसमें प्रविष्ट हुआ। फिर मेरी नाभि से और कमल से ब्रह्मा प्रगट हुए और उन्होंने सारी सृष्टि की रचना की। मेरी इच्छा से ये सब मेरे ग्रास होकर विलीन हो जाएंगे। श्रीकृष्णजी ने कहा कि अब यह जान लो कि गुण के कारण मनुष्य का स्वभाव कैसा होता है। शम, दम, विवेक, दया, श्रद्धा, विनय, सरलता आदि सत्व गुण की वृत्तियां हैं और जो रजो गुण की वृत्तियां हैं, प्रयत्न, तृष्णा, इच्छा, विषय भोग, गर्भ और उद्योग आदि तथा क्रोध, लोभ, कलह, हिंसा, दुःख आदि तमोगुण की वृत्तियां हैं। सकाम कर्म एवं अपने धर्म के आचरण में तीनों गुण को मेल रहता है। मानसिक शांति और इन्द्रियों के जीतने से सतोगुणी पहचाना

जाता है और कामना से परिपूर्ण मन रजोगुणी होता है। क्रोध व हिंसा से तमोगुणी की पहचान होती है। शुद्ध आत्मा का ज्ञान सात्विक है और, मेरे स्वरूप का वास्तविक ज्ञान निर्गुण ज्ञान है।

मेरी प्रतिमा की प्रतिष्ठा भी दो प्रकार से होती है। मन्दिर में स्थापित करके स्थिर रूप से और आह्वान और विसर्जन के रूप में गतिशील रूप में। मेरी पूजा की विधि इस प्रकार है–

शौच आदि से निवृत्त होकर पूर्व की दिशा में सुख कर मेरी प्रमिता को स्नान कराकर उसका पूजन करे और फिर धूप-दीप जलाकर मन्त्रों का पाठ करें। गन्ध आदि का लेप करे, फल तथा मिठाइयों से भोग लगाए और उसके सामने नाचता हुआ लीला गान करे। हे उद्धवजी, सभी प्रतिमाओं में मैं विराजमान रहता हूं और मेरा भक्त जिस रूप में भी भक्ति करता है वह उसी रूप से मुझे प्रसन्न करता है। फल की इच्छा न रखकर पूजन करने वाला ब्रह्मलोक को प्राप्त होता है और मूर्ति पर चढ़ाई वस्तु का अपहर्त्ता नकरगामी होता है।

इतना सब कुछ सुनाने के बाद शुकदेवजी बोले कि हे परीक्षितजी, भागवत धर्म का उपदेश सुनकर उद्धव बद्रिकाश्रम चले गए और वहीं कृष्ण के रूप में समा गए। दूसरी ओर भगवान् श्रीकृष्ण पीपल के पेड़ के नीचे चतुर्भुज रूप बनाकर बायें पैर पर दायां पैर रखकर बैठ गए, सांब की गुदा से निकला हुआ लौहदण्ड, जिसे यादवों ने पीसकर समुद्र में फेंक दिया था, उसका एक अंश एक मछली खा गई थी। उसी की सीक को एक व्याघ्र ने बाण पर लगा लिया और वह व्याघ्र जब इधर से निकला तो भगवान् श्रीकृष्ण के चरण को मृग समझकर उसने बाण मारा और वह उनके पैरों में लगा। व्याघ्र के दुःखी होने पर भगवान् ने इसे अपनी इच्छा बतायी और फिर सारी घटनाओं की सूचना देने के लिए दारुक को द्वारिका भेजा। यह सब सुनते ही वसुदेव, देवकी आदि ने अपने प्राण त्याग दिए। भगवान् की पटरानियां भी उन्हें याद करते हुए अग्नि में प्रवेश कर गई। अर्जुन ने यदु वंशियां का पिण्डदान किया और उनके बच्चों तथा स्त्रियों को लेकर इन्द्रप्रस्थ आ गए, वहां अनिरुद्ध के पुत्र वज्र का अभिषेक करके युधिष्ठिर आदि को भगवान् ने परलोक की सूचना दी। फिर सभी पांडव आपको राज्य सौंपकर हिमालय की ओर चल दिए।

द्वादश स्कंध

परीक्षित की मृत्यु : पुराण का माहात्म्य

भगवान् श्रीकृष्ण के वैकुण्ठ चले जाने पर पृथ्वी पर किस वंश ने शासन किया? परीक्षित के यह पूछने पर शुकदेवजी ने बताया कि बृहद्रथ वंश के अंतिम शासक पुरंजय का वध करके उसका मंत्री स्वयं शासन संभालेगा, यह मैं पहले ही बता चुका हूं। मैंने बताया था कि सुनक>प्रद्योत>पालक>विशाखयूप>राजक>नन्दिवर्धन। सुनक के पांचों वंशधर प्रद्योतन नाम से प्रसिद्ध होंगे और वे 138 वर्ष तक शासन करेंगे। इसके पश्चात् नन्दिवर्धन का पुत्र शिशु>काकवर्ण>क्षेत्रधर्मा>क्षेत्रज्ञ>विधिसार>अजातशत्रु>दर्शक>अजय>नन्दिवर्धक>महानंद आदि दस राजा कलियुग में 338 वर्ष तक राज्य करेंगे। अंतिम शासक महानंद का शूद्रा के गर्भ से नंदन नामक पुत्र उत्पन्न होगा, जो अत्यंत समृद्ध तथा बलवान शासक होगा। उसके सामने सारे क्षत्रिय नतमस्तक हो जाएंगे। क्षत्रियों का नाश करने वाला दूसरा व्यक्ति परशुराम होगा, फिर उसके बाद सुमाल्य नामक ब्राह्मण नंद और उसके आठ पुत्रों का विनाश करके चन्द्रगुप्त मौर्य की गद्दी पर बैठाएगा। इसके बाद उनकी वंश परम्परा 137 वर्ष तक चलती रहेगी। फिर शुंग वंश का शासन होगा और फिर पुष्यमित्र>अग्निमित्र>सुज्येष्ठ>वसुमित्र>भद्रक>पुलिंद>चोष>वज्रमित्र>भागवत>देवमूर्ति एक सौ वर्षों से अधिक समय तक पृथ्वी पर शासन करेंगे। देवमूर्ति अपनी विषय-लोलुपता के कारण कण्ववंशीय मंत्री के हाथों मारा जाएगा और इस प्रकार पृथ्वी का शासन कण्ववंश के हाथ में चला जाएगा। कण्ववंश के चार राजा>वसुदेव>भूमित्र>नारायण>सुशर्मा 345 वर्षों तक पृथ्वी का शासन करेंगे। बलि नामक आन्ध्रक कण्ववंशीय सुशर्मा का वध करके अल्प समय के लिए शासन संभालेगा। उसका भाई कृष्ण आन्ध्र वंश का शासक होगा। इस वंश के शातुकर्ण आदि बारह राजा राज्य करेंगे। अंतिम चकोर के आठ पुत्र भी राजा होंगे और फिर शिव स्वाति के गोमती आदि आठ पुत्र राज्य करेंगे।

इस प्रकार यह वंश बढ़ता जाएगा, सात आभीर, दस आदमी और सोलह

कंक पृथ्वी का राज्य करेंगे। इसके बाद मगध देश का शासक विश्वस्फूर्जि होगा और पुरंजय कहलाएगा।

कलियुग में मनुष्य की आयु बीस-बीस वर्ष होगी, वर्णाश्रम धर्म समाप्त हो जाएगा और हिंसा तथा पाप की वृद्धि होगी। इन सब बातों का परिष्कार करने के लिए भगवान् विष्णु कल्कि अवतार लेंगे।

दोषों को दूर करने का उपाय पूछने पर शुकदेवजी ने बताया कि सत्तयुग में सत्य, दया, तप, दान, धर्म अपने चार पादों से युक्त होगा और सब लोग आत्माराम होंगे। त्रेता में तीन चरण होंगे और इस युग में तपस्वी, कर्मशील, योगी होंगे। द्वापर में अधर्म से धर्म का आधा भाग नष्ट हो जाएगा। लेकिन इस युग के लोग बड़े परिवार वाले और अध्ययनशील होंगे। लेकिन कलियुग में धर्म का केवल एक ही भाग रह जाएगा। इस तरह कलियुग के अनेक दोष हैं लेकिन एक गुण बहुत बड़ा है कि मनुष्य के अन्तःकरण में पुरुषोत्तम भगवान् थोड़े से कीर्तन से ही विराजमान हो जाते हैं और सारी आसक्तियां छूट जाती हैं।

जब ब्रह्माजी भी अपने परिमाण से 100 वर्ष की आयु समाप्त हो जाती है तब महत्तत्व, अहंकार और पंच तन्मात्रांए अपने मूल कारण प्रकृति में लीन हो जाती हैं। इसीका नाम प्राकृतिक प्रलय है।

दूसरे प्रकार की प्रलय आत्यन्तिक प्रलय है। इसमें जगत् के कारण रूप अवयव की स्थिति सम्भव है, किन्तु ब्रह्म में यह कार्यकारण भाव भी वास्तविक नहीं है। यह विश्व कभी ब्रह्म में होता है और कभी नहीं होता। जैसे आकाश में बादल होते हैं और कभी नहीं होते। मायामय अन्धकार के बंधन कटने पर ही इस प्रलय की स्थिति होती है।

सृष्टि का प्रत्येक पदार्थ, प्रत्येक्ष क्षण पैदा होता रहता है और नष्ट होता रहता है। यही परिवर्तनशीलता नित्य प्रलय है। इस तरह शुकदेवजी बोले कि हे परीक्षित! मैंने आपको श्रीमद् भागवत का जो पवित्र ज्ञान सुनाया है उसे सुनकर अब यह विचार करना बंद कर दो कि मैं मरूंगा। एक देह से दूसरी देह और दूसरी से तीसरी देह की उत्पत्ति होना बहुत स्वाभाविक है। आत्मा का कर्म मन और शरीर के साथ संबंधित रहता है और इसीलिए जन्म और मृत्यु का चक्र चलता है। संसार के नष्ट होने पर भी स्वयं प्रकाश आत्मा का नाश नहीं होता।

तब सूतजी ने अन्य ऋषियों से कहा कि परीक्षितजी ने शुकदेवजी का आभार माना और उसकी अभ्यर्थना की। राजा से सम्मानित होकर शुकदेवजी

अन्य ऋषियों के साथ वहां से चल दिए और फिर महाराज परीक्षित अपनी निश्चित मृत्यु की शांत भाव से प्रतीक्षा करने लगे।

उधर तक्षक सर्प राजा को डसने के लिए चल दिया और रास्ते में कश्यप मुनि को बहुत सारा धन देकर राजा के पास जाने से रोक दिया और फिर ब्राह्मण के वेष में वहां पहुंचकर तक्षक ने राजा को डस लिया। परीक्षित के देहावसान से भूमण्डल में शोक व्याप्त हो गया। जब जनमेजय ने अपने पिता की मृत्यु का समाचार सुना तो उसने सर्प यज्ञ का आयोजन किया और जब तक्षक इन्द्र के सिंहासन से जाकर चिपट गया तब ब्राह्मणों ने सिंहासन सहित तक्षक को अग्नि में आहुति के रूप में डाल दिया तो स्वर्ग में भी घबराहट फैल गई। उस समय बृहस्पतिजी ने राजा को समझाया कि जीवन और मृत्यु तो कर्म के अधीन हैं, आप यह यज्ञ बंद कीजिए और हत्या के पाप के भागी न बनिए। यह सुनकर जन्मेजय ने सर्प यज्ञ बंद कर दिया। इसके बाद सौनकजी ने सूतजी से पूछा कि वेदों के विभाजन का कार्य वेदव्यासजी के शिष्य के द्वारा कैसे हुआ? उन्होंने बताया कि हे ब्राह्मण ॐकार के तीन वर्ण—अ, उ, म् तीन गुणों—सत्व, रत और तम, तीन वेदों—ऋक, यजुः और साम, तीन लोकों—भूः, भुवः और स्वः तथा तीन वृत्तियों—जाग्रत, स्वप्न और सुषुप्ति के धारक हैं। इसी ॐकार से अन्तःस्थ ऊष्म, स्वर, स्पर्श आदि अक्षर सभाग्नाय (वर्णमाला) की सृष्टि हुई। इसी वर्णमाला द्वारा ब्रह्माजी ने अपने चार मुखों से होता, अध्वर्यु, उद्गाता और ब्रह्मा इन चारों ऋत्विजों के लिए वेद प्रकट किए और अपने पुत्र मरीचि को इनकी शिक्षा दी। द्वापर में भगवान् वेदव्यास ने ही वेदों के चार विभाग करके चार संहिताएं—ऋक्, यजुः, साम और अथर्व—बनाई। वेदव्यास ने ऋक् संहिता का पैल को, यजुः संहिता का वैशंपायन को, साम संहिता का जैमिनि को और अथर्व संहिता का सुमन्तु को अध्ययन कराया। इन्हीं चार शिष्यों के आगे चलकर इन चार संहिताओं का अपने शिष्यों में अनेक भागों-उपभागों में विभाजन किया।

18 पुराण इस प्रकार हैं जो सभी लक्षणों से परिपूर्ण हैं—ब्रह्म पुराण, पद्म पुराण, शिव पुराण, लिंग पुराण, गरुड़ पुराण, नारद पुराण, भागवत पुराण, अग्नि पुराण, स्कंद पुराण, भविष्य पुराण, ब्रह्मवैवर्त पुराण, मार्कण्डेय पुराण, वामन पुराण, वराह पुराण, मत्स्य पुराण, कूर्म पुराण और ब्रह्माण्ड पुराण।

शौनकजी ने पूछा—सूतजी महाराज, मार्कण्डेय इसी कल्प के ऋषि हैं